Workbook | Video Manual

MITCHELL | MITSCHKE | TANO

VISTA HIGHER LEARNING
Boston, Massachusetts

Photography and Art Credits

All images © Vista Higher Learning unless otherwise noted. Fotonovela photos provided by Carolina Zapata.

Cover José Blanco; **13** (l) © Hulton-Deutsch Collection/Corbis; (ml) © Eddy Lemaistre/For Picture/Corbis; (mr) © Caroline Penn/Corbis; (r) © Allstar Picture Library/Alamy; **41** (tl) © Benjamin Herzoq/Fotolia.com; (tm) Tom Delano; (tr) © Keystone Pictures USA/Alamy; (bl) © Jeremy Reddington/Shutterstock.com; (bm) © Images of France/Alamy; (br) © abadesign/Shutterstock.com; **55** (tl) © Christophe Boisvieux/Corbis; (tr) © Daniel Brechwoldt/iStockphoto; (bl) © Leslie Garland Picture Library/Alamy; (br) © Chris Hellier/Corbis; **69** (l) © Bettmann/Corbis; (ml) © Hulton-Deutsch Collection/Corbis; (mr) © Dianne Maire/iStockphoto; (r) © Edyta Pawlowska/iStockphoto; **73** (t) Martín Bernetti; (ml) Pascal Pernix; (mm) © photolibrary.com/Index Open; (mr) © Larry Lilac/Alamy; (bm) © Tetra Images/Alamy; **84** (tl) © Mikhail Lavrenov/123RF; (tr) © Philip Lange/iStockphoto; (bl) © Bettmann/Corbis; (br) © Peter Leyden/iStockphoto; **90** (tr) © Ingram Publishing/Photolibrary; (bl) © Greg Vote/2005 VStock LLC; (bml) © Tetra Images/Alamy; **97** (tl) © Andreas Karelias/iStockphoto; (tr) © Larry Dale Gordon/zefa/Corbis; (tr) © John Schults/Reuters/Corbis; (bl) © Beyond Fotomedia GmbH/Alamy; (bm) © Tom Brakefield/Corbis; (br) © Ferdericb/Dreamstime.com; **111** (tl) © Bettmann/Corbis; (tr) *Entry of Joan of Arc Into Orleans* by J.J. Scherrer. Photo credit: © Gianni Dagli Orti/Corbis; (bl) © Chromacome/Stockbyte/Getty Images; (br) © Bogdan Lazar/iStockphoto; **125** (l, ml) © Bettmann/Corbis; (ml) © Bettmann/Corbis; (mr) © The Gallery Collection/Corbis; (r) © Sygma/Corbis; **137** (tl) © Corel/Corbis; (tr) © Radu Razvan/123RF; (br) © Madzia/iStockphoto; **139** (t) © Alexander Chaikin/Shutterstock.com; (ml) © Goodshoot Royalty Free Photograph/Fotosearch; (mm) Pascal Pernix; (bl) © Greg Vote/2005 Vstock; (br) © AbleStock/Index Open; **154** (tl) © Paul Springett 09/Alamy; (tm) © Paul Springett B/Alamy; (tr) © Dave Bartruff/Corbis; (bl) © Danita Delimont/Alamy; (br) © Franky DeMeyer/iStockphoto; **165** (tl) © auremar/123RF; **165** (tm) Martín Bernetti; (tr) © Fesus Robert/123RF; (bl) © Ingram Publishing/Photolibrary; (bm) © Paul Smith/Featureflash/Shutterstock.com; (br) © Pieter de Pauw/123RF; **167** (tl) © Peter Spiro/iStockphoto.com; (tr) © Carlos Sanchez Pereyra/123RF; (bl) © Richard T. Nowitz/Corbis; (br) © Rubens Abboud/Alamy; **170** (tl) © Idealink Photography/Alamy; (tm) © Frans Lemmens/zefa/Corbis; (tr) © Jonny Le Fortune/zefa/Corbis; (bl) © A.Anwar Sacca/Fotolia.com; (br) © Nik Wheeler/Corbis; **178** (tl) © Bosca78/iStockphoto; (tr) © Tomas Sereda/Shutterstock.com; (bl) © GOODSHOOT/Alamy; (br) © Paul A. Souders/Corbis.

Printed in the United States of America.

ISBN: 978-1-61857-017-8

4 5 6 7 8 9 BB 18 17 16 15

Table of Contents

VIDEO MANUAL

Roman-photo

Flash culture

Introduction

The **PROMENADES**, Second Edition, Workbook/Video Manual

Completely coordinated with the **PROMENADES**, Second Edition, student textbook, the Workbook/Video Manual for **PROMENADES** provides you with additional practice of the vocabulary, grammar, and language functions presented in each of the textbook's thirteen units. The Workbook/Video Manual will also help you build your reading and writing skills in French. The **ressources** boxes in the **PROMENADES** textbook indicate where you will find additional practice. Answers to the Workbook and Video Manual activities are located in a separate answer key.

The Workbook

The Workbook's unit structure reflects the organization of the textbook. Each unit contains two lessons (with **Contextes** and **Structures** sections) and the **Panorama** section from **Savoir-faire**.

Each lesson's workbook activities focus on developing your reading and writing skills as they recycle the language of the corresponding textbook lesson and unit. Exercise formats include, but are not limited to: true/false, multiple choice, fill-in-the-blanks, sentence completions, fleshing out sentences based on key elements, and answering questions. You will also find activities based on maps, photographs, and illustrations.

The Video Manual

Roman-photo

The **Roman-photo** video episodes, shot in a variety of locations in and around a city in southern France, offer approximately five minutes of dramatic footage for each textbook lesson (two modules per unit). Each module tells the continuing story of four college students studying in Aix-en-Provence. They have apartments above or near the café **Le P'tit Bistrot,** where they frequently meet and interact with the owner and her teenage son.

The video modules contain two distinct elements. First, you will see a dramatic episode that brings the themes, vocabulary, grammar, and language functions of the corresponding textbook lesson alive. These vignettes are expanded versions of the ones featured in the **Roman-photo** sections of your textbook.

Each dramatic episode ends with a **Reprise** segment in which a narrator calls out key active language from the video episode, highlighting functional vocabulary and/or grammatical structures in the context of their use by the video characters.

The video activities will guide you through the video modules. **Avant de regarder** offers previewing activities to prepare you for successful video viewing experiences. **En regardant la vidéo** contains while-viewing activities that will track you through each module, focusing on key ideas and events in the dramatic episode and its **Reprise** segment. Lastly, **Après la vidéo** provides post-viewing activities that check your comprehension and ask you to apply these materials to your own life or to offer your own opinions.

Flash culture

Specially shot for **PROMENADES**, the **Flash culture** footage is correlated to one of the **Lecture culturelle** sections in each unit. Hosted by the **PROMENADES** narrators, Csilla and Benjamin, these segments provide montages related to the cultural theme of each unit in your textbook. The footage was carefully shot for relevance and interest level, while the narrations and conversations, which gradually build into French, were written using the grammar and vocabulary covered in the text.

As you watch the video segments, you will see a variety of images and hear about different topics: parks, schools, outdoor markets, day-to-day activities, cities, monuments, traditions, festivals, geographic wonders, conversations and interviews with native French speakers, and more. You will be transported to France and get a taste of the French-speaking world while expanding your cultural perspectives with information directly related to the content of your textbook.

The video activities that accompany the **Flash culture** segments will prepare you for viewing and help you understand the modules using the same pre-, while-, and post-viewing activity sequence as in **Roman-photo.**

We hope that you will find the **PROMENADES**, Second Edition, Workbook/ Video Manual to be a useful language learning resource and that it will help you to build your French language skills.

*The **PROMENADES**, Second Edition, authors and Vista Higher Learning editorial staff*

Nom ______________________ Date ______________________

Unité 1

Leçon 1A

Workbook

CONTEXTES

1 **Salutations** For each statement or question, write an appropriate response from the box.

Au revoir!	Il n'y a pas de quoi.	Comme ci, comme ça.
Enchanté.	Je vais bien, merci.	Je m'appelle Sylvie, et toi?
À tout à l'heure.	Monsieur Morel.	

1. Comment t'appelles-tu? ______________________
2. Merci. ______________________
3. Comment ça va? ______________________
4. Je vous présente Anne. ______________________
5. Comment allez-vous? ______________________
6. À plus tard. ______________________
7. Comment vous appelez-vous, Monsieur? ______________________
8. Bonne journée! ______________________

2 **Complétez** Complete these sentences with the missing words.

1. ______________ ça va?
2. Au ______________!
3. À plus ______________!
4. ______________ journée!
5. Excusez-______________.
6. Il n'y a pas de ______________.
7. Comment ______________-tu?
8. Je vous ______________ Martin.
9. ______________ rien.
10. Je ______________ bien, merci.

3 **Officielle ou informelle?** Indicate whether these expressions are used in formal or informal situations. If an expression may be used in either situation, check both columns.

	Situations officielles	Situations informelles
1. Pardon, Madame.	❍	❍
2. Il n'y a pas de quoi.	❍	❍
3. Ça va?	❍	❍
4. Bonsoir!	❍	❍
5. Je te présente…	❍	❍
6. Comment vous appelez-vous?	❍	❍
7. S'il te plaît.	❍	❍
8. Je vous en prie.	❍	❍
9. Et toi, comment vas-tu?	❍	❍
10. Bonsoir, Monsieur.	❍	❍
11. Salut, Caroline!	❍	❍
12. À bientôt!	❍	❍

4 **Choisissez** Indicate whether the sentences or expressions in each pair have similar or opposite meanings.

	Similaire	Opposé
1. ici : là-bas	❍	❍
2. À tout à l'heure! : Au revoir!	❍	❍
3. Comment allez-vous? : Comment ça va?	❍	❍
4. Je vous en prie. : De rien.	❍	❍
5. S'il vous plaît. : Merci.	❍	❍
6. Je vais bien. : Je vais mal.	❍	❍
7. À bientôt! : À plus tard!	❍	❍
8. Salut! : Bonjour!	❍	❍
9. Madame : Monsieur	❍	❍
10. Comme ci, comme ça. : Pas mal.	❍	❍

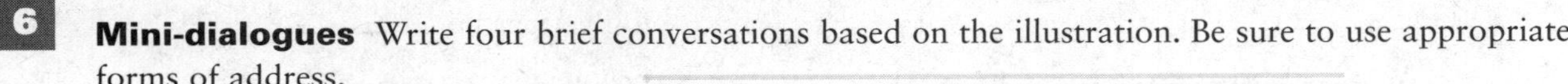

5 **Conversation** Number the lines of this conversation in a logical order.

_______ À demain, Anne.
_______ Bonjour, Madame. Je m'appelle Anne.
_______ Moi aussi, je vais bien. Au revoir, Madame.
_______ Je vais très bien, merci. Et vous?
_______ Enchantée. Je m'appelle Madame Prévot.
_______ Comment allez-vous?

6 **Mini-dialogues** Write four brief conversations based on the illustration. Be sure to use appropriate forms of address.

1. **MME MONTREUIL** ______________________

   PATRICIA ______________________

2. **ANTOINE** ______________________

   IRÈNE ______________________

3. **PAULINE** ______________________

   MARIE ______________________

4. **XAVIER** ______________________

   JEAN-MARC ______________________

   FLORENT ______________________

Nom ______________________ Date ______________________

Workbook

STRUCTURES

1A.1 Nouns and articles

1 **Masculin ou féminin?** Write the definite article (**le, la, l'**) before each noun. Then list each article and noun under the corresponding heading (**Masculin** or **Féminin**).

1. ________ amie
2. ________ littérature
3. ________ différence
4. ________ problème
5. ________ objet
6. ________ café
7. ________ télévision
8. ________ étudiant
9. ________ bureau

Masculin

____
____
____
____
____

Féminin

____
____
____
____

2 **Le, la, l' ou les?** Write the correct definite article before each noun.

1. ________ bibliothèque
2. ________ chanteur
3. ________ amis
4. ________ sociologie
5. ________ examen
6. ________ ordinateurs
7. ________ chose
8. ________ café
9. ________ bureaux
10. ________ petit ami
11. ________ faculté
12. ________ objets

3 **Singulier ou pluriel?** Give the plural form of each singular noun and article, and the singular form of each plural noun and article. Use definite articles in the first column and indefinite articles in the second.

Modèle

un ordinateur: *des ordinateurs*

1. l'étudiant: ________
2. les amies: ________
3. la librairie: ________
4. les cafés: ________
5. le bureau: ________
6. les examens: ________
7. des étudiantes: ________
8. un lycée: ________
9. une chanteuse: ________
10. des choses: ________
11. un animal: ________
12. un instrument: ________

Nom ______________________ Date ______________________

Workbook

4 **Les articles** Change the definite articles to indefinite articles and vice versa.

1. un ami: ____________ ami
2. des instruments: ____________ instruments
3. la table: ____________ table
4. un ordinateur: ____________ ordinateur
5. les étudiantes: ____________ étudiantes
6. l'examen: ____________ examen
7. une télévision: ____________ télévision
8. le café: ____________ café
9. des professeurs: ____________ professeurs
10. la personne: ____________ personne

5 **Transformez** Write the feminine forms of masculine nouns and articles, and the masculine forms of feminine nouns and articles.

Modèle

une chanteuse: *un chanteur*

1. l'acteur: ____________
2. un ami: ____________
3. une étudiante: ____________
4. une actrice: ____________
5. le chanteur: ____________
6. la petite amie: ____________

6 **Identifiez** For each illustration, write the noun and its corresponding definite and indefinite articles.

Modèle

la librairie: *C'est une librairie.*

1. ____________

2. ____________

3. ____________

4. ____________

5. ____________

6. ____________

Nom ______________________ Date ______________________

Workbook

1A.2 Numbers 0–60

1 **Les mots croisés** Solve the math problems to complete the crossword puzzle. Include hyphens as needed.

Across:

3. neuf + quinze =
7. trois + dix =
9. quatre + douze =
10. vingt-trois - neuf =
11. treize + cinq =

Down:

1. cinq + six =
2. trente - vingt-huit =
3. douze + quinze =
4. trente - vingt-neuf =
5. six + six =
6. huit + neuf =
8. vingt et un - seize =

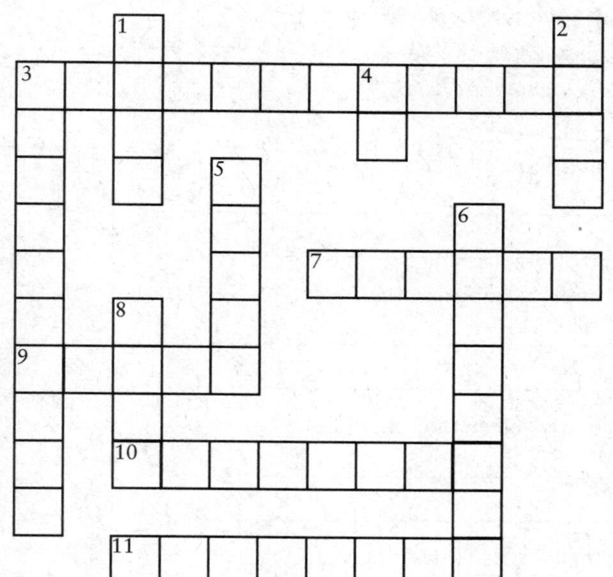

2 **Combien?** Write questions to ask how many items or people there are. Write out the number in each response.

Modèle

2 étudiants

Il y a *combien d'étudiants?* Il y a *deux étudiants.*

1. 3 bureaux ______________________
2. 21 examens ______________________
3. 5 professeurs de littérature ______________________
4. 18 amis ______________________
5. 33 acteurs ______________________
6. 12 problèmes ______________________
7. 52 tableaux ______________________
8. 9 cafés ______________________
9. 60 choses ______________________
10. 44 tables ______________________

3 **Répondez** Ask and answer questions according to the illustration. Write out the numbers. Ask and indicate...

Modèle

how many chairs (**chaises**) there are.
Il y a *combien de chaises?*
Il y a *deux chaises.*

1. how many people there are.
   ______?
   ______.
2. how many computers there are.
   ______?
   ______.
3. how many televisions there are.
   ______?
   ______.
4. how many girls (**filles**) there are.
   ______?
   ______.

4 **Comptez** Figure out the logic of each sequence. Then write out the missing numbers in each one.

1. un, trois, ______, sept, neuf, ______
2. ______, quatre, huit, ______, trente-deux
3. soixante, ______, quarante, trente, vingt, dix, ______
4. vingt-deux, vingt-quatre, ______, vingt-huit, ______
5. onze, ______, trente-trois, ______, cinquante-cinq

5 **Quel chiffre?** Write out the number you associate with each of these items.

1. seasons in a year ______
2. days in a week ______
3. number of days in September ______
4. number of pets you have ______
5. your age ______
6. number of classes you are taking ______

6 **Dans la salle de classe** Answer these questions using complete sentences. Write out numbers.
Dans votre (*your*) salle de classe, il y a combien...

1. de tableaux? ______
2. d'étudiants? ______
3. d'étudiantes? ______
4. de bureaux? ______
5. d'ordinateurs? ______
6. de professeurs? ______

Nom ______________________ Date ______________________

Unité 1

Leçon 1B

CONTEXTES

Workbook

1 **Cherchez** Find and circle these twelve school-related words, looking backwards, forwards, vertically, horizontally, and diagonally.

calculatrice	dictionnaire
carte	livre
chaise	professeur
copine	porte
corbeille	stylo
crayon	tableau

E	E	R	V	I	L	P	L	S	R	O
C	R	O	B	I	O	D	R	T	R	O
I	I	U	S	E	E	R	C	A	T	E
R	A	I	E	E	S	E	T	R	A	C
T	N	F	T	S	E	T	E	C	H	A
A	N	O	R	L	S	N	Y	A	I	B
L	O	C	O	R	B	E	I	L	L	E
U	I	R	P	A	E	S	F	P	O	S
C	T	A	B	L	E	A	U	O	O	I
L	C	Y	T	U	N	E	T	F	R	C
A	I	O	C	I	A	R	O	A	E	P
C	D	N	L	A	C	L	L	C	O	L

2 **Les associations** Match the words in the first column with related words in the second.

_______ 1. un crayon — a. une fille
_______ 2. un homme — b. une feuille de papier
_______ 3. une femme — c. un étudiant
_______ 4. un cahier — d. un stylo
_______ 5. une montre — e. un livre
_______ 6. une porte — f. une fenêtre
_______ 7. un élève — g. une horloge
_______ 8. un dictionnaire — h. un garçon

3 **Analogies** Complete the analogies with words from the box. Some words will not be used. Do not repeat items.

un cahier	une femme	des livres
une corbeille à papier	une fenêtre	un résultat
un garçon	une fille	un stylo

1. un garçon : une fille :: un homme : ______________________
2. un professeur : un étudiant :: un parent : ______________________
3. un homme : un garçon :: une femme : ______________________
4. un cahier : des feuilles de papier :: une bibliothèque : ______________________
5. une montre : une horloge :: un crayon : ______________________

Nom _______________ Date _______________

4 **En classe** Label these people and things. Include the indefinite article for each noun.

1. ____________
2. ____________
3. ____________
4. ____________
5. ____________
6. ____________
7. ____________
8. ____________
9. ____________
10. ____________
11. ____________
12. ____________
13. ____________
14. ____________
15. ____________

5 **Complétez** Complete these sentences using the words below. Not all words will be used.

cahier	corbeille à papier	dictionnaire	stylo
classe	crayons	fenêtre	tableaux

1. Il y a des ____________ dans (*in*) le sac à dos.
2. Il y a vingt étudiants dans la ____________.
3. Il y a des mots de vocabulaire dans le ____________.
4. Il y a une feuille de papier dans la ____________.
5. Il y a une ____________ dans la salle de classe.

Nom ____________________ Date ____________________

Workbook

STRUCTURES

1B.1 The verb être

1 **Les pronoms** In the second column, write the subject pronouns you would use when addressing the people listed. In the third column, write the pronouns you would use when talking about them.

People	Addressing them	Talking about them
1. Madame Martin		
2. Elsa et Caroline		
3. Julien (un ami)		
4. trois femmes et un homme		
5. un professeur		
6. une étudiante		
7. un acteur		
8. une copine		

2 **Complétez** Complete these sentences with the correct subject pronouns.

1. ____________ est étudiante.
2. ____________ sommes à l'université
3. ____________ suis un ami.
4. ____________ est professeur.
5. ____________ sont copains.
6. ____________ es acteur.
7. ____________ êtes ici?
8. ____________ sont chanteuses.

3 **Nous sommes...** Rewrite each sentence with the new subject and the correct form of the verb **être**. Make other changes as needed.

Modèle

Il est professeur. Nous *sommes professeurs.*

1. Nous sommes étudiants. Vous ____________________.
2. Elle est à Paris. Tu ____________________.
3. Je suis actrice. Il ____________________.
4. Vous êtes copines. Ils ____________________.
5. Tu es à la librairie. Je ____________________.

Nom ______________________ Date ______________________

4 **Bienvenue à Aix-en-Provence!** David has just arrived in Aix-en-Provence. Complete his paragraph with the correct forms of **être**.

Bonjour! Je m'appelle David. Je (1) ______________ étudiant ici, à Aix-en-Provence. Rachid, Sandrine, Amina et Stéphane (2) ______________ des amis. Sandrine, elle (3) ______________ chanteuse. Rachid, Amina et moi, nous (4) ______________ étudiants à l'université. Stéphane (5) ______________ élève au lycée. Et toi, tu (6) ______________ étudiant?

5 **Identifiez** Identify these people or things using **c'est** or **ce sont**.

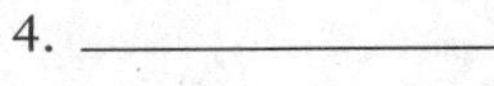

1. ______________
2. ______________
3. ______________
4. ______________

5. ______________
6. ______________
7. ______________
8. ______________

6 **Répondez** Answer these questions using complete sentences.

1. La France est-elle en Europe?

   Oui, ______________________________

2. Johnny Depp est-il acteur?

   Oui, ______________________________

3. Céline Dion et Beyoncé sont-elles chanteuses?

   Oui, ______________________________

4. Tu es étudiant(e)?

   Oui, ______________________________

5. Tes (*Your*) cours sont-ils intéressants?

   Oui, ______________________________

Nom ______________________ Date ______________________

1B.2 Adjective agreement

1 Les contraires Match the words in the first column with their opposites in the second. Use a dictionary, if necessary.

_____ 1. optimiste	a. désagréable
_____ 2. sociable	b. difficile
_____ 3. agréable	c. similaire
_____ 4. impatient	d. pessimiste
_____ 5. facile	e. dépendant
_____ 6. différent	f. impoli
_____ 7. indépendant	g. patient
_____ 8. poli	h. timide

Workbook

2 Chassez l'intrus Circle the adjective that does not belong with the others.

1. difficile, égoïste, agréable
2. poli, pessimiste, sociable
3. sympathique, italien, espagnol
4. intelligent, brillant, impatient
5. américain, sincère, canadien
6. québécois, sincère, sympathique
7. allemand, charmant, suisse
8. occupé, timide, réservé

3 Nationalités What nationalities are these people? Write sentences according to the model.

Modèle
Carole / France: *Carole est française.*

1. Bob et Jim / les États-Unis (*U.S.*): ______________________
2. Amani et Ahmed / le Sénégal: ______________________
3. Trevor / l'Angleterre (*England*): ______________________
4. Francine et Nadège / le Québec: ______________________
5. Monika / l'Allemagne (*Germany*): ______________________
6. Maria-Luisa / l'Italie: ______________________
7. François et Jean-Philippe / la Suisse: ______________________
8. Gabriela / le Mexique: ______________________
9. Monsieur et Madame Sato / le Japon (*Japan*): ______________________
10. Paul / le Canada: ______________________

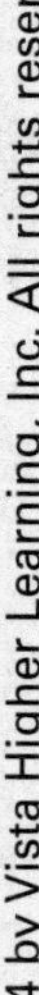

4 **Les personnes célèbres** Finish these sentences using the correct forms of **être** and the adjectives in parentheses.

1. Jim Carey (amusant) ____________________.
2. Catherine Zeta-Jones (élégant) ____________________.
3. Julia Roberts et Renée Zellewegger (sympathique) ____________________.
4. George Clooney et Kelly Ripa (charmant) ____________________.
5. Stephen Hawkings (brillant) ____________________.
6. Dr. Phil et Oprah Winfrey (sociable) ____________________.
7. Le prince Charles et la reine (*queen*) Elizabeth II (réservé) ____________________.
8. Donald Trump (intelligent) ____________________.

5 **Décrivez** Look at the illustration and describe each person or animal using as many adjectives as possible. Use your imagination to describe their personalities. Write complete sentences.

1. Charles ____________________
2. Suzanne ____________________
3. Charlotte ____________________
4. Robert ____________________
5. Thomas ____________________
6. Fido ____________________

Nom ______________________ Date ______________________

Unité 1

PANORAMA

Savoir-faire

1 **Les villes capitales** Match the countries with their capital cities.

______ 1. Suisse	a. Conakry
______ 2. Algérie	b. Bamako
______ 3. Guinée	c. Port-au-Prince
______ 4. Mali	d. Alger
______ 5. Cameroun	e. Paris
______ 6. Haïti	f. Yaoundé
______ 7. France	g. Victoria
______ 8. Seychelles	h. Berne

2 **Francophones célèbres** Where do these people come from?

1. Marie-José Pérec ______________________
2. Marie Curie ______________________
3. René Magritte ______________________
4. Ousmane Sembène ______________________
5. Céline Dion ______________________
6. Jean Reno ______________________

3 **Les professions** Match these people with their professions.

______ 1. Jean Reno	a. écrivain et cinéaste
______ 2. René Magritte	b. chanteuse
______ 3. Ousmane Sembène	c. coureuse olympique
______ 4. Marie Curie	d. acteur
______ 5. Marie-José Pérec	e. peintre
______ 6. Céline Dion	f. scientifique

Workbook

Nom ______________________ Date ______________________

4 **Vrai ou faux?** Indicate whether these statements are **vrai** or **faux**.

	Vrai	Faux
1. Le français est la langue officielle du Québec.	❍	❍
2. L'Algérie est une colonie française.	❍	❍
3. On a vendu la Louisiane pour 15 millions de dollars.	❍	❍
4. 350.000 personnes en Louisiane parlent français.	❍	❍
5. Le rôle de l'O.I.F est la promotion de la langue française.	❍	❍
6. Ousmane Sembène est un chanteur africain.	❍	❍
7. On parle français sur cinq continents.	❍	❍
8. Le français est la deuxième langue enseignée dans le monde.	❍	❍

5 **Où?** What places do these statements describe?

1. Il y a une loi qui oblige l'affichage en français dans les lieux publics. ______________________
2. On y (*there*) mange du jambalaya. ______________________
3. On y parle arabe et français. ______________________
4. On y fête la Journée internationale de la Francophonie. ______________________
5. C'est une région francophone aux États-Unis. ______________________
6. Les employés du gouvernement sont bilingues. ______________________

6 **La francophonie** Identify these French-speaking countries or regions. Look at the maps at the end of your book, if necessary.

1. 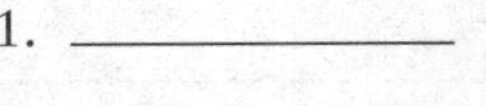
2. ______________
3. ______________
4. ______________
5. ______________
6. ______________

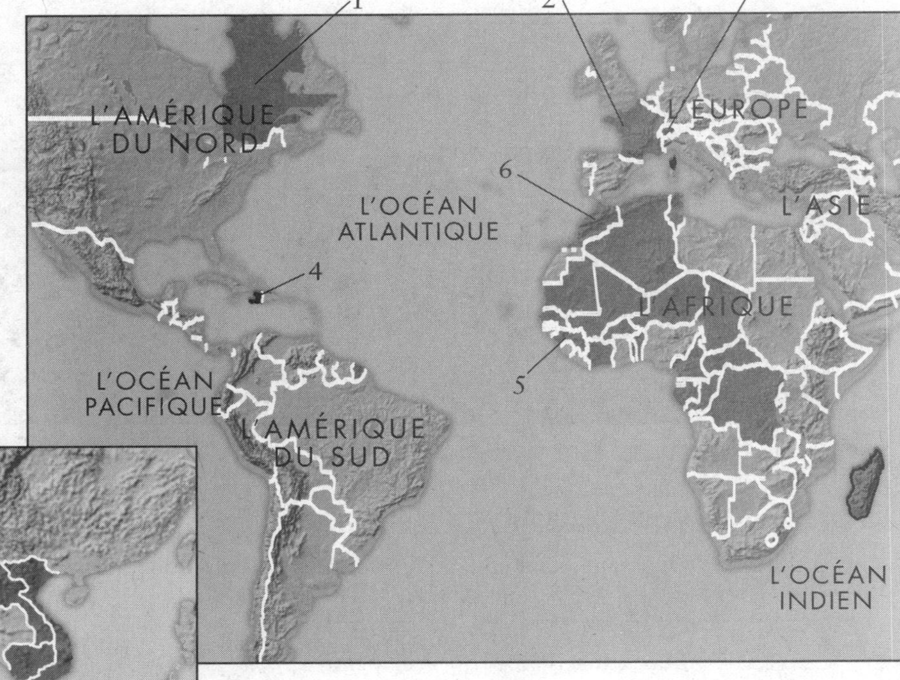

Nom ______________________ Date ______________________

Unité 2

CONTEXTES

Leçon 2A

Workbook

1 **Cherchez** In the grid, find and circle the fifteen words for the courses listed in the box. Look backwards, forwards, vertically, horizontally, and diagonally.

architecture	informatique
art	lettres
chimie	mathématiques
droit	philosophie
espagnol	physique
géographie	psychologie
gestion	sciences
histoire	

M P S Y C H O L O G I E H Ô
S E C N E I C S P S U P G H
P G H H D Y H H T Q T S A P
G É O G R A P H I E O R Y I
H E H S O I U T E I C H R S
S E U Q I T A M É H T A M H
H S R I T M I V I P Î E S A
I P O I R G Q T P O T R E T
S A T O A E E Y E S Q T R T
T G F O S C G S F O S M T C
O N G L T E O F T L U S T U
I O I U E P H Y S I Q U E H
R L R M E T A R R H O R L P
E E I M I H C N P P T N É N

2 **Chassez l'intrus** Circle the word that does not belong in each group.

1. le français, l'anglais, la biologie, l'espagnol
2. un cours, un gymnase, une bourse, un diplôme
3. une note, le droit, un examen, le devoir
4. la physique, la chimie, l'architecture, la biologie
5. les langues étrangères, l'économie, la gestion, le droit
6. l'architecture, l'art, l'informatique, le stylisme de mode

3 **En quel cours?** In what class would you study these people or things?

1. Abraham Lincoln, Winston Churchill ______________________
2. Claude Monet, Léonard de Vinci ______________________
3. Sigmund Freud, Carl Jung ______________________
4. l'Afrique, l'océan Pacifique ______________________
5. la culture française, la grammaire ______________________
6. la mode, les styles modernes ______________________
7. Ernest Hemingway, William Shakespeare ______________________
8. les plantes, les animaux ______________________
9. Jean-Paul Sartre, Emmanuel Kant ______________________
10. Albert Einstein, Stephen Hawking ______________________

Nom ______________________ Date ______________________

Workbook

4 **C'est pour quel cours?** In which class would you most likely use these objects?

______ 1. les crayons de couleur	a. les mathématiques
______ 2. un dictionnaire anglais-français	b. la géographie
______ 3. une calculatrice	c. la biologie
______ 4. un ordinateur	d. le français
______ 5. un microscope	e. l'éducation physique
______ 6. une carte topographique	f. l'informatique
______ 7. un ballon (*ball*)	g. le droit
______ 8. une explication de la constitution	h. l'art

5 **Associations** Choose the word most closely associated with each of these terms.

l'art	**un gymnase**	**les mathématiques**
les études supérieures	**l'informatique**	**une note**
la gestion	**une langue étrangère**	**les sciences politiques**

1. les sports ______________________
2. les ordinateurs ______________________
3. un examen ______________________
4. l'algèbre ______________________
5. l'université ______________________
6. le gouvernement ______________________
7. un poster ______________________
8. la littérature française ______________________

6 **À votre avis** Do you like these subjects? Give your opinion (**votre avis**) on these classes using the words listed below or other adjectives you know. Use a different adjective in each sentence.

Modèle

l'anglais
J'aime bien l'anglais. C'est facile.

agréable	**difficile**	**intéressant**
amusant	**facile**	**inutile**
différent	**important**	**utile**

1. le stylisme de mode ______________________
2. l'éducation physique ______________________
3. le français ______________________
4. la gestion ______________________
5. la philosophie ______________________
6. la psychologie ______________________
7. l'histoire ______________________
8. les mathématiques ______________________

Nom ______________________ Date ______________________

Workbook

STRUCTURES

2A.1 Present tense of regular -er verbs

1 **Les verbes** Write the missing forms of each verb.

Le présent des verbes en -er					
je	tu	il/elle/on	nous	vous	ils/elles
1. travaille					
2.	oublies				
3.		mange			
4.			aimons		
5.				commencez	
6.					pensent

2 **Complétez** Complete each sentence using the correct form of the verb in parentheses.

1. Les étudiants ______________ (manger) au resto U.
2. Hélène et moi, nous ______________ (parler) français en classe.
3. Corinne ______________ (étudier) les mathématiques.
4. Vous ______________ (adorer) le chocolat.
5. Tu ______________ (travailler) à la bibliothèque.
6. Je ______________ (détester) les examens.
7. Florent et Michèle ______________ (regarder) la télévision.
8. Tu ______________ (aimer) mieux retrouver des amis à l'université.

3 **Phrases** Form sentences using the words provided. Remember to conjugate the verbs and add any necessary words.

Modèle

je / habiter / à New York

J'habite à New York.

1. nous / manger / pizza

____

2. Olivier et Sylvain / aimer / cours de biologie

____

3. le professeur / donner / devoirs

____

4. les élèves / oublier / livres

____

5. tu / rencontrer / amis / à l'école

____

Nom ______________________ Date ______________________

4 **Une lettre** Complete this letter with the appropriate forms of the verbs in parentheses.

le 14 septembre

Salut Marie!

Ça va bien à l'université? Moi, j' (1) ____________ (adorer) les cours. Ils sont très intéressants. Les profs sont sympas, mais ils (2) ____________ (donner) beaucoup de devoirs. Mon camarade de chambre s'appelle Jean-Pierre. Il (3) ____________ (étudier) les sciences politiques. Nous (4) ____________ (partager) un appartement. Jean-Pierre est très sociable. Il (5) ____________ (travailler), mais il (6) ____________ (aimer) mieux le sport et il (7) ____________ (parler) beaucoup au téléphone. Le week-end, nous (8) ____________ (retrouver) des amis au café ou nous (9) ____________ (regarder) des films à la télé. Et toi, tu (10) ____________ (chercher) un petit ami? Les filles (11) ____________ (adorer) Jean-Pierre. Elles (12) ____________ (penser) qu'il est charmant.

Grosses bises,

Charles

5 **Et vous?** Write sentences giving your opinion of these activities. Use one of the verbs listed in each sentence.

adorer | aimer | aimer bien | aimer mieux | détester

1. partager mes vêtements (*my clothes*)

____

2. voyager

____

3. parler au téléphone

____

4. dessiner

____

5. manger des sushis

____

Nom ______________________ Date ______________________

2A.2 Forming questions and expressing negation

1 **Est-ce que...?** Make questions out of these statements using est-ce que.

1. Vous êtes canadien.
____
2. Tu regardes la télévision.
____
3. Ils cherchent un dictionnaire à la bibliothèque.
____
4. Nous arrivons à l'école.
____
5. Elle parle chinois (*Chinese*).
____

2 **Les questions** Make questions out of these statements by inverting the word order.

Modèle
Vous parlez anglais.
Parlez-vous anglais?

1. Ils sont québécois.
____
2. Elles adorent voyager.
____
3. Tu parles espagnol.
____
4. Il y a vingt-cinq étudiants.
____
5. Le professeur donne des devoirs difficiles.
____

3 **Quelle est la question?** Write questions that would prompt these responses. Use the type of question indicated in parentheses.

1. (est-ce que) ______________________?
Non, les cours ne commencent pas demain.
2. (n'est-ce pas) ______________________?
Oui, j'aime voyager.
3. (est-ce que) ______________________?
Non, il n'y a pas de problème.
4. (inversion) ______________________?
Oui, nous sommes étudiants.
5. (d'accord) ______________________?
Mais non! Je n'aime pas manger au resto U.

Workbook

Nom ____________________ Date ____________________

4 **Mais Robert!** Robert is very negative and contradicts everything. Write his answers to these questions using complete sentences.

Modèle

—Tu partages le chocolat?
—Non, *je ne partage pas le chocolat.*

1. —Étudies-tu les sciences politiques?
   —Non, ____________________
2. —Cherches-tu le stylo?
   —Non, ____________________
3. —Aimes-tu le chocolat?
   —Non, ____________________
4. —Est-ce que l'examen est facile?
   —Non, ____________________
5. —Tu aimes parler avec des amis, n'est-ce pas?
   —Non, ____________________
6. —Tu n'es pas sociable?
   —Si, ____________________

5 **Et vous?** Write your answers to these questions using complete sentences. Vary your responses by including a variety of words and expressions from the list.

bien sûr	oui	peut-être
mais non	pas du tout	si

1. Vous n'aimez pas voyager?
   ____
2. Aimez-vous les examens?
   ____
3. La physique, c'est facile?
   ____
4. Vous êtes intelligent(e), n'est-ce pas?
   ____
5. Est-ce que vous cherchez un(e) petit(e) ami(e)?
   ____

Nom ______________________ Date ______________________

Unité 2

Leçon 2B

CONTEXTES

Workbook

1 **Complétez** Complete each series with the next logical word.

1. vendredi, samedi, ______________
2. le matin, le midi, ______________
3. avant-hier (*the day before yesterday*), hier, ______________
4. lundi, mercredi, ______________
5. aujourd'hui, demain, ______________
6. mardi, jeudi, ______________

2 **Choisissez** Complete each sentence with a logical word from the list.

année	jours	samedi
dernier	jeudi	semaine
dimanche	lundi	mercredi

1. Il y a sept jours dans une ______________.
2. Le jour avant (*before*) mardi, c'est ______________.
3. Il y a douze mois dans une ______________.
4. Le mois de novembre a trente ______________.
5. Dimanche, c'est le ______________ jour du week-end.
6. Le jour avant jeudi, c'est ______________.

3 **Le calendrier** Use this calendar to answer the questions below.

octobre

L	M	M	J	V	S	D
		1	2	3	4	5
6	7	8	9	10	11	12
13	14	15	16	17	18	19
20	21	22	23	24	25	26
27	28	29	30	31		

novembre

L	M	M	J	V	S	D
					1	2
3	4	5	6	7	8	9
10	11	12	13	14	15	16
17	18	19	20	21	22	23
24	25	26	27	28	29	30

1. Quel jour de la semaine est le premier octobre? ______________
2. Quel jour de la semaine est le 24 novembre? ______________
3. Quel jour de la semaine est le 19 octobre? ______________
4. Quel jour de la semaine est le 4 novembre? ______________
5. Quel jour de la semaine est le 11 octobre? ______________
6. Quel jour de la semaine est le 2 octobre? ______________
7. Quel jour de la semaine est le 28 novembre? ______________

Workbook

4 **Décrivez** What are these people doing? Complete each sentence with the correct form of a verb from the list.

Modèle

Amina arrive chez Sandrine.

arriver	regarder
dîner	rentrer
écouter	téléphoner à
préparer	voyager

1. David ______________ à la maison.

2. Sandrine ______________ des amis.

3. Stéphane ______________ l'examen de maths.

4. David ______________ au café.

5. Amina ______________ de la musique.

6. Stéphane ______________ la télévision.

5 **Complétez** Complete the weekly calendar with activities you plan to do or might like to do next week. Choose from the activities listed or include other activities. List at least eight different activities.

assister au cours de...	parler	rentrer
dîner avec...	passer l'examen de...	téléphoner à...
écouter	préparer l'examen de...	travailler
étudier	regarder	trouver

la semaine prochaine							
	lundi	mardi	mercredi	jeudi	vendredi	samedi	dimanche
matin							
midi							
soir							

STRUCTURES

2B.1 The verb avoir

1 **Choisissez** Choose the expression that most logically completes each sentence.

1. Tu ____________ des examens.
   a. as chaud b. as peur c. as raison
2. J' ____________ de téléphoner à mon cousin.
   a. ai envie b. ai sommeil c. ai quinze ans
3. Laure ____________ le soir.
   a. a tort b. a envie c. a sommeil
4. Marie et Mireille sont jeunes. Elles ____________.
   a. ont cinq ans b. ont peur c. ont l'air

2 **Assortissez-les** Choose the best completion for each sentence.

ans	des insectes
décembre	le matin
d'étudier	visiter la France

1. J'ai besoin ____________________.
2. Eugène a dix-neuf ____________________.
3. Tu as peur ____________________.
4. Nous avons envie de ____________________.
5. J'ai sommeil ____________________.
6. J'ai froid en ____________________.

3 **Les possessions** Use the correct forms of the verb **avoir** to say what these people have or don't have.

1. Je / un ordinateur
   ____
2. Vous / trois cahiers
   ____
3. Nous / un professeur intéressant
   ____
4. Tu / ne... pas / un cours aujourd'hui
   ____
5. Ils / des calculatrices
   ____
6. Jules et Odile / un examen demain
   ____
7. Yves / ne... pas / un problème
   ____
8. Je / ne... pas / les yeux (*eyes*) bleus
   ____

4 **Complétez** Complete each sentence with the most logical expression from the list. Remember to use the correct form of **avoir**.

avoir besoin	avoir envie	avoir peur
avoir de la chance	avoir froid	avoir tort

1. Il y a un examen demain. Nous ______ d'étudier.
2. Vous écoutez de la musique. Vous ______ de danser.
3. Ils n'ont pas raison. Ils ______.
4. Tu trouves 100 euros. Tu ______.
5. La température est de 10 degrés. Sophie ______.
6. Voilà un monstre! J' ______!

5 **Qu'est-ce qu'ils ont?** Describe these illustrations using expressions with **avoir**.

1. Elle ______

2. Elle ______

3. Ils ______

4. Ils ______

6 **Et vous?** Answer these questions using complete sentences.

1. Quel âge avez-vous?
______
2. Est-ce que vous avez une bourse?
______
3. Avez-vous un(e) camarade de chambre?
______
4. De quoi (*what*) est-ce que vous avez peur?
______
5. De quoi avez-vous besoin?
______
6. Avez-vous un examen la semaine prochaine?
______
7. Est-ce que vous pensez que vous avez de la chance? Pourquoi?
______

Nom ______________________ Date ______________________

2B.2 Telling time

1 **L'heure** Give the time shown on each clock. Use complete sentences and write out the times.

1. ______________________

2. ______________________

3. ______________________

4. ______________________

5. ______________________

6. ______________________

2 **Quelle heure est-il?** Convert these times into digits using the 24-hour clock.

Modèle

Il est quatre heures de l'après-midi.
16h00

1. Il est quatre heures moins vingt de l'après-midi. ______________
2. Il est six heures du matin. ______________
3. Il est neuf heures et quart du soir. ______________
4. Il est midi. ______________
5. Il est une heure dix de l'après-midi. ______________
6. Il est onze heures moins le quart du matin. ______________
7. Il est cinq heures cinq du soir. ______________
8. Il est minuit moins dix. ______________
9. Il est une heure et demie du matin. ______________
10. Il est dix heures du soir. ______________

Workbook

Nom ______________________ Date ______________________

3 **Transformez** Convert these times into conversational time. Write out the times.

Modèle
13h00: *une heure de l'après-midi*

1. 12h30: ______________________
2. 13h10: ______________________
3. 7h45: ______________________
4. 22h50: ______________________
5. 9h15: ______________________
6. 18h40: ______________________
7. 3h05: ______________________
8. 15h30: ______________________

4 **Dans cinq minutes** Look at the clocks below and say what time it will be *in five minutes*. Write out the times.

1. ______________________

2. ______________________

3. ______________________

4. ______________________

5. ______________________

5 **À vous!** Answer these questions using complete sentences. Write out the times.

Modèle
À quelle heure est-ce que tu manges?
Je mange à neuf heures.

1. Le cours de français commence à quelle heure?
____
2. À quelle heure est-ce que vous rentrez à la maison?
____
3. À quelle heure est-ce que vous dînez?
____
4. À quelle heure est-ce que vous regardez la télévision?
____
5. À quelle heure est-ce que vous étudiez?
____

Nom ______________________ Date ______________________

Unité 2

PANORAMA

Savoir-faire

Workbook

1 **Vrai ou faux?** Indicate whether these statements are **vrai** or **faux**.

	Vrai	Faux
1. La population de la France est de moins de (*less than*) 50.000.000 d'habitants.	❍	❍
2. Paris, Lille et Marseille sont des villes importantes.	❍	❍
3. L'énergie est une des industries principales en France.	❍	❍
4. Il y a plus de 12.000 musées en France.	❍	❍
5. La France a une superficie de moins de 550.000 kilomètres carrés.	❍	❍
6. Auguste Renoir est un écrivain français.	❍	❍
7. Claude Debussy est compositeur et musicien.	❍	❍
8. Les Académiciens défendent le bon usage du français.	❍	❍
9. La France n'est pas une puissance (*power*) industrielle.	❍	❍
10. La France est un pays membre de l'Union européenne.	❍	❍

2 **Choisissez** Choose the correct completion for these sentences.

1. On appelle le cinéma le ______________________.
   a. 5e art
   b. 6e art
   c. 7e art

2. La France est en forme ______________________.
   a. d'hexagone
   b. de triangle
   c. de pentagone

3. Le TGV roule à plus de ______________________ kilomètres à l'heure.
   a. 200
   b. 300
   c. 400

4. François Truffaut et Luc Besson sont des ______________________ français.
   a. cinéastes
   b. acteurs
   c. peintres

5. Peugeot et Citroën sont des ______________________ françaises.
   a. films
   b. voitures
   c. trains

6. La Loire, la Garonne et le Rhône sont des ______________________ de France.
   a. châteaux
   b. fleuves
   c. forêts

Nom ______________________ Date ______________________

Workbook

3 **Complétez** Complete these statements with words from the list.

actrices	euro	industries
cinéma	femme sculpteur	maritimes
écrivain	héroïne	trains

1. Les produits de luxe et le tourisme sont parmi (*among*) les ______________ principales en France.
2. La monnaie de la France s'appelle l'______________.
3. Jeanne d'Arc est une ______________ française.
4. Camille Claudel est une ______________ française.
5. Émile Zola est un ______________ français.
6. La mer Méditerranée et la Manche sont des fronts ______________.
7. La SNCF est le système des ______________ français.
8. Catherine Deneuve et Audrey Tautou sont des ______________ françaises.

4 **La France** Label the French cities numbered on the map.

1. ______________
2. ______________
3. ______________
4. ______________
5. ______________
6. ______________
7. ______________
8. ______________

Nom ______________________ Date ______________________

Unité 3

CONTEXTES

Leçon 3A

1 **L'arbre généalogique** Use the clues below to add names to Amandine's family tree.

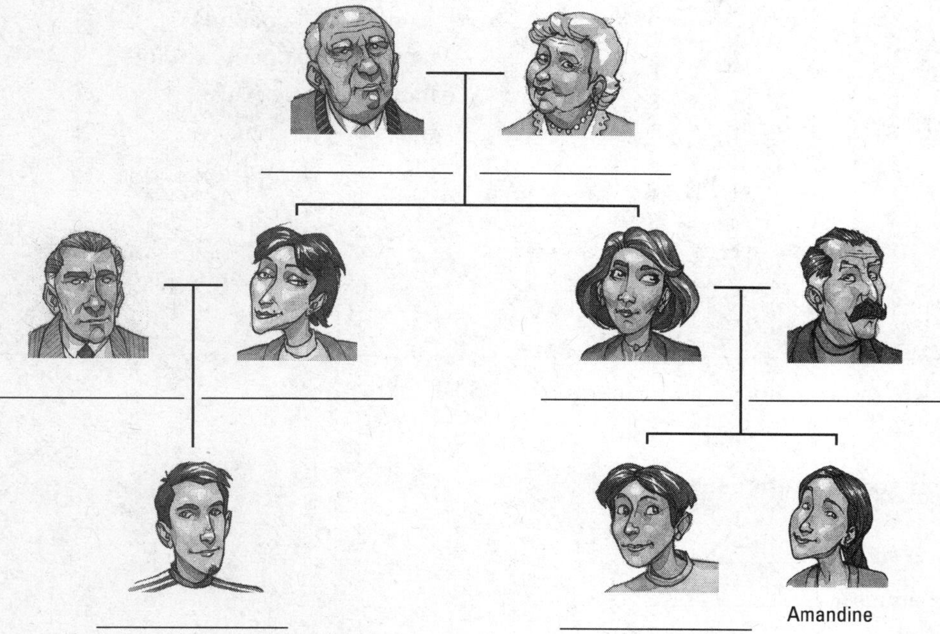

1. Marcelle est la mère d'Amandine.
2. Raymond et Marcelle ont une fille et un fils.
3. Michel est le frère d'Amandine.
4. Aminata et Hassan ont un enfant.
5. Marcelle est la belle-sœur d'Hassan.
6. Aminata a une sœur.
7. Gustave est le petit-fils de Pierre.
8. Hassan est le beau-fils d'Aïcha.

2 **L'album de photos** Decide which picture best corresponds to each description.

a

b

c

d

e

f

_____ 1. C'est mon cousin, Franck, et ma cousine, Séverine. Ils étudient à l'Université de Lyon.
_____ 2. Voici la mère de ma mère. Elle est veuve. Elle s'appelle Anne-Marie.
_____ 3. Voici mes grands-parents. Ils habitent à Aix-en-Provence.
_____ 4. Voici mon oncle, Stéphane, et sa femme, Véronique. Mon cousin, Guillaume, a un chat.
_____ 5. Voici ma sœur aînée. Elle a 21 ans. Elle est avec son petit ami, Frédéric.
_____ 6. Voici mon demi-frère. Il a 2 ans. Il est le cadet de la famille.

Nom ______________________ Date ______________________

3 Cherchez

Cherchez Find the additional 15 words from the list in the grid. They may appear horizontally, vertically, or diagonally.

```
Q C L N N D Y L F É X T S D É
F Q É E I C X A A C E T Q I P
A U V L P S M R P N N G Y V O
X E E H I I I I R A M D P O U
U I J V L B J O F I W X É R X
N I V L R O A N V F G R S C G
F F E M M E E T Q D A K L E V
N R I R T S Y D A P E S I R A
F K Z L T O R B É I G D F D E
J R F I L I K S M G R F Z J B
E Q T F J E I R P U P E H S Z
R E O S X O F Y P F H Y B S F
P G R A N D S P A R E N T S C
S T N E R A P I B X Z X V N W
J G A I I Q I F M X M X C L H
```

célibataire	grands-parents
divorcer	mari
époux	neveu
famille	parents
femme	petits-enfants
fiancé	séparé
fille	veuf
fils	voisin

4 Complétez

Complétez Complete these analogies according to the model.

Modèle

demi-frère : demi-sœur = frère : *sœur*

1. cousine : cousin :: sœur : ____________
2. marié : séparé :: épouser : ____________
3. épouse : époux :: femme : ____________
4. neveu : oncle :: nièce : ____________
5. parents : grands-parents :: enfants : ____________
6. mère : fille :: père : ____________

5 Écrivez

Écrivez Read this e-mail from your French pen-pal. Then describe your family in your response.

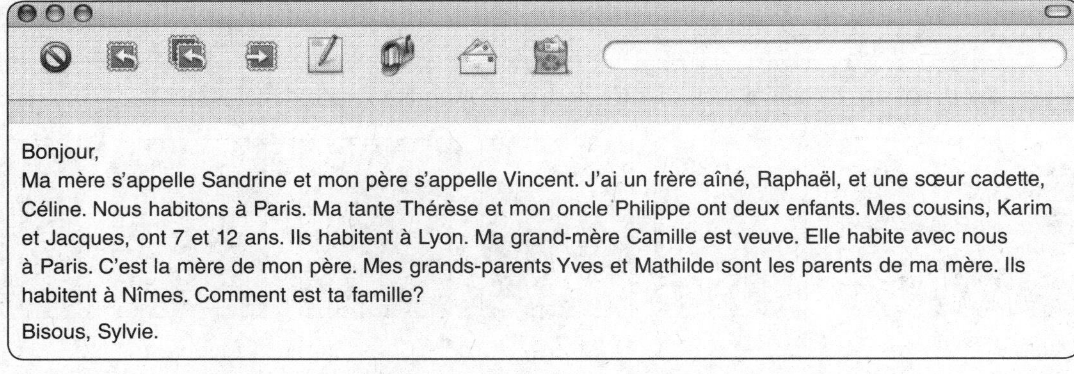

Bonjour,

Ma mère s'appelle Sandrine et mon père s'appelle Vincent. J'ai un frère aîné, Raphaël, et une sœur cadette, Céline. Nous habitons à Paris. Ma tante Thérèse et mon oncle Philippe ont deux enfants. Mes cousins, Karim et Jacques, ont 7 et 12 ans. Ils habitent à Lyon. Ma grand-mère Camille est veuve. Elle habite avec nous à Paris. C'est la mère de mon père. Mes grands-parents Yves et Mathilde sont les parents de ma mère. Ils habitent à Nîmes. Comment est ta famille?

Bisous, Sylvie.

____

____

____

____

____

Nom ______________________ Date ______________________

Workbook

STRUCTURES

3A.1 Descriptive adjectives

1 **Les accords** Kim is describing her sister, Nathalie, and her cousin, Chan. Complete the sentences with the correct forms of the adjectives.

1. Ma sœur est ____________ (grand) et elle a les cheveux ____________ (roux).
2. Mon cousin Chan a les cheveux ____________ (brun) et ____________ (court).
3. Nathalie est ____________ (joli). Elle n'est pas ____________ (laid).
4. Mon cousin est ____________ (naïf). Il n'est pas ____________ (vieux).
5. Ma sœur est ____________ (fier). Son fils est ____________ (beau).
6. Le ____________ (nouveau) étudiant dans la classe de Chan est ____________ (curieux).
7. Les étudiants de l'école de Chan sont ____________ (brillant) et ____________ (sérieux).
8. Moi, j'ai les yeux ____________ (bleu). Je suis ____________ (sociable).

2 **Complétez** Create complete sentences using the fragments below. Remember to make any necessary agreements.

Modèle

ma / grand / sœur / être / de taille moyenne

Ma grande sœur est de taille moyenne.

1. je / avoir / grand / famille ______________________
2. mon / nouveau / appartement / être / petit ______________________
3. grand / salle de classe / être / vieux ______________________
4. ma / jeune / voisine / être / français ______________________
5. joli / actrice / avoir / bon / rôle ______________________
6. gros / chat / avoir / yeux / vert ______________________

3 **Les contraires** Write an antonym for each adjective. Make the antonyms agree in gender and number with the adjectives provided.

Modèle

petites ≠ *grandes*

1. grand ≠ ______________
2. courtes ≠ ______________
3. laids ≠ ______________
4. mauvaise ≠ ______________
5. jeune ≠ ______________
6. bruns ≠ ______________
7. réservées ≠ ______________
8. malheureux ≠ ______________

Nom ______________________ Date ______________________

4 **Une lettre** Adam is writing his first letter to his pen-pal in Guadeloupe. Help him find the right adjectives to complete his letter. Don't forget to make the necessary agreements.

Modèle

Ma sœur est ______ (≠ petit) et ______(intellectuel).

Ma sœur est **grande** et **intellectuelle.**

Ma mère est de taille moyenne et elle est (1) ______________ (≠ laid). Elle a les cheveux (2) ______________ (brun) et (3) ______________ (raide). Elle a les yeux (4) ______________ (≠ noir). Mon père est (5) ______________ (≠ petit). Il a les cheveux (6) ______________ (noir) et (7) ______________ (court). Mes parents sont (8) ______________ (≠ malheureux). Nous habitons dans un (9) ______________ (≠ nouveau) appartement à Paris. J'ai un (10) ______________ (nouveau) petit chien. Il s'appelle Médor. Il est (11) ______________ (beau). Ma grand-mère habite avec nous. C'est une (12) ______________ (vieux) femme. Elle est (13) ______________ (sympathique) et (14) ______________ (sociable).

5 **Les mots croisés** Read these definitions and fill in the crossword puzzle. Use the Garneau-Laval family tree on pages 82–83 in your textbook as a reference when needed.

Across:

3. L'examen de Virginie Garneau dure (*lasts*) cinq heures. Il est…
4. Marie et Juliette Laval n'ont pas les cheveux châtains. Elles sont…
6. C'est la couleur du tee-shirt d'Isabelle Garneau.
7. Avant (*Before*) un examen, Virginie Garneau est…
9. Matthieu Laval a deux ans. Il est…
11. Bambou pèse (*weighs*) 50 kilos. C'est un… chien.

Down:

1. Les cheveux de Sophie Garneau sont…
2. Mes cousins sont heureux. Ils ne sont pas…
4. La première bande (*stripe*) du drapeau (*flag*) français est…
5. Le livre de Jean Garneau a trente pages. Il est…
8. Luc Garneau, le grand-père, est…
10. Les cheveux d'Isabelle Garneau sont…

Nom ______________________ Date ______________________

3A.2 Possessive adjectives

1 **Choisissez** Mariam is introducing you to her family. Choose the correct possessive adjective to complete each sentence.

Modèle
Je cherche (mon, ma, mes) frère, Thomas.

1. Je vous présente (mon, ma, mes) amie, Catherine.
2. Elle adore (ton, leurs, vos) frère!
3. Catherine et moi parlons en français avec (notre, nos, ton) parents.
4. Voici (ma, mon, leurs) oncle, Amadou.
5. Amadou aime (sa, son, leurs) chat.
6. Amadou et son épouse aiment (son, ses, leurs) enfants.
7. Maintenant, nous cherchons (ma, notre, nos) ami Charles.
8. La petite amie de Charles est (mon, ma, leurs) cousine.

2 **Qui est-ce?** Here are some bits of conversation overheard at Georges and Elsa's wedding. Complete each sentence with the appropriate possessive adjective.

1. ____________ (*My*) grand-mère est française, mais ____________ (*my*) grand-père est canadien.
2. ____________ (*Their*) cousins habitent en France.
3. Comment s'appelle ____________ (*your, formal*) époux?
4. ____________ (*Your, informal*) parents sont jeunes.
5. ____________ (*My*) amie adore ____________ (*her*) frère.
6. ____________ (*His*) oncle est espagnol.
7. ____________ (*Our*) professeurs sont intéressants.
8. ____________ (*My*) enfants sont jeunes. Ils adorent ____________ (*their*) chat.

3 **Complétez** Complete each sentence with the form of the possessive adjective that agrees with the subject.

Modèle
Vous avez ____vos____ livres de français?

1. J'aime ____________ université et ____________ camarades de classe.
2. Ma grand-mère adore ____________ petits-enfants et ____________ nièces.
3. Tu parles souvent à ____________ cousins et à ____________ nouvelle camarade de chambre.
4. Nous aimons ____________ cours et ____________ professeur.
5. Ils cherchent ____________ cahiers et ____________ carte de restaurant universitaire.
6. Vous étudiez avec ____________ ami pour ____________ examens.
7. Annie a ____________ sac à dos et ____________ calculatrice.
8. Je ne trouve pas ____________ montre. Je cherche aussi ____________ feuilles de papier.

Nom ____________________ Date ____________________

Workbook

4 **Décrivez** Complete these descriptions of Hassan's family with the appropriate possessive adjectives.

Modèle

C'est le père d'Hassan. ___Son___ père s'appelle Hamed.

1. Les frères d'Hassan s'appellent Hamid et Zinédine. __________ frères sont jeunes.
2. Ils parlent souvent avec des amis. __________ amis sont sympathiques.
3. Hassan a des parents brillants. Il adore __________ parents.
4. Hamid et Zinédine aiment la fac. __________ fac est grande.
5. Hassan est marié avec Sofiane. __________ femme est petite.
6. Zinédine et Hamid étudient l'économie. __________ études sont importantes.
7. Les voisins de sa sœur sont étrangers. __________ voisins sont vieux.
8. Je suis un(e) ami(e) d'Hassan. Hassan est __________ ami.

5 **Répondez** Answer these questions in complete sentences using possessive adjectives and the clues provided.

Modèle

Est-ce que vous aimez votre chien? (aimer beaucoup)
Oui, j'aime beaucoup mon chien. / Oui, nous aimons beaucoup notre chien.

1. Est-ce que tu aimes ton université? (adorer)
   ____
2. Stéphanie, comment est ton frère? (grand et brun)
   ____
3. Monsieur Lafarge, comment vont vos parents (*how are your parents doing*)? (très bien)
   ____
4. La belle-sœur de Marc est de quelle origine? (italienne)
   ____
5. À quelle heure est-ce que vos cousines arrivent? (à sept heures du soir)
   ____
6. Est-ce que tes parents aiment les chats? (aimer beaucoup)
   ____
7. Est-ce que les amis de Daniel sont timides? (sociables)
   ____
8. Comment est mon neveu? (poli et sympa)
   ____

Nom ______________________ Date ______________________

Unité 3

Leçon 3B

CONTEXTES

Workbook

1 **Chassez l'intrus** Circle the word or expression that does not belong with the others.

1. actif, paresseux, sportif, rapide
2. doux, gentil, modeste, cruel
3. pénible, antipathique, ennuyeux, gentil
4. triste, ennuyeux, méchant, génial
5. architecte, étranger, avocat, médecin
6. faible, athlète, fort, sportif
7. fou, généreux, jaloux, antipathique
8. prêt, fatigué, inquiet, triste

2 **Les professions** What professions might these people choose?

1. Benjamin adore l'art et la sculpture. Il va être ______________________.
2. Tatiana est très rapide et elle aime le sport. Elle va être ______________________.
3. Olivier aime écrire (*to write*) des articles et voyager. Il va être ______________________.
4. Barbara aime les mathématiques et la physique. Elle va être ______________________.
5. Julien étudie l'économie et la gestion. Il va être ______________________.
6. Chakir étudie le droit. Il va être ______________________.
7. Marie étudie la biologie. Elle va être ______________________.
8. Nathalie aime étudier les styles de maison. Elle va être ______________________.

3 **Les accords** Maxine is describing the people she met while an exchange student in Montreal. Complete the sentences with the correct forms of the adjectives.

1. Mélanie est avocate. Elle est toujours ____________ (prêt) à travailler. Elle est très ____________ (actif).
2. Son mari, Jeff, est ingénieur. Il est ____________ (étranger); il est anglais. Son actrice française ____________ (favori) est Catherine Deneuve.
3. Mes camarades de classe, Jean-Philippe et Sofiane, sont ____________ (fou). C'est ____________ (pénible).
4. La femme de Jean-Philippe est très ____________ (jaloux). C'est ____________ (triste).
5. Le propriétaire de mon restaurant préféré n'est pas ____________ (paresseux). C'est un homme ____________ (travailleur).
6. Les chiens du voisin sont ____________ (méchant) et ____________ (cruel).
7. Mon professeur de littérature est ____________ (génial), mais il donne beaucoup d'examens. C'est ____________ (pénible).
8. Ma coiffeuse est très ____________ (gentil) et ____________ (modeste).

4 **Complétez** Give a synonym or an antonym for each adjective, as indicated. Make the synonyms and antonyms agree in gender and number with the adjectives provided.

Modèle

antipathique (*fem.*) = *cruelle*

1. forte ≠ _______________
2. méchant = _______________
3. paresseuse ≠ _______________
4. rapides (*masc.*) ≠ _______________
5. modeste (*fem.*) = _______________
6. ennuyeux (*sing.*) ≠ _______________

5 **Comment sont-ils?** You're discussing various people you know with a friend. Describe them using the correct forms of the adjectives. Write complete sentences.

Modèle

(pénible, cruel)
L'ingénieur: *L'ingénieur est pénible et cruel.*

(généreux, modeste)

1. Le dentiste et le médecin: _______________
2. L'avocate: _______________

(étranger, sympathique)

3. L'artiste (*fem.*): _______________
4. L'architecte (*masc.*): _______________

(ennuyeux, antipathique)

5. La journaliste et l'homme d'affaires: _______________
6. L'avocat: _______________

6 **Les descriptions** Complete each sentence with the word or expression from **CONTEXTES** that is illustrated. Don't forget to make the necessary agreements.

1. Ma sœur est très (a)  _______________. Elle est (b) 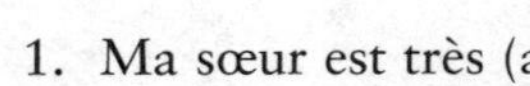 _______________.

Son mari est (c) 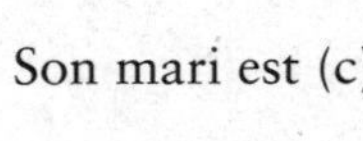  _______________. Il est (d)  _______________

pour sa femme. 2. Je ne suis pas (e)  _______________ mais mon (f) 

_______________ est (g) 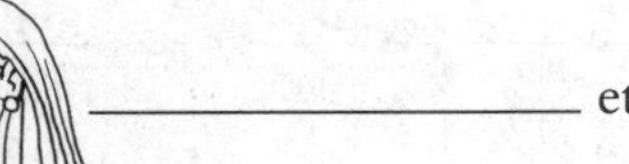 _______________ et (h)  _______________.

Nom ______________________ Date ______________________

STRUCTURES

3B.1 Numbers 61–100

1 **Les itinéraires** Write the numeral to show how far each city is from Paris.

Modèle
Gisors : soixante-quatorze kilomètres 74

1. Provins: quatre-vingt-onze kilomètres ______
2. Fontainebleau: soixante-six kilomètres ______
3. Beauvais: soixante-dix-huit kilomètres ______
4. Évreux: quatre-vingt-seize kilomètres ______
5. Épieds: quatre-vingt-quatre kilomètres ______
6. Pithiviers: quatre-vingt-quatorze kilomètres ______
7. Chartres: quatre-vingt-huit kilomètres ______
8. Soissons: cent kilomètres ______

2 **Quel est le prix?** Write out the prices of these items.

Modèle
des feuilles de papier *douze euros soixante-cinq*

1. un cahier ______
2. une chaise ______
3. des crayons ______
4. un sac à dos ______
5. une horloge ______
6. des stylos ______

3 **Complétez** Fill in the blanks by writing out the missing numbers.

Modèle
Cent moins (*minus*) trente-deux font (*makes*) soixante-huit.

1. Quatre-vingt-dix-neuf moins ______ font vingt-cinq.
2. Trente-trois plus quarante-cinq font ______.
3. Cinquante-sept plus quarante et un font ______.
4. Quatre-vingt-neuf moins ______ font vingt-huit.
5. Soixante-seize plus vingt-quatre font ______.
6. Quatorze plus ______ font quatre-vingt-dix-neuf.
7. Vingt-six plus cinquante-sept font ______.
8. Trente-deux plus soixante font ______.

Workbook

4 Les coordonnées

Write sentences to say where these people live. Follow the model and spell out the numbers.

Modèle

(Jean) 75, rue Victor Hugo

Jean habite au soixante-quinze, rue Victor Hugo.

1. (Malika) 97, rue Bois des cars
2. (Amadou) 66, avenue du Général Leclerc
3. (Martine) 73, rue Vaugelas
4. (Jérôme) 81, rue Lamartine
5. (Guillaume) 100, rue Rivoli
6. (Nordine) 91, rue Molière
7. (Géraldine) 67, avenue Voltaire
8. (Paul) 78, rue de l'Espérance

5 Les mots croisés

Complete this crossword puzzle. Run the words together without hyphens or spaces.

Across:

4. 50 + 41
6. 61 + 21
7. 49 + 14
8. 67 + 22
9. 37 + 39

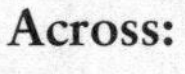

Down:

1. 52 + 36
2. 19 + 51
3. 61 + 38
5. 60 + 40
6. 50 + 40

Nom ______________________ Date ______________________

3B.2 Prepositions of location

1 **Complétez** Henri is helping customers at the bookstore where he works. Complete each sentence with the appropriate preposition of location.

1. Les sacs à dos sont ____________ (*next to*) des stylos.
2. Les cahiers sont ____________ (*behind*) les livres.
3. Les cartes sont ____________ (*to the right of*) l'ordinateur.
4. La bibliothèque est ____________ (*close to*) du restaurant universitaire.
5. La librairie est ____________ (*across from*) l'université.
6. Les calculatrices sont ____________ (*on*) la table.
7. Les feuilles de papier sont ____________ (*in*) le bureau.
8. Les sacs à dos sont ____________ (*under*) la fenêtre.

2 **Choisissez** Barbara has sent some pictures of her life on campus to her sister, Régine. She has written a short description on the back of each one. Complete each description by choosing the most logical preposition.

1. Mon chien est ____________________ (sur, sous, devant, à côté) la maison.
2. Mon dictionnaire est ____________________ (dans, entre, en, par) le bureau.
3. Mon ordinateur est ____________________ (loin, sur, par, en) le bureau.
4. La corbeille à papier est ____________________ (devant, entre, à côté, près de) du bureau.
5. La bibliothèque est ____________________ (par, en, sur, près de) l'université.
6. Le lycée est ____________________ (loin de, près, entre, en face) l'université.
7. La télévision est ____________________ (à côté, entre, loin, près) la fenêtre et le bureau.
8. Le stylo est ____________________ (en face, à côté, dans, en) mon sac à dos.

3 **C'est où?** Choose the prepositions that logically complete this letter from a student in Dakar, Senegal.

chez	en	juste à côté	près
dans	entre	loin de	sur

(1) ______________ moi, c'est tout petit. Nous habitons (2) ______________ un appartement (3) ______________ du Café de la Place. Nous sommes heureux ici. Ma grande sœur, Adama, habite (4) ______________; nous nous voyons (*we see each other*) tous les jours. (5) ______________ Adama et moi, il y a dix ans de différence. La vie (6) ______________ Afrique est formidable! J'adore la fac de Dakar. Elle est (7) ______________ la côte (*coast*) atlantique.

Nom ______________________ Date ______________________

4 **Le plan** Write the name of each place on the map below, according to the clues provided. Each clue is from the reader's point of view. The first item has been done for you.

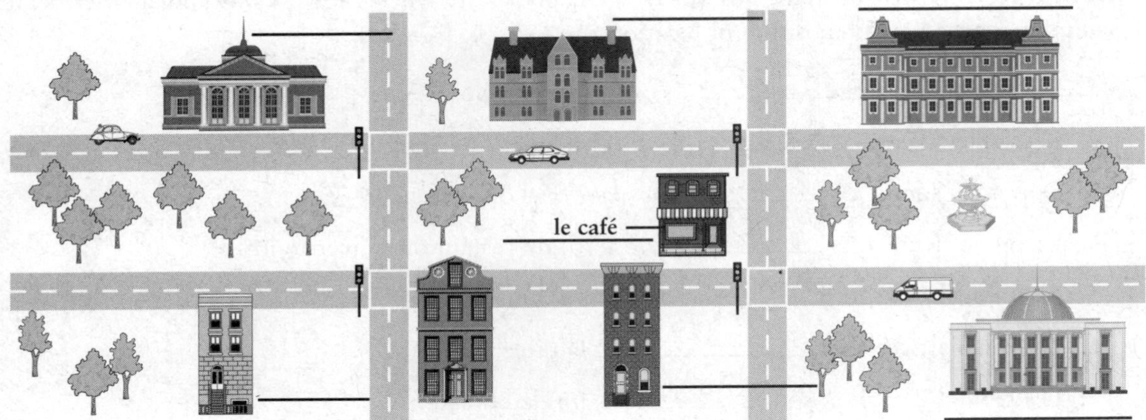

1. Le café est dans la librairie.
2. Le lycée est derrière la librairie.
3. La bibliothèque est à droite du lycée.
4. L'université est en face de la bibliothèque.
5. Chez moi, c'est en face du café, à gauche de l'université.
6. J'habite entre l'université et le restaurant «Chez Léon».
7. Le restaurant universitaire est loin de l'université, mais près du lycée.
8. Le dentiste est près du restaurant «Chez Léon».

5 **Les prépositions** Give a synonym or an antonym of these prepositions of location.

1. sur ≠ ____________
2. devant ≠ ____________
3. à droite de ≠ ____________
4. près de ≠ ____________
5. en = ____________
6. juste à côté = ____________

6 **Où est le livre?** Look at these pictures and tell where the book is located in relation to the desk.

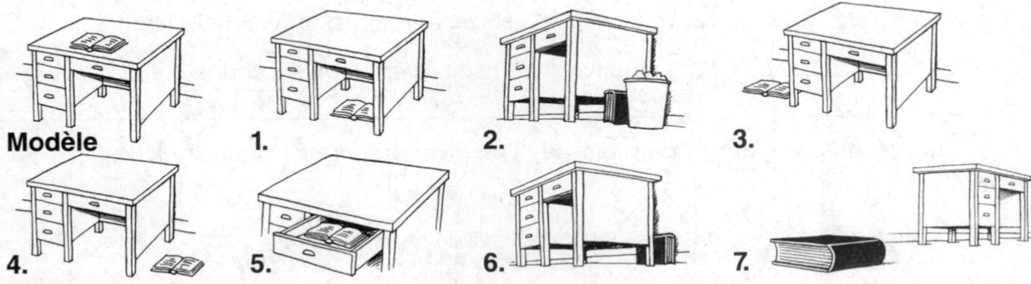

Modèle

Le livre est sur le bureau.

1. ____.
2. ____.
3. ____.
4. ____.
5. ____.
6. ____.
7. ____.

Nom ______________________ Date ______________________

Unité 3

PANORAMA

Savoir-faire

1 **Vrai ou faux?** Indicate whether each statement is **vrai** or **faux**. Correct the false statements.

1. On peut visiter Paris très facilement à pied.
____
2. Paris est divisée en vingt arrondissements.
____
3. Il y a cent cinq musées à Paris.
____
4. Charles Baudelaire est un célèbre chanteur français.
____
5. Les catacombes sont sous les rues de Paris.
____
6. La tour Eiffel a été construite en 1889 pour l'Exposition universelle.
____
7. Paris-Plages consiste en trois kilomètres de sable et d'herbe installés sous la tour Eiffel.
____
8. L'architecte américain I. M. Pei a créé le musée du Louvre.
____
9. Des entrées du métro sont construites dans le style rococo.
____
10. Le métro est un système de transport très efficace.
____

2 **Qu'est-ce que c'est?** Label each image shown below.

1. ______________________

3. ______________________

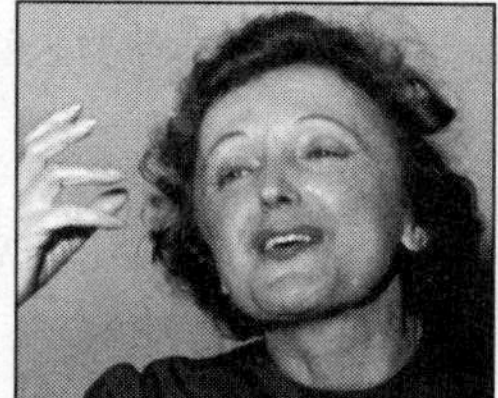

5. ______________________

2. ______________________

4. ______________________

6. ______________________

Nom ________________ Date ________________

Workbook

3 **Complétez** Complete these sentences about Paris with the correct information from **Panorama.**

Paris est la (1) ________________ de la France. Sa population est de plus de (2) ________________ d'habitants. Paris est divisée en vingt (3) ________________.

Le Louvre, un des plus grands musées du monde, est un ancien palais royal. L'œuvre la plus célèbre de sa collection est (4) ________________.

Avec plus de six millions de visiteurs par an, (5) ________________ est un autre monument célèbre. Elle attire le plus grand nombre de visiteurs en France.

(6) ________________ les rues de Paris, dans (7) ________________, il y a environ (8) ________________ de squelettes provenant d' (9) ________________ de Paris et de ses environs.

Pour visiter Paris, le métro est un système de transport efficace. Les premières entrées du métro de style Art Nouveau datent de (10) ________________. Elles sont l'œuvre de l'architecte Hector Guimard.

4 **Déchiffrez** Use what you've learned about Paris in **Panorama** on pages 118–119 of your textbook to decipher the code and fill in the missing letters. Then, use the code to discover three of France's main industries.

A	B	C	D	E	F	G	H	I	J	K	L	M	N	O	P	Q	R	S	T	U	V	W	X	Y	Z
					10									1											

1. C'est le nom d'un écrivain et activiste célèbre.

   _ _ _ _ _ _   _ _ _ _
   15 8 24 13 1 12   25 23 20 1

2. Chaque arrondissement en a un (*has one*).

   _ _   _ _ _ _ _
   23 11   17 14 8 12 7

3. C'est le nom d'un célèbre sculpteur.

   _ _ _ _ _
   12 1 3 8 11

4. Dans les catacombes, il y a…

   _ _ _   _ _ _ _ _ _ _ _ _ _
   3 7 2   2 26 23 7 16 7 13 13 7 2

5. La tour Eiffel a été construite (*was built*) pour cette (*this*) occasion.

   _ ' _ _ _ _ _ _ _ _ _ _   _ _ _ _ _ _ _ _ _ _ _
   16 7 22 5 1 2 8 13 8 1 11   23 11 8 15 7 12 2 7 16 16 7

6. C'est le nom du style de certaines (*some*) entrées du métro.

   _ _ _   _ _ _ _ _ _ _
   14 12 13   11 1 23 15 7 14 23

7. Voici trois des industries principales de la France:

   _ _ _   _ _ _ _ _ _ _ _
   16 7 2   10 8 11 14 11 24 7 2

   _ _   _ _ _ _ _ _ _ _ _ _ _
   16 14   13 7 24 25 11 1 16 1 20 8 7

   _ _   _ _ _ _ _ _ _ _
   16 7   13 1 23 12 8 2 17 7

Nom ______________________________ Date ______________________________

Unité 4

CONTEXTES

Leçon 4A

Workbook

1 **Cherchez** In the grid, circle the words or phrases listed, looking backward, forward, vertically, horizontally, and diagonally. One of them has been done for you.

- bavarder
- bureau
- centre-ville
- déjeuner
- endroit
- épicerie
- fréquenter
- grand magasin
- gymnase
- inviter
- piscine
- terrasse de café

F R É Q U E N T E R E Y O É N
E T M C B U D I J N T K T P I
S S N K B A S W I A U F I I S
L M A J J N V C Q V A E O C A
F Y K N N M S A E X L H R E G
P D D C M I I D R L J P D R A
Q P L Q P Y É S I D N K N I M
Y B N D H J G V E G E S E E D
É F A C E D E S S A R R E T N
C D H U M R É T I V N I V J A
K D N I T O V X C H W P A Z R
W E P N D B U R E A U K K W G
R Z E E K C U P U D G T D U G
V C U S H P Z P O M O P U J N
D B C F V X Y N P O I E Y Z M

2 **Associez** Match the expressions in the left column with the locations on the right. Then write a complete sentence for each one to describe Marie's activities.

Modèle

travailler / un bureau **Elle travaille dans un bureau.**

____ 1. danser ______________________________

____ 2. marcher (*to walk*) ______________________________

____ 3. manger un couscous ______________________________

____ 4. regarder un film français ______________________________

____ 5. nager ______________________________

____ 6. habiter ______________________________

____ 7. acheter des fruits ______________________________

____ 8. trouver un magazine de mode ______________________________

a. un cinéma
b. une maison
c. une piscine
d. une boîte de nuit
e. un parc
f. un restaurant
g. un kiosque
h. une épicerie

3 **Chassez l'intrus** Circle the word or expression that does not belong.

1. une épicerie, un marché, un magasin, un musée
2. un parc, une piscine, un café, un gymnase
3. un bureau, un magasin, un centre commercial, un grand magasin
4. un restaurant, un café, une église, une épicerie
5. un marché, une épicerie, une piscine, un restaurant
6. une ville, une banlieue, un centre-ville, une montagne

Nom ______________________ Date ______________________

4 **L'après-midi** Marc is thinking about the errands he needs to run this afternoon. Look at the vocabulary on pages 122–123 of your textbook and complete each sentence with the most logical word or expression.

1. Il y a ______________ sur la place. C'est parfait, j'ai besoin d'un magazine.
2. Après, j'ai besoin d'aller à l' ______________ à côté du café, sur la place.
3. Je me demande (*wonder*) quels films il y a au ______________ en ce moment.
4. La ______________ de Fatima est à côté. Pourquoi ne pas ______________ elle?
5. J' ______________ Fatima au restaurant.
6. Avant, j'ai besoin de passer au ______________ pour voir (*see*) quels sports sont proposés (*offered*).
7. J'aime bien ______________, mais est-ce qu'il y a une grande piscine?
8. Ma voisine est sur la place. Pourquoi ne pas ______________ un petit peu avec elle?

5 **Complétez** To find out more about a typical day for a student in Angers, complete these sentences with the words illustrated. Be sure to make all the necessary agreements.

Le matin, je vais au (1) ______________ pour faire (*do*) du sport, ou à la (2) ______________ pour nager pendant (*for*) une heure. Après, je rentre à la (3) ______________. J'étudie l'économie et le droit pendant quatre heures. À midi, j'aime bien manger au (4) ______________ sur la place, mais je n'aime pas dépenser de l' (5) ______________. L'après-midi, je travaille au (6) ______________ David d'Angers. Le week-end, j'aime aller au (7) ______________ ou bien (8) ______________ en boîte avec des amis.

Nom ____________________ Date ____________________

Workbook

STRUCTURES

4A.1 The verb aller

1 **Conjuguez** Complete this conversation with the correct forms of the verb **aller**.

FATIMA Qu'est-ce que tu (1) ______________ faire dimanche?

ÉRIC Je (2) ______________ étudier à la bibliothèque. Mon camarade de chambre (3) ______________ passer chez ses parents.

FABIEN ET THUY Nous (4) ______________ explorer le parc national de la Vanoise.

FATIMA Vous (5) ______________ quitter la maison à quelle heure?

FABIEN Je (6) ______________ passer chez Thuy à 7h00. Pourquoi?

FATIMA J'aime la montagne, et mon frère aussi. Je (7) ______________ lui parler. Peut-être que nous pouvons (*can*) (8) ______________ au parc avec vous.

THUY Bonne idée!

2 **Choisissez** New students are attending orientation this week. Complete their agenda by writing the correct prepositions.

1. Vous allez rencontrer vos professeurs ______________ (sur, au, en, à la) terrasse du café.
2. Votre professeur va vous demander d'aller ______________ (à la, au, en, à) ville.
3. Vous allez déjeuner ______________ (à la, au, sur) restaurant avec d'autres étudiants.
4. Le soir, vous pouvez (*can*) aller ______________ (au, à la, en) cinéma ou ______________ (à la, à l', au) piscine.
5. Lundi, vous allez ______________ (au, en, à la) kiosque.

3 **Complétez** Complete this letter from your Senegalese pen pal, Kaba, with **à**, **dans**, or **sur**. Include articles or form contractions as needed.

Je pense étudier (1) ______________ l'Université du Sénégal, (2) ______________ Dakar. L'université est (3) ______________ centre-ville. Je pense aussi habiter (4) ______________ la maison de ma sœur. Dakar, c'est loin (*far away*) de mon village. C'est une grande ville. J'aime étudier (5) ______________ la bibliothèque pour préparer mes examens.

J'aime bien visiter (6) ______________ musée de Dakar. Il est intéressant. Le samedi matin, je vais (7) ______________ la piscine municipale et après, je déjeune (8) ______________ la terrasse d'un restaurant avec des amis. Je préfère le restaurant (9) ______________ la place Kermel.

Workbook

4 **L'emploi du temps** Here is your schedule (**emploi du temps**) for next week. Write complete sentences to tell what you are going to do.

	lundi	mardi	mercredi	jeudi	vendredi	samedi	dimanche
matin		chercher des oranges/marché		parler/ professeurs	rencontrer Théo/café	aller/ centre-ville	
après-midi	étudier/ bibliothèque		aller/cinéma			téléphoner/ mes parents	commencer/ étudier

Modèle

Lundi, je vais nager à la piscine.

1. Lundi, ______________________.
2. Mardi, ______________________.
3. Mercredi, ______________________.
4. Jeudi, ______________________.
5. Vendredi, ______________________.
6. Samedi, ______________________.
7. Samedi, ______________________.
8. Dimanche, ______________________.

5 **Où vont-ils?** Indicate where the students are going and an activity they might do there, using the illustrations as a guide.

Modèle

Serge et Martin *Ils vont à la librairie. Ils vont chercher des livres.*

1. Nous ______________________

2. Véronique ______________________

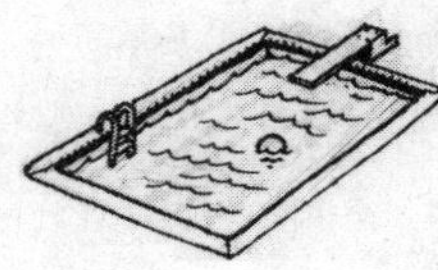

3. Hélène et Marc ______________________

4. Annie et Sarah ______________________

Nom ____________________ Date ____________________

4A.2 Interrogative words

1 **Déchiffrez** Pascal just received an e-mail from a classmate in his French class. Unfortunately, his classmate is not very good at French, and the questions are all jumbled. Rewrite each question correctly.

1. vous / appelez / vous / comment / ?

   ____

2. est-ce que / où / habitez / vous / ?

   ____

3. favori / votre / est / cours / quel / ?

   ____

4. commencent / à / est-ce que / quelle heure / les cours / ?

   ____

5. votre restaurant / préféré / chinois / quel / est / ?

   ____

6. est-ce que / allez / marché / vous / quand / au / ?

   ____

7. vous / au / le mardi soir / est-ce que / allez / pourquoi / gymnase / ?

   ____

2 **L'entrevue** Fill in the correct interrogative words or expressions to complete this interview with Hassan, a student at a French university.

Combien	Où	Quels	Quoi
Comment	Pourquoi	Qu'est-ce que	Qui

JÉRÔME (1) ____________ vous appelez-vous?

HASSAN Je m'appelle Hassan.

JÉRÔME (2) ____________ habitez-vous?

HASSAN J'habite en ville.

JÉRÔME (3) ____________ vous étudiez?

HASSAN J'étudie l'économie.

JÉRÔME (4) ____________ étudiez-vous l'économie?

HASSAN Parce que je veux (*want*) être homme d'affaires.

JÉRÔME (5) ____________ cours aimez-vous?

HASSAN J'aime le cours de français.

JÉRÔME (6) ____________ d'étudiants y a-t-il dans la classe?

HASSAN Il y a seize étudiants dans la classe.

3 Choisissez

Choisissez Complete each question with the correct form of **quel**.

1. __________ musée fréquentez-vous?
2. À __________ heure les cours commencent-ils?
3. __________ est le nom de la bibliothèque?
4. __________ sont tes restaurants favoris?
5. __________ étudiantes ont les yeux marron?
6. __________ cinéma fréquentez-vous?
7. __________ magasins sont ouverts (*open*) le dimanche?
8. __________ montagnes explorez-vous le week-end?

4 Complétez

Complétez Complete this dialogue with logical questions.

JASMINE Bonjour Nathalie. (1) __________

NATHALIE Bien. Et toi?

JASMINE Bien, merci. (2) __________

NATHALIE Les cours commencent le 24 septembre.

JASMINE (3) __________

NATHALIE J'ai physique, chimie et biologie.

JASMINE (4) __________

NATHALIE Mon professeur de chimie est Madame Lessieur.

JASMINE Ah, oui! Et tu as déménagé (*you moved*), n'est-ce pas? (5) __________

NATHALIE J'habite en ville, à côté du café, sur la place. Dis, (6) __________

JASMINE Il est 11h30. On va bavarder au café demain, n'est-ce pas?

NATHALIE Parfait (*Perfect*). Au revoir.

5 Les questions

Les questions Write two questions that would prompt each of these statements.

Modèle

Laëtitia va au marché dimanche.
Qui va au marché dimanche?
Où est-ce que Laëtitia va dimanche?

1. Il y a trois étudiants à la terrasse du café.

____

____

2. Mes amis vont manger au restaurant avec les nouveaux étudiants.

____

____

3. Tu vas en boîte samedi soir.

____

____

Nom ______________________ Date ______________________

Unité 4

CONTEXTES

Leçon 4B

1 **Classez** Classify these foods in the appropriate category.

baguette	eau minérale	limonade
beurre	éclair	pain de campagne
boisson gazeuse	fromage	sandwich
café	jambon	soupe
chocolat	jus d'orange	sucre
croissant	lait	thé

Boissons	Pains/desserts	Autres
______	______	______
______	______	______
______	______	______
______	______	______
______		
______		
______		

Produits laitiers (*dairy*)

______
______
______

2 **Complétez** Complete each sentence with the most logical option.

1. J'aime boire (*drink*) de l'eau ______________.
   a. éclair b. minérale c. sucre
2. Avant de partir (*before leaving*), nous ______________ un pourboire.
   a. apportons b. coûtons c. laissons
3. Ma sœur est végétarienne. Elle ne mange pas de ______________.
   a. jambon b. sandwich c. frites
4. Je mets (*put*) toujours du ______________ dans mon café.
   a. beurre b. fromage c. sucre
5. Je vais demander ______________ à la serveuse.
   a. un pourboire b. l'addition c. apporter
6. J'ai ______________. Je vais manger un sandwich et une soupe.
   a. faim b. soif c. quelque chose
7. J'aime les produits laitiers (*dairy*). Je vais manger un sandwich au ______________.
   a. jambon b. fromage c. chocolat
8. Je me demande (*wonder*) quel est le ______________ du jus de pomme.
   a. addition b. coûter c. prix

Nom ______________________ Date ______________________

3 **Qu'est-ce que c'est?** Write the name of each item pictured using an indefinite or partitive article.

1. ____________

2. ____________

3. ____________

4. ____________

5. ____________

6. ____________

4 **C'est quoi?** Write the name of the item that each statement describes.

1. Il est fait (*made*) avec des pommes (*apples*) ou des oranges. C'est ____________.
2. Il rend (*makes*) le thé ou le café plus doux (*sweeter*). C'est ____________.
3. Le serveur/La serveuse l'apporte à la fin du dîner. C'est ____________.
4. Il est au jambon ou au fromage. C'est ____________.
5. Aux États-Unis, on mange ça avec du ketchup. Ce sont ____________.
6. C'est le pain avec lequel (*with which*) on fait (*makes*) les sandwichs. C'est ____________.
7. C'est un homme qui travaille dans un restaurant. C'est ____________.
8. C'est l'argent qu'on laisse pour le serveur/la serveuse. C'est ____________.

5 **Choisissez** Complete this dialogue with the best phrases from the list. Make any necessary changes and do not repeat expressions.

une bouteille de	pas assez de	plusieurs	tous les
un morceau de	un peu de	une tasse de	un verre de

MAI J'ai très soif. Je vais boire (*drink*) (1) ____________ eau minérale.

PAUL Vraiment? C'est trop! Tu ne veux pas (2) ____________ limonade ou (3) ____________ thé?

MAI D'accord, j'adore la limonade.

PAUL Moi, j'ai faim. Il y a (4) ____________ types de soupe.

MAI Moi, je vais prendre (*take*) (5) ____________ soupe à la tomate et (6) ____________ pain.

PAUL Bonne idée, moi aussi. J'aime le thé, mais il n'y a (7) ____________ sucre.

MAI Tu ne vas pas prendre (8) ____________ morceaux de sucre!

PAUL Et pourquoi pas?

Nom ______________________ Date ______________________

Workbook

STRUCTURES

4B.1 The verbs **prendre** and **boire**

1 **Le dimanche matin** Complete this paragraph with the correct forms of the verbs **boire** or **prendre**.

Le dimanche matin, nous allons au café. Pour aller au café, je (1) ____________ (prendre) toujours la ligne A du métro. Mes parents aiment mieux (2) ____________ (prendre) leur voiture. Ma sœur et moi, nous (3) ____________ (prendre) une baguette et du beurre. Mes parents (4) ____________ (boire) du café mais nous, nous ne (5) ____________ (boire) pas de café. Moi, je (6) ____________ (boire) un thé et ma sœur (7) ____________ (boire) un chocolat. Mes parents (8) ____________ (prendre) des croissants. Et vous, qu'est-ce que vous (9) ____________ (prendre) et qu'est-ce que vous (10) ____________ (boire) le matin?

2 **Des phrases complètes** Write complete sentences using the elements given.

1. Je / comprendre / le français et l'espagnol
____
2. Fatima et Mourad / ne… pas / apprendre / le français
____
3. Jacques / boire / un café / le matin
____
4. Abdel et Amandine / boire / du thé / le soir
____
5. Vous / apprendre / l'italien
____
6. Tu / ne… pas / comprendre / le professeur de français
____

3 **Au café** Complete each sentence with the correct form of **prendre** or **boire**.

1. Nous ____________ du café le matin.
2. Ils ____________ un sandwich au fromage à midi.
3. Je ____________ une soupe.
4. Je ne ____________ pas de boissons gazeuses.
5. Mes parents ____________ du pain et du fromage.
6. Tu ____________ des frites avec ton sandwich.
7. Elle ne ____________ pas assez d'eau.
8. Vous ____________ un éclair.

Nom ______ Date ______

4 **Qu'est-ce que vous prenez?** Look at these illustrations and write a sentence describing what each person is having.

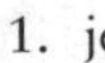

1. je

2. vous

3. elles

4. tu

5. nous

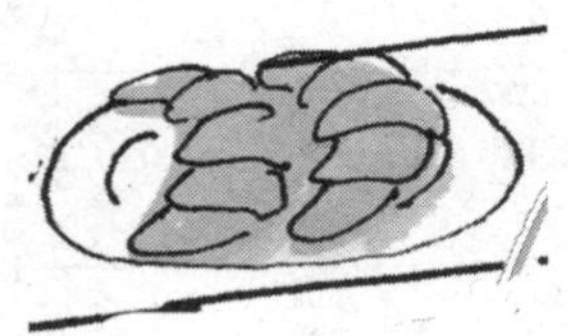

6. il

5 **Répondez** Answer these questions in complete sentences using the cues given.

1. Qu'est-ce que vous prenez pour aller à l'université? (ma voiture)
2. Qu'est-ce que vous prenez au restaurant universitaire? (un sandwich et une boisson gazeuse)
3. Qu'est-ce que vos amis boivent au restaurant universitaire? (un café ou un thé)
4. Qui boit une limonade? (Vincent et Élise)
5. Est-ce que vous apprenez le français? (oui)
6. Qui comprend le français? (mes parents)
7. Est-ce que vous comprenez le russe (*Russian*)? (non)
8. Combien de cours prenez-vous? (quatre)

Nom ______________________ Date ______________________

4B.2 Partitives

1 **Un peu** You want to try the items below, but you only want some of each. Write the appropriate partitive article.

Modèle
une soupe → *de* la soupe

1. un fromage → ______________ fromage
2. le beurre → ______________ beurre
3. le jambon → ______________ jambon
4. le sucre → ______________ sucre
5. un thé → ______________ thé
6. une limonade → ______________ limonade
7. une eau minérale → ______________ eau minérale
8. le lait → ______________ lait

2 **Et pour vous?** Reconstruct these conversations that you might hear in a café. First write the question, then answer it.

Modèle
boire / café? (non)
Est-ce que vous buvez du café? Non, je ne bois pas de café.

1. boire / thé? (oui)
____
2. prendre / croissants? (non)
____
3. prendre / soupe? (oui)
____
4. boire / eau? (oui)
____
5. prendre / sandwich? (non)
____
6. prendre / frites? (oui)
____
7. boire / chocolat chaud? (non)
____
8. boire / jus d'orange? (oui)
____

3 **Complétez** Complete this conversation with the appropriate articles (indefinite, definite, or partitive).

SOPHIE Tu as (1) ______________ lait?

MARINA Désolée, non je n'ai pas (2) ______________ lait mais j'ai (3) ______________ eau minérale et (4) ______________ jus d'orange. Tu prends (5) ______________ croissants avec (6) ______________ beurre ou bien (7) ______________ éclair?

SOPHIE Je vais simplement prendre (8) ______________ jus d'orange avec un morceau (9) ______________ pain.

MARINA Pas de problème. Tu es sûre? Tu ne prends pas un peu (10) ______________ fromage aussi?

SOPHIE Non, merci. Je n'aime pas (11) ______________ fromage. Tu as (12) ______________ pain de campagne?

MARINA Oui, voilà.

SOPHIE Merci.

4 **Vos préférences** You received a letter from the host family you will be staying with during your exchange program. Read it and write a reply.

Voici ce que nous mangeons à la maison. Le matin, nous prenons du pain avec du beurre. Nous buvons du café avec du lait. Le week-end, nous prenons des croissants. À midi, au café, nous prenons un sandwich avec des frites. Nous aimons les sandwichs au jambon et les sandwichs au fromage. Nous n'aimons pas beaucoup le pain de campagne. Nous ne buvons pas de boisson gazeuse. Le soir, nous prenons souvent de la soupe avec beaucoup de fromage. Et vous, quelles sont vos préférences?

Chère famille,

____

____

____

____

____

____

____

____

____

Nom ______________________ Date ______________________

Unité 4

Savoir-faire

PANORAMA

1 **Où ça?** Complete these sentences with the correct information.

1. L'église du ______________________ est un centre de pèlerinage depuis 1.000 ans.
2. À ______________________, en Bretagne, il y a 3.000 menhirs et dolmens.
3. La maison de Claude Monet est à ______________________, en Normandie.
4. Les crêpes sont une spécialité culinaire de ______________________.
5. Le camembert est une spécialité culinaire de ______________________.
6. ______________________ est une station balnéaire de luxe.

Workbook

2 **Qu'est-ce que c'est?** Label each image correctly.

1. ______________________

2. ______________________

3. ______________________

4. ______________________

3 **Vrai ou faux?** Indicate whether each statement is **vrai** or **faux**. Correct the false statements.

1. C'est au Mont-Saint-Michel qu'il y a les plus grandes marées du monde.
____
2. Le Mont-Saint-Michel est une presqu'île.
____
3. Le Mont-Saint-Michel est un centre de pèlerinage.
____
4. Le camembert est vendu dans une boîte ovale en papier.
____
5. Claude Monet est un maître du mouvement impressionniste.
____
6. Claude Monet est le peintre des «Nymphéas» et du «Pont chinois».
____
7. Il y a 300 menhirs et dolmens à Carnac.
____
8. Les plus anciens menhirs datent de 4.500 ans avant J.-C.
____

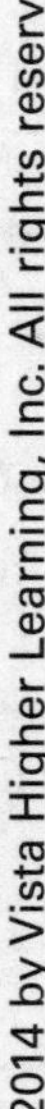

Workbook

4 **Répondez** Answer these questions in complete sentences.

1. Où est Carnac?
______
2. Comment sont disposés (*positioned*) les menhirs?
______
3. Quelle est la fonction des menhirs? Et des dolmens?
______
4. À quoi est associée la fonction des menhirs?
______
5. À quoi est associée la fonction des dolmens?
______
6. Pourquoi Deauville est-elle célèbre?
______

5 **Les mots croisés** Use the clues below to complete this crossword puzzle.

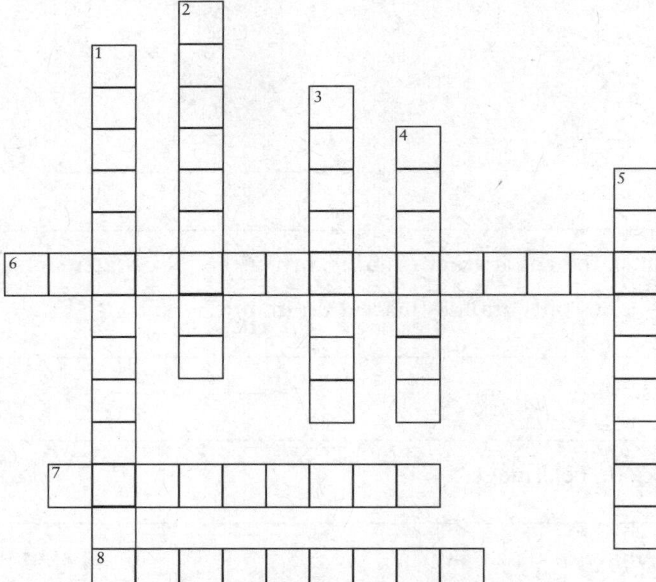

1. À Deauville, il y a un festival du…
2. C'est le nom d'un fromage.
3. On peut manger des crêpes dans une…
4. C'est le nom d'un lieu où il y a des falaises.
5. C'est la région qui a la plus grande population.
6. C'est le nom d'une célèbre femme écrivain.
7. Deauville est une station…
8. C'est un type d'énergie produite en Normandie.

Nom ______________________ Date ______________________

Unité 5

CONTEXTES

Leçon 5A

Workbook

1 **Cherchez** In the grid, find the eleven other words listed. Look backward, forward, vertically, horizontally, and diagonally.

bande dessinée
échecs
équipe
joueuse
loisir
match
passe-temps
pratiquer
skier
spectacle
sport
temps libre

L	O	B	F	E	C	K	Ô	D	S	V	T	Z	F	U
P	O	B	A	A	L	V	V	E	A	E	C	P	Q	V
A	L	I	K	N	V	C	M	W	M	D	B	G	A	M
S	V	U	S	D	D	B	A	P	P	B	S	K	M	W
S	B	F	R	I	T	E	S	T	É	C	H	E	C	S
E	M	C	P	J	R	L	D	Q	C	V	I	P	W	S
T	H	J	È	I	I	Z	A	E	E	E	L	H	E	C
E	H	K	U	B	W	J	G	M	S	E	P	P	K	S
M	R	H	R	T	H	B	A	F	D	S	I	S	A	K
P	R	E	U	Q	I	T	A	R	P	U	I	L	P	I
S	L	W	Y	Z	C	V	P	M	Q	E	L	N	J	E
F	A	X	B	H	F	F	F	É	W	U	W	F	É	R
S	I	Y	T	R	O	P	S	S	Z	O	E	Q	K	E
Y	G	N	K	B	W	F	E	U	B	J	S	M	L	M
P	X	F	D	W	I	J	W	Q	S	T	M	L	É	R

2 **Le sport** Look at this list of sports and activities, and indicate whether people generally practice them **à l'extérieur** (*outside*), **à l'intérieur** (*inside*), or both.

aller à la pêche	le basket	le football	marcher	le tennis
le baseball	les échecs	le golf	skier	le volley-ball

à l'extérieur

____

____

____

____

____

____

à l'intérieur

____

____

à l'intérieur et à l'extérieur

____

____

3 **Chassez l'intrus** Circle the word that does not belong in each group.

1. pratiquer, le baseball, le tennis, la bande dessinée
2. indiquer, un loisir, un passe-temps, le temps libre
3. une fois, rarement, souvent, presque jamais
4. encore, souvent, parfois, jamais
5. un jeu, les cartes, skier, les échecs
6. gagner, le cinéma, un jeu, un match
7. bricoler, skier, le tennis, le volley-ball
8. jouer, gagner, aller à la pêche, pratiquer
9. rarement, maintenant, parfois, jamais
10. chanter, gagner, aider, longtemps

Nom ______________________ Date ______________________

Workbook

4 **Quoi?** Complete this paragraph according to the illustrations to find out what Dalil and his friends are planning to do this weekend. Don't forget to use a preposition or an article when necessary.

Ce week-end, je vais jouer (1)  ____________ avec des amis. Nous allons

(2)  ____________ à 15h00. Nous allons aussi jouer (3)  ____________.

J'aime les sports de plein air (*outdoors*), mais je n'aime pas (4)  ____________. Je n'aime pas

(5) ____________ non plus. Ce soir, nous allons jouer (6)  ____________

(je n'aime pas (7)  ____________).

5 **Les célébrités** What sports do these people play?

1. Shaquille O'Neil ____________
2. David Ortiz ____________
3. Gabrielle Reese ____________
4. Tiger Woods ____________
5. Peyton Manning ____________
6. Venus et Serena Williams ____________

6 **Les loisirs** Write a sentence indicating what these people do and how often they do it, based on the cues provided.

Modèle

Stéphane / once a month

Stéphane regarde une bande dessinée une fois par mois.

Sandrine / often

1. ____________

David and Rachid / on Tuesdays and Thursdays

2. ____________

David and Rachid / right now

3. ____________

David and Sandrine / twice a month

4. ____________

Nom ______________________ Date ______________________

STRUCTURES

5A.1 The verb faire

1 **La famille de Karine** Complete this paragraph with the correct forms of the verb **faire.**

Ma famille est très active. Moi, je (1) ____________ de l'aérobic le week-end. La semaine, ma sœur et moi, nous (2) ____________ du jogging dans le parc. Mon frère n'aime pas (3) ____________ de la gym, mais il (4) ____________ la cuisine. Mes parents (5) ____________ aussi attention à leur santé (*health*). Ils (6) ____________ souvent du vélo. Et dans ta famille, qu'est-ce que vous (7) ____________? Est-ce que tu (8) ____________ du sport?

2 **Choisissez** Complete this conversation with the correct prepositions or articles.

SOPHIE Quels sont vos passe-temps préférés?

KHALED Je fais (1) ____________ aérobic tous les week-ends. Et toi, Luc?

LUC Je fais (2) ____________ cheval ou (3) ____________ planche à voile.

SOPHIE Moi, je ne fais pas beaucoup (4) ____________ sport, mais j'aime bien faire (5) ____________ camping. Maintenant, je vais faire (6) ____________ promenade dans le parc. Qui veut venir (*wants to come*) avec moi?

KHALED Moi, pourquoi pas! Il faut bien faire (7) ____________ sport.

SOPHIE Parfait. Tu vas faire (8) ____________ connaissance de ma sœur, Frédérique.

LUC Ma sœur et moi, nous y allons aussi. On va faire un pique-nique!

3 **Le mot juste** Complete this brochure with **jouer** or **faire** and the appropriate articles or prepositions.

De nombreux sports sont proposés à nos étudiants. Dans notre nouveau gymnase, vous pouvez (*can*) (1) ____________ aérobic ou (2) ____________ basket ou (3) ____________ volley.

Dans notre stade, vous pouvez (4) ____________ jogging, (5) ____________ vélo ou (6) ____________ baseball.

Il y a également des clubs qui organisent des activités en dehors de (*outside of*) l'université. Vous pouvez (7) ____________ ski ou (8) ____________ randonnée selon (*according to*) la saison. Vous pouvez également (9) ____________ échecs, (10) ____________ planche à voile ou (11) ____________ football.

Avec toutes les activités proposées, vous allez (12) ____________ connaissance de beaucoup de personnes!

Workbook

Nom ______________________ Date ______________________

4 **Que font-ils?** Look at these pictures and say what these people are doing using the verb **faire**.

Modèle

Il fait un tour en voiture.

1. ______________________

2. ______________________

3. ______________________

4. ______________________

5. ______________________

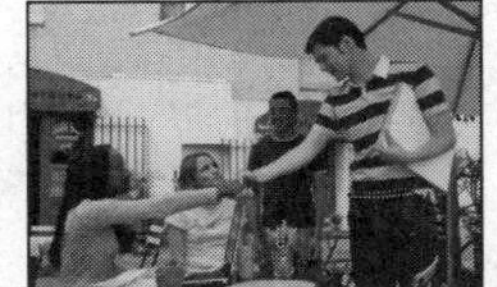

6. ______________________

5 **Qu'est-ce qu'il faut faire?** Give these people advice about activities they might enjoy.

Modèle

J'aime les animaux. *Il faut faire du cheval.*

1. J'aime la montagne et marcher.

____

2. Je suis nouvelle à l'université.

____

3. J'aime courir (*run*).

____

4. J'adore le cyclisme (*cycling*).

____

5. J'aime dîner chez moi avec des amis.

____

Nom ______________________ Date ______________________

5A.2 Irregular -ir verbs

1 **Les vacances** Complete this paragraph with the correct forms of the verbs in parentheses to say what Miriam does when she is on vacation.

Pendant les vacances (*vacation*), si je ne voyage pas, je (1) ______________ (dormir) toujours tard le matin, mais mes parents (2) ______________ (sortir) tôt pour aller marcher dans le parc. En général, je (3) ______________ (sortir) de la maison à 11h00 et je (4) ______________ (courir) un peu avec des amis. Ils (5) ______________ (courir) très vite. Le parc (6) ______________ (sentir) bon avec toutes les fleurs (*flowers*).

Pour les vacances d'hiver (*winter*), je vais (7) ______________ (partir) en Algérie. Nous (8) ______________ (partir) la semaine prochaine. Je (9) ______________ (sentir) que le voyage va être intéressant. J'adore un petit restaurant à Alger où on (10) ______________ (servir) un excellent couscous.

2 **Décrivez** Describe what the people in these pictures are doing. Write in complete sentences and use a dictionary if necessary.

1. 

2.

3. 

4. 

5. 

6. 

1. ____
2. ____
3. ____
4. ____
5. ____
6. ____

3 **Que font-ils?** For each sentence, choose the correct verb from those in parentheses. Then complete the sentence by writing the verb in the present.

1. Les professeurs ____________________ (sortir, dormir, sentir) de l'université à 6h00 du soir.
2. Les étudiants ____________________ (servir, partir, sentir) pour Paris pour aller visiter les musées.
3. Maintenant, le département de français ____________________ (dormir, sentir, servir) du café et du thé après les conférences.
4. Les athlètes ____________________ (servir, courir, partir) dans le stade tous les matins.
5. Ton camarade de chambre ne ____________________ (dormir, servir, sentir) pas assez parce qu'il étudie beaucoup.
6. Tu ____________________ (servir, sentir, partir) que ton examen de physique va être facile.
7. Tu ne ____________________ (servir, sentir, sortir) plus avec Hélène.
8. Caroline ____________________ (servir, partir, courir) pour la France le mois prochain.

4 **Répondez** Answer these questions in complete sentences.

1. Partez-vous pour un lieu intéressant cette année? Où allez-vous?

   ____

2. Combien d'heures votre camarade de chambre dort-il? Et vous?

   ____

3. Sortez-vous souvent pendant le week-end?

   ____

4. Que servez-vous à vos amis?

   ____

5. Qui sort avec vous en boîte, le week-end?

   ____

6. Courez-vous dans le parc? Avec qui?

   ____

Nom ______________________ Date ______________________

Unité 5

Leçon 5B

Workbook

CONTEXTES

1 **Les saisons** Name the season that best matches each description.

1. Nous allons à la plage. ______________
2. Il neige et nous faisons du ski. ______________
3. Il fait très chaud. ______________
4. Il pleut souvent. ______________
5. Il fait frais et il fait du vent. ______________
6. C'est la fin des cours à l'université. ______________
7. Il faut utiliser un imperméable et un parapluie. ______________
8. Les cours commencent à l'université. ______________
9. C'est la fin de l'année. ______________
10. Nous célébrons la fête (*holiday*) nationale en France et aux États-Unis. ______________

2 **Le temps** Here is a weather forecast. Say what the weather is like and what the highest and lowest temperatures are.

Modèle

Il fait froid et le temps est nuageux à New York.
La température minimum est de 1 degré.
La température maximum est de 15 degrés.

New York
1°C / 15°C

1. Chambéry
2°C / 5°C

2. Abidjan
22°C / 25°C

3. Papeete
27°C / 31°C

4. Marseille
12°C / 20°C

1. ____

____

2. ____

____

3. ____

____

4. ____

____

Workbook

3 **Les vacances** Farida and Thomas are going to visit Paris. Complete their conversation with the words and expressions from the list.

anniversaire	beau	degrés	imperméable	soleil
avril	date	frais	printemps	temps

FARIDA Quel (1) ______________________ fait-il à Paris demain?

THOMAS Il fait beau. Il fait 17 (2) ______________________.

FARIDA J'ai besoin d'un (3) ______________________?

THOMAS Non, il ne va pas pleuvoir. Il va faire (4) ______________________ tout le temps.

FARIDA Parfait. C'est vrai que c'est le (5) ______________________.

THOMAS N'oublie pas que le matin, il fait (6) ______________________. Nous sommes en (7) ______________________.

FARIDA Quelle est la (8) ______________________ de l' (9) ______________________ de ton oncle?

THOMAS C'est le 5.

FARIDA J'espère (*hope*) qu'il va faire (10) ______________________.

THOMAS Oui, moi aussi.

4 **Vrai ou faux?** Read these statements and indicate whether they are **vrai** or **faux**. Correct the false statements.

1. Quand il pleut, j'utilise un imperméable.
   ____
2. Il fait un temps épouvantable en été.
   ____
3. Quand le temps est nuageux, il fait soleil.
   ____
4. En hiver, il fait froid et il neige.
   ____
5. La Saint-Valentin est en février.
   ____
6. Avril, c'est en hiver.
   ____
7. Quand il fait 30 degrés, il fait froid.
   ____
8. Mars est ma saison préférée.
   ____

Nom ______________________ Date ______________________

Workbook

STRUCTURES

5B.1 Numbers 101 and higher

1 **Les prix** Write out these prices in words.

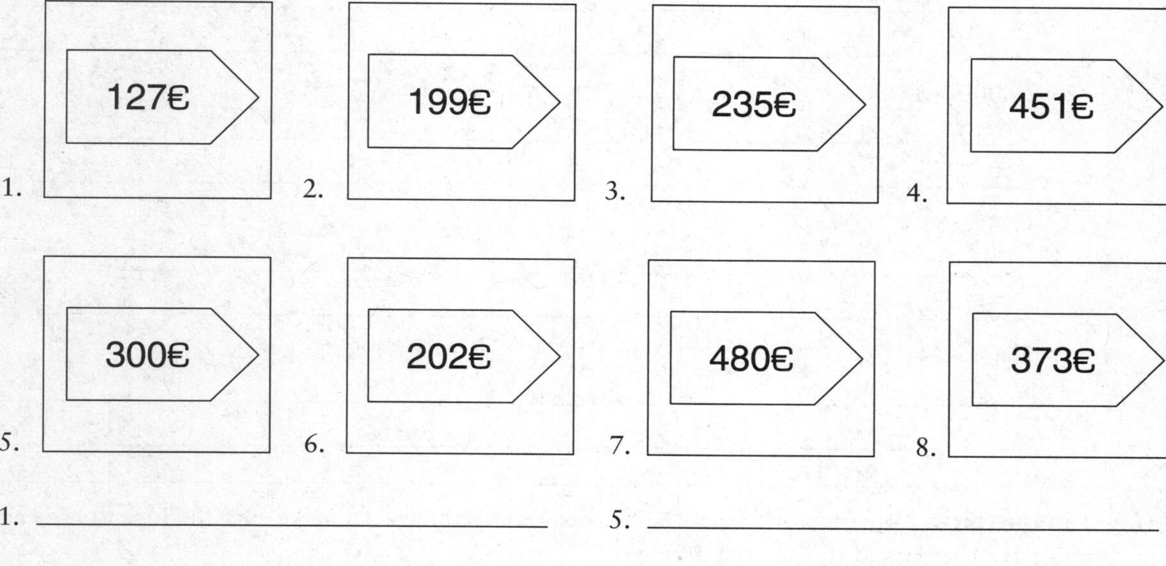

1. ______________________
2. ______________________
3. ______________________
4. ______________________
5. ______________________
6. ______________________
7. ______________________
8. ______________________

2 **Québec** Read these sentences about the French-speaking province of Quebec, Canada. Write the digits for the numbers in each sentence.

1. Jacques Cartier arrive à Gaspé en mille cinq cent trente-quatre. ________
2. La province du Québec est établie en mille sept cent quatre-vingt-onze. ________
3. La population francophone du Québec est de cinq millions huit cent mille personnes. ________
4. La population anglophone du Québec est de cinq cent quatre-vingt-onze mille personnes. ________
5. La superficie de la province du Québec est de un million cinq cent cinquante-trois mille six cent trente-sept kilomètres carrés. ________
6. La population totale du Québec est de sept millions cinq cent soixante-huit mille six cent quarante habitants. ________
7. Le Québec produit (*makes*) quatre-vingt-six millions quatre cent seize mille cinquante-sept livres (*pounds*) de sirop d'érable (*maple syrup*). ________
8. Il y a quarante et un mille cinq cent sept étudiants à l'Université du Québec, à Montréal. ________

Nom ______________________ Date ______________________

Workbook

3 **Résolvez** Solve these math problems. Use **plus** to add, and **moins** to subtract.

Modèle

200 + 350 *Deux cents plus trois cent cinquante font cinq cent cinquante.*

1. 199 + 801
2. 28.000 – 13.000
3. 1.248.391 + 1609
4. 576 + 424

4 **L'inventaire** You are working in the bookstore on campus. To make sure the inventory is accurate, you have been asked to spell the numbers.

Modèle

Il y a cent trente-sept livres de Jules Verne.

Articles	Nombre d'articles
Livres de Jules Verne	137
Livres d'Ampâté Bâ	101
Dictionnaires français-anglais	299
Crayons	2.435
Cahiers	3.123
Stylos	6.782

1.
2.
3.
4.
5.

5 **La loterie** Imagine that you have won a million euros. List what you would like to buy and how much each item costs. Write out the prices.

Nom ______________________ Date ______________________

5B.2 Spelling change -er verbs

1 **À la fac** To complete Jean's e-mail, choose the logical verb for each sentence and write its correct form in the space provided.

Salut!

Ça va? Moi, je vais bien, mais il y a beaucoup de choses à faire cette semaine. Je/J' (1) ______________ (espérer, nettoyer, acheter) beaucoup de livres pour mes cours. Bien sûr, mes professeurs (2) ______________ (envoyer, répéter, préférer) les étudiants qui travaillent beaucoup, alors je suis toujours à la bibliothèque. Les étudiants (3) ______________ (employer, payer, célébrer) beaucoup leur ordinateur pour étudier.

Matthieu, mon camarade de chambre ne/n' (4) ______________ (acheter, emmener, nettoyer) jamais la chambre. C'est pénible! Mais il (5) ______________ (amener, espérer, protéger) avoir une bonne note en français, alors nous étudions ensemble. Je/J' (6) ______________ (envoyer, célébrer, employer) mon anniversaire la semaine prochaine avec le club de français, et je vais inviter Matthieu.

Comment allez-vous? Est-ce que vous (7) ______________ (envoyer, payer, acheter) mes CD préférés? Est-ce que vous (8) ______________ (répéter, posséder, essayer) de venir ici bientôt?

Merci et à bientôt!

Jean

2 **Que font-ils?** Write sentences to describe what the people in the photos are doing. Use a variety of verbs from the list.

acheter	essayer	payer
envoyer	nettoyer	répéter

1. 
2. 
3. 

4. 

1. ____
2. ____
3. ____
4. ____

Nom ______________________ Date ______________________

Workbook

3 **La lettre** A classmate from your French class asks you to help with the letter he or she is writing to a pen-pal. Help by filling in the blanks with the appropriate verbs in the present tense.

acheter	considérer	espérer	payer	protéger
célébrer	envoyer	essayer	préférer	répéter

Bonjour!

J'étudie le français à l'université. J' (1) ______________ que tu vas comprendre la lettre que j' (2) ______________. Ici, les autres étudiants (3) ______________ utiliser leur e-mail, mais je pense qu'une lettre est plus personnelle.

Moi, j'aime la musique. J'adore chanter. Mes amis et moi, nous (4) ______________ dans une salle de la résidence universitaire. Nous (5) ______________ de préparer un concert pour la fin de l'année. Mes parents (6) ______________ que ce n'est pas important, mais je ne suis pas d'accord. En plus, l'université va (7) ______________ pour le concert!

J'aime aussi la nature. Est-ce que tu (8) ______________ la nature aussi? Ici, nous (9) ______________ la journée de l'environnement.

Et toi, quand est-ce que tu (10) ______________ ton billet d'avion pour venir me rendre visite?

Bon, au revoir!

4 **Répondez** Answer these questions using the cues provided.

1. À qui est-ce que vous envoyez des e-mails? (à mes amis et à mes professeurs)
____
2. Qui vous amène à la fac tous les jours? (mes camarades de chambre)
____
3. Qu'est-ce que votre professeur emploie? (des livres en français)
____
4. Qui préfère étudier à la bibliothèque? (les étudiants sérieux)
____
5. Qui achète des CD de musique française? (mon camarade de chambre et moi)
____
6. Qui essaie d'avoir un bon accent? (tu)
____
7. Qui envoie des lettres à votre frère? (mes parents)
____
8. Qui célèbre la Révolution française? (nous)
____

Unité 5

PANORAMA

Savoir-faire

1 **Les photos** Label each photo.

1. ______________ 2. ______________ 3. ______________ 4. ______________

2 **Les Pays de la Loire** Answer these questions in complete sentences.

1. Quand le château de Chambord est-il construit (*built*)?
____
2. Combien de pièces le château de Chambord possède-t-il?
____
3. Quelle est la caractéristique des deux escaliers du logis central?
____
4. Quel est l'autre nom de la vallée de la Loire?
____
5. Qui inaugure le siècle des «rois voyageurs»?
____
6. Quel est le nom des trois châteaux les plus visités (*the most visited*)?
____

3 **Les attractions** Complete the sentences with the correct words.

1. Le Printemps de ______________ est un festival de musique.
2. À ce festival de musique, il y a des ______________ de spectacles et des ______________ de spectateurs.
3. Les 24 heures du ______________ est une course d'______________.
4. Cette course existe depuis ______________.
5. La vigne est cultivée dans la vallée de la Loire depuis l'an ______________.
6. Les vignerons produisent ______________ de bouteilles par an.

Nom ______________________ Date ______________________

Workbook

4 **Vrai ou faux?** Indicate whether these statements are **vrai** or **faux**. Correct the false statements.

1. La viticulture est l'industrie principale du Centre.

   ____

2. La ville des Sables-d'Olonne est située dans un département des Pays de la Loire.

   ____

3. George Sand est un homme. C'est un inventeur.

   ____

4. Louis XIV influence l'architecture du château de Chambord.

   ____

5. François Ier va de château en château avec sa famille.

   ____

6. Au Printemps de Bourges, tous les styles de musique sont représentés.

   ____

7. Yves Montand est un écrivain.

   ____

8. 75% des vins français sont produits dans la vallée de la Loire.

   ____

5 **Le mot mystère** Complete these definitions and fill in the corresponding spaces in the grid to find out the mystery word.

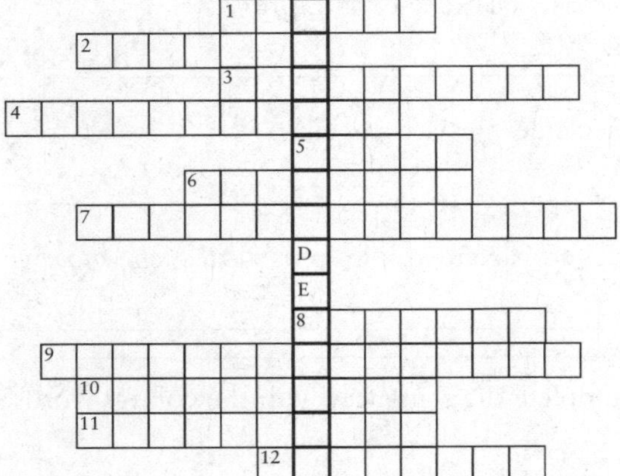

1. C'est le nom d'une dynastie de rois.
2. C'est une célèbre marque de voiture; ce n'est pas Ferrari.
3. C'est une femme écrivain du XIXe siècle.
4. C'est le style de nombreux châteaux de la vallée de la Loire.
5. C'est le mois du Printemps de Bourges.
6. C'est l'industrie principale du Centre.
7. C'est un acteur célèbre.
8. C'est une ville dans la région du Centre.
9. C'est le nom d'un chanteur au Printemps de Bourges.
10. C'est une sorte de vin.
11. C'est le nom d'un château de la Loire.
12. C'est le nom de la personne qui fait le vin.

Mot mystère: C'est le nom d'un célèbre peintre du XVIe siècle. Il a travaillé (*worked*) pour François Ier.

Nom ____________________ Date ____________________

Unité 6

Leçon 6A

Workbook

CONTEXTES

1 **Trouvez des paires** List pairs of words that are related in meaning. Do not repeat the items from the model.

la bière	un gâteau	la mort
un biscuit	un hôte	la vie
célibataire	des invités	la vieillesse
le divorce	le mariage	le vin
l'enfance	marié(e)	

Modèle

le mariage, le divorce

1. ____________________
2. ____________________
3. ____________________
4. ____________________
5. ____________________
6. ____________________

2 **Logique ou illogique?** Indicate whether each one of these sentences is **logique** or **illogique.**

	Logique	Illogique
1. Noémie va faire une surprise à sa sœur pour son anniversaire.	❍	❍
2. Gilles est amoureux d'une feuille de papier.	❍	❍
3. Abdel et Nora ne sont plus ensemble; ils sont divorcés.	❍	❍
4. M. Lominé va prendre rendez-vous avec sa copine pour aller au cinéma.	❍	❍
5. On prend sa retraite à l'âge de 13 ans.	❍	❍
6. Quel est votre état civil: célibataire, marié(e), veuf/veuve ou divorcé(e)?	❍	❍
7. Y a-t-il des glaçons pour le punch?	❍	❍
8. La fiancée du chat est un oiseau.	❍	❍

3 **Les étapes de la vie** Label each of these drawings with the appropriate stage of life.

1. ____________________

2. ____________________

3. ____________________

4. ____________________

5. ____________________

6. ____________________

Nom ______________________ Date ______________________

Workbook

4 **Une invitation** Laurent is organizing a celebration for his birthday. Complete the e-mail he wrote to his friend Marguerite making any necessary changes.

bière	cadeau	fêter	gâteau
bonheur	férié	fiancé	organiser

Marguerite,

Vendredi est un jour (1) ______________ et donc, c'est l'occasion de (2) ______________ mon anniversaire. C'est moi qui (3) ______________, alors, est-ce que tu peux apporter des cannettes (*cans*) de Coca et des bouteilles de (4) ______________? Eh, pas besoin d'apporter un (5) ______________ ou un (6) ______________, d'accord?

Merci d'avance et à bientôt,

Laurent

tél. 01.87.95.23.41

5 **Proverbes et citations** Choose an appropriate word from the list to complete each saying.

____ 1. L'argent ne fait pas le ______________.

____ 2. L'amour est le poison de la vie. L' ______________ est son remède.

____ 3. L' ______________ est aveugle (*blind*).

____ 4. Le mariage est un dîner (*dinner*) qui commence par le ______________.

____ 5. La ______________ semble bien moins (*seems a lot less*) terrible quand on est fatigué.

____ 6. La ______________ est courte. C'est la vie qui est longue.

____ 7. C'est facile comme de prendre un ______________ à un bébé.

a. jeunesse
b. amitié
c. amour
d. bonheur
e. mort
f. bonbon
g. dessert

6 **Des questions** Answer these questions in complete sentences.

1. Est-ce que vous faites souvent la fête en semaine (*on weekdays*)?

____

2. Est-ce que vous organisez des fêtes pour vos copains?

____

3. Comment fêtez-vous votre anniversaire?

____

4. Buvez-vous du champagne? Quand?

____

5. Est-ce que vous avez parfois des invités chez vous? Quand?

____

Nom ______________________ Date ______________________

Workbook

STRUCTURES

6A.1 Demonstrative adjectives

1 **Vive la retraite!** Complete Annick and Pascal's conversation about an upcoming retirement party for their grandfather by selecting **ce, cet, cette,** or **ces.**

ANNICK Et si on fêtait la retraite de pépé avec ses amis?
PASCAL C'est génial comme idée! Il faut aussi inviter maman et papa à (1) _______ (ce/cette) fête.
ANNICK Ah, oui, bien sûr. Alors, quand? (2) _______ (Ce/Cette) week-end?
PASCAL Bon, d'accord. On va faire une surprise! Samedi après-midi, à quatre heures?
ANNICK À (3) _______ (cet/cette) heure-là, on n'a pas faim. Pourquoi pas à six heures du soir?
PASCAL Bonne idée. Si on invitait (*What if we invited*) son ami du bureau?
ANNICK (4) _______ (Cet/Ce) ami, il s'appelle Laurent Tallieu, non? Je vais téléphoner au bureau.
PASCAL Tous les invités peuvent lui donner (*can give him*) des cadeaux.
ANNICK Ah, non, tous (5) _______ (ce/ces) cadeaux! C'est trop! Tout le groupe va acheter un cadeau collectif.
PASCAL D'accord. Mais c'est toi qui va faire la collecte auprès de (*collect from*) tous (*everybody*) (6) _______ (ces/cet) invités!

2 **Impressions sur la fête** Complete what people are saying at a party with an expression using a form of ce and a noun. Refer to the photos for clues about which nouns to use.

Modèle
Cette fête est super! Il y a plein de monde (*lots of people*) ici.

1. Et _______________-ci, c'est pour Apolline?

2. Beurk! _______________ n'est pas bonne!

3. _______________-ci a l'air très bonne!

4. _______________ sont des caramels.

5. _______________ sont gazeuses.

6. _______________ est vraiment extraordinaire.

Nom ______________________ Date ______________________

Workbook

3 **Ci et là** Complete each sentence with either ci or là.

1. Cette année-__________, on va fêter l'anniversaire de Nino au Café Cézanne.
2. Vous payez le loyer (*rent*) de ce mois- __________ ou du mois prochain?
3. Sandra, quel gâteau est-ce que tu préfères: ce gâteau-ci ou ce gâteau- __________?
4. Nous achetons cette glace-__________, au chocolat; non, cette glace-là, à la vanille.
5. Ce champagne-ci est bon, mais ce champagne-__________ est mauvais.

4 **Faites des phrases** Use the expressions in the columns to write logical sentences. Use each entry at least once.

ce	après-midi	on va fêter l'anniversaire d'Hervé
cet	cadeau	vont sur la table
cette	choses	est petit mais il est sympa
ces	glace	est parfumée (*flavored*) au chocolat
	glaçons	sont pour les boissons

1. ______________________
2. ______________________
3. ______________________
4. ______________________
5. ______________________

5 **À vous!** Answer the questions with information about yourself. Write complete sentences.

1. Est-ce que vous allez fêter votre anniversaire cette année?
____
2. Sortez-vous avec des copains ce week-end?
____
3. Est-ce que vous allez assister à une fête cette semaine?
____
4. Invitez-vous des copains chez vous ce soir?
____
5. Est-ce que vous allez suivre (*take*) des cours, travailler ou faire la fête cet été?
____

Nom ______________________________ Date ______________________________

6A.2 The passé composé with avoir

1 **À la fête de Julie** Decide whether each sentence describes something that could have happened at Julie's party or if it is more likely to have happened elsewhere (**ailleurs**).

C'est arrivé...	à la fête de Julie	ailleurs
1. Sylvain et Cristelle ont dansé toute la nuit.	❍	❍
2. Julie a adoré ses cadeaux d'anniversaire.	❍	❍
3. Julie a passé un examen.	❍	❍
4. David a joué de la guitare et moi, j'ai chanté.	❍	❍
5. Tu as nettoyé toutes les fenêtres de la maison.	❍	❍
6. Nous avons fait du ski.	❍	❍
7. Vous avez rencontré tous les amis de Julie.	❍	❍
8. J'ai laissé un pourboire à Julie.	❍	❍
9. Augustin a pris des photos de tout le monde.	❍	❍
10. Quelle surprise! Julie n'a pas compris tout de suite que c'était (*it was*) une fête pour elle.	❍	❍

2 **À votre tour** Now say what else happened at Julie's party, using the drawings as clues.

Modèle

Rémy et Dylan n'ont pas  *bu de champagne.*

1. Nous avons  ______________________________ à Julie.

2. Tu n'as pas  ______________________________.

3. Marguerite a ______________________________ dans la chambre de Julie pendant que nous dansions (*while the rest of us danced*).

4. Il a ______________________________ toute la nuit. On n'a pas pu (*couldn't*) sortir dans le jardin.

5. Vous avez  ______________________________ de Martine et d'Angèle.

6. Théo et Jean-Paul ont trop  ______________________________.

Workbook

3 La sortie catastrophique

Complete the paragraph with appropriate past participles from the list.

cherché	été	organisé	payé
couru	fait	oublié	pris

J'ai (1) ______ une sortie (*outing*) pour mes copains, samedi dernier. Pour commencer, Fred a (2) ______ jusqu'au restaurant parce qu'il était en retard (*was late*). On a tous (3) ______ des pizzas. Josiane et Simon n'ont pas aimé. Nous avons (4) ______ une surprise à Fred avec un gâteau au chocolat pour son anniversaire. Et bien, il paraît (*it appears*) qu'il est allergique au chocolat. C'est moi qui ai (5) ______ ce gâteau et ces pizzas. Après (*Afterwards*), Chloé a (6) ______ son sac au restaurant et nous avons (7) ______ ce sac pendant (*for*) une heure! Marlène n'a pas (8) ______ très sympa avec Chloé, et puis (*then*) tout le monde est rentré (*returned*) en colère (*angry*) à la maison.

4 Des questions

Write out a question that could elicit each response.

Modèle

Vous n'avez pas aimé la fête de l'année dernière?
Mais si! J'ai beaucoup aimé cette fête.

1. ______

   J'ai apporté une bouteille de champagne et des glaçons pour le refroidir (*to chill it*).

2. ______

   On a dîné dans un resto, et puis (*then*) on a regardé un film au ciné.

3. ______

   Ah, non, malheureusement. Et j'ai eu une mauvaise note!

4. ______

   Oui, nous avons nettoyé toute la maison.

5. ______

   Non, j'ai pris une part (*piece*) de gâteau.

6. ______

   Oui, mais il a plu cet après-midi.

Nom ______________________ Date ______________________

Unité 6

Leçon 6B

Workbook

CONTEXTES

1 **Chassez l'intrus** In each set, two of the articles of clothing usually touch each other when they're being worn. Circle the item in each set that doesn't normally touch the others.

1. des baskets, un sac à main, des chaussettes
2. une ceinture, un pantalon, des lunettes de soleil
3. une casquette, un jean, un tee-shirt
4. une jupe, un chemisier, une chaussure
5. un chapeau, un sous-vêtement, une robe
6. des gants, un manteau, des chaussettes

2 **En quelle saison?** Name five articles of clothing that you would typically wear in the summer and five that you would typically wear in the winter.

En été, on porte...	**En hiver, on porte...**
1. ______________	1. ______________
2. ______________	2. ______________
3. ______________	3. ______________
4. ______________	4. ______________
5. ______________	5. ______________

3 **Qu'est-ce que vous portez?** Say what items of clothing you would wear to these places. List as many articles as you can.

Modèle

sur le campus: *un short, un tee-shirt, des chaussettes, des baskets, une montre et un sac à dos*

1. au bureau: ______________________________
2. à l'église: ______________________________
3. à la piscine: ______________________________
4. sur les pistes (*slopes*) de ski: ______________________________
5. à une fête: ______________________________
6. au gymnase: ______________________________

4 **Une personne raisonnable** Indicate whether a reasonable person likes or doesn't like these things.

	Elle aime...	Elle n'aime pas...	
1.	❍	❍	les soldes.
2.	❍	❍	les vêtements bon marché.
3.	❍	❍	les vêtements trop chers.
4.	❍	❍	porter un pull trop large avec un blouson serré.
5.	❍	❍	les vendeurs polis.
6.	❍	❍	porter des vêtements à sa taille.

5 **De quelle couleur?** Complete each description with a logical color.

1. Les ballons de basket sont ______________________.
2. Le chocolat est ______________________.
3. Les ordinateurs sont souvent ______________________.
4. Les canaris sont souvent ______________________.
5. Le lait est ______________________.
6. Les fruits sont souvent ______________________.
7. Le ciel (*sky*) est ______________________.
8. Les fleurs sont parfois ______________________.

6 **Les goûts des autres** Describe what Mme Blay and M. Morande are wearing at the park today. Do you think they have good taste (**bon goût**) or bad taste (**mauvais goût**)? Justify your opinion. Write at least six complete sentences using the expressions from the list.

aller avec trop court(e) large porter laid long

____

____

____

____

____

____

____

STRUCTURES

6B.1 Indirect object pronouns

1

Des devinettes Solve these riddles (**devinettes**). Answers may be used more than once.

_______ 1. Vous leur envoyez des e-mails.	a. vos amis
_______ 2. On lui pose des questions.	b. des vendeurs
_______ 3. Ils vous donnent des cadeaux d'anniversaire.	c. votre mère
_______ 4. Vous leur demandez d'apporter des vêtements.	d. le prof de français
_______ 5. Elle vous a donné le jour (*brought you into the world*).	
_______ 6. Il vous donne des notes.	
_______ 7. Ils vous prêtent de l'argent parfois.	
_______ 8. Vous leur donnez de l'argent pour payer vos vêtements.	

2

Des objets indirects Circle the indirect objects in these sentences. If a sentence has an indirect object (not all of them do), rewrite it using the appropriate indirect object pronoun.

1. Chaque hiver, j'envoie un pull à ma sœur par la poste (*mail*).

   ____

2. Isabelle et moi, nous essayons parfois des robes de mariées à la Boutique Blanche.

   ____

3. Nous posons des questions aux vendeurs.

   ____

4. Il faut payer les vêtements à la caisse (*at the register*).

   ____

5. Tu montres ton nouveau pantalon à ta mère?

   ____

6. Je donne cette montre à mon père pour son anniversaire.

   ____

3

Des extraits de conversations Complete these conversations in a department store with appropriate indirect object pronouns.

1. **LE PÈRE** Ah, non, il n'est pas beau, ce pantalon!
   KEVIN Et bien, je ne ____________ ai pas demandé ton avis (*opinion*).
2. **VIRGINIE** Non, c'est non. Je ne vais pas te prêter de l'argent pour acheter ça!
   RODRIGUE Mais tu ____________ as prêté de l'argent hier, pourquoi pas aujourd'hui?
3. **LA MÈRE** Alors, tu lui demandes de ____________ apporter une taille plus grande (*larger*).
   KEVIN Mais, non, maman! Je ne vais pas lui demander de faire ça.
4. **MÉLANIE** Mais, maman, papa! Vous ne m'achetez pas la jupe? Pourquoi?
   LA MÈRE Tu ____________ as parlé hier d'une jupe, non d'une micro-jupe!
5. **LA VENDEUSE** Madame, est-ce que je ____________ montre la robe en taille 40?
   MME NOIRET Oui. J'aimerais (*I would like*) l'essayer.
6. **LE VENDEUR** Vous ____________ avez posé une question, Monsieur?
   M. PINEAU Ah, oui. Je voulais savoir si (*I wanted to know if*) vous avez ça en 48?

Nom ____________________ Date ____________________

4 **Méli-mélo** Unscramble each of these sentences.

1. téléphones / ne / souvent / pas / tu / très / me
2. va / expliquer / il / le / nous / problème
3. tu / parles / lui / ne / pourquoi / pas
4. Rodrigue / n' / prêter / de / aime / l' / pas / argent / leur
5. ne / laissé / pourboire / Mireille / a / pas /de / lui
6. quelque chose / je / montrer / te / vais

5 **Vos habitudes** Answer these questions about your personal habits. In each sentence, use the expression depicted by the illustration, and replace the indirect object with an indirect object pronoun.

1. Est-ce que vous  souvent à vos parents?
2. Est-ce que vous 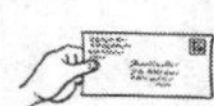 à votre meilleur(e) (*best*) ami(e)?
3. Est-ce que vous  à vos amis?
4. Est-ce que vous  au prof de français quand vous êtes en classe?

6 **Victimes de la mode?** Carine and Lolo are talking about how they and their friends like to dress. Complete their conversation with appropriate disjunctive pronouns.

1. Tu kiffes (*like*) les blousons en jean? ______ aussi, je kiffe!
2. Sylvain, il est vachement (*terribly*) beau avec son pantalon en cuir! Tu ne trouves pas, ______?
3. Marie-Line? C'est bien ______ qui porte cette jupe hyper sexy?
4. Mais leurs tee-shirts sont débiles (*lame*)! Ils n'ont aucun goût (*no taste*), ______!
5. Sylvain a plein de trucs (*lots of things*) sympas! Il a bon goût, ______.
6. Ouais (*Yeah*), Stéphanie et Christine ont des fringues (*gear*) géniales, ______.

Workbook

Nom ______________________ Date ______________________

6B.2 Regular and irregular -re verbs

1 **À l'arrêt de bus** Guillaume is talking to Mme Lominé at the bus stop. Decide whether these sentences could be a logical part of their conversation (**oui**) or not (**non**).

	Oui	Non
1. Ça fait 45 minutes qu'on attend ici!	❍	❍
2. Ils ne répondent pas au téléphone avant 10h00 du matin.	❍	❍
3. Vous vendez des boissons, Madame?	❍	❍
4. Mais il n'arrive pas! Nous perdons notre temps ici.	❍	❍
5. On m'a dit qu'il est souvent en retard.	❍	❍
6. Je rends souvent visite à mon grand-père qui habite au Canada.	❍	❍

2 **Le samedi d'Adama** The illustrations show what Adama did last Saturday. Complete each description with the past participle of a verb.

1. 

2. 

3. 

4. 

1. Il a ______________ un blouson avant de sortir.
2. Il a ______________ l'horaire (*schedule*) des bus devant sa maison.
3. Il a ______________ le bus pendant une heure mais il n'est pas venu (*didn't come*).
4. Il a ______________ jusqu'à la maison de sa tante.

3 **Qu'est-ce qu'on met?** Complete each sentence with an appropriate form of **mettre** and an article of clothing.

Modèle

Quand il neige, je ***mets un manteau.***

1. Quand il fait du soleil, Nadège ______________________________.
2. Quand il pleut, Farid et moi ______________________________.
3. Quand vous sortez avec des copains, vous ______________________________.
4. Quand il fait froid, les filles ______________________________.
5. Quand tu as une mauvaise coupe de cheveux (*haircut*), tu ______________________________.
6. Quand je vais à la piscine, je ______________________________.

4 **C'est fou!** Choose a verb from the list for each sentence about crazy things people do. Then give the appropriate present-tense form of the verb to complete the sentence. Each verb may be used more than once.

conduire	détruire	réduire
construire	produire	traduire

1. Ma grand-mère ne met pas ses lunettes quand elle ____________________.
2. Nous ____________________ une voiture en plastique dans notre garage.
3. Vous ____________________ un dictionnaire pour apprendre le français?
4. Ce n'est pas le mois des soldes, mais le grand magasin ____________________ ses prix.
5. Les enfants ____________________ leur petite maison dans un arbre (*tree*)?
6. On ____________________ ta maison pour construire un parking?
7. Marlène permet à ses enfants de ____________________ sa voiture.
8. Nous ____________________ 50 piñatas par jour dans notre maison.

5 **Qu'est-ce qui vous fait sourire?** Complete each statement about what makes people smile by filling in the appropriate present-tense form of **sourire**.

1. Nous ____________________ quand nous jouons avec notre chat, Minou.
2. Les étudiants ____________________ quand ils ont de bonnes notes.
3. Le bébé ____________________ quand ses parents lui sourient.
4. Vous ____________________ quand il fait beau le samedi.
5. Je ____________________ quand je regarde des sitcoms à la télé.

6 **Forum questions-réponses** Answer these questions about yourself in complete sentences.

1. Est-ce que vous vendez vos affaires (*possessions*) sur eBay?

   ____

2. Quelle sorte de voiture conduisez-vous?

   ____

3. Répondez-vous souvent aux questions du prof de français?

   ____

4. Est-ce que vous riez parfois quand vous ne devez pas (*shouldn't*) rire?

   ____

5. Vous prenez le bus, n'est-ce pas?

   ____

6. Est-ce que vous rendez visite à vos amis qui habitent dans d'autres villes (*that live in other towns*)?

   ____

Nom ______________________ Date ______________________

Unité 6

Savoir-faire

PANORAMA

1 **Des mots associés** Match each entry on the left with the one that is associated with it on the right.

_______ 1. des spectacles de gladiateurs	a. une reine (*queen*) de France
_______ 2. Montpellier et Nîmes	b. le Languedoc-Roussillon
_______ 3. «Los cats fan pas de chins.»	c. les arènes de Nîmes
_______ 4. Aliénor d'Aquitaine	d. Midi-Pyrénées
_______ 5. Toulouse	e. l'occitan

2 **Cherchez** Find the expressions described by the clues below in the grid, looking backward, forward, vertically, horizontally, and diagonally. Circle them in the puzzle, then write the words in the blanks.

```
L D S R W N O I Q L J B E I M
J A L É F T R I H C O J U J D
T A N Y Y D T F E R N M Q N Y
N X C G X G C G D G Y A S O N
V G A M U U D E G S D G A T Y
R C S A U E A M A M B V B S V
W U S M S U D C Z K V A E A M
E P O X X K C O S C V M N J V
H L U X P D R A C A Î Y A J A
R Z L O W K H F F N L R U B T
A C E I Q N H U H M V F L J Q
S H T S A D I R R O C Y P V É
X D K F K Z D K B P W V F G R
D I Z U M R D Y Î E Û C V L A
Z I L Q N D C V W M C Q C Y O
```

1. C'est une grande ville d'Aquitaine.

   ____

2. On appelle cette grotte «la chapelle Sixtine préhistorique».

   ____

3. Les arènes de cette ville ressemblent au Colisée de Rome.

   ____

4. La langue d'Oc a donné son nom à cette région.

   ____

5. Le Pays ______________________ est la région qui est à la frontière entre la France et l'Espagne.

6. Ce plat populaire ressemble un peu au «*pork and beans*» américain.

   ____

7. Ces spectacles ont lieu (*take place*) aujourd'hui dans les arènes de Nîmes.

   ____

Workbook

Nom ______________________ Date ______________________

Workbook

3 Qu'est-ce que c'est? Label each photograph in French.

1. ____________

2. ____________

3. ____________

4. ____________

4 Complétez les phrases Supply the expression that is missing in each sentence about southwestern France.

1. ______________, c'est le nom d'un artiste connu (*famous*) de la région Midi-Pyrénées.
2. Les fresques de la grotte de Lascaux ont pour sujet des ______________.
3. On trouve le plus grand ______________ de l'ère romaine en France, à Nîmes.
4. Périgueux est une ville de la région ______________.
5. ______________ est le nom d'un homme politique de la région Midi-Pyrénées.
6. Le sud-ouest de la France se situe entre l'océan Atlantique et la mer ______________.

5 Des fautes! Your Canadian friend Norbert isn't good with details. Circle five mistakes in the e-mail that he wrote to you from France and correct the sentences by rewriting them on the lines that follow.

Ouaou! Je t'écris de Perpignan, une ville de la région qu'on appelle Midi-Pyrénées. Cette semaine, on va visiter des sites touristiques du sud-ouest (*southwest*) de la France. Pour commencer, jeudi, on va visiter la fameuse grotte de Lascaux, où l'on va apprécier des fresques mystérieuses qui sont vieilles de plus de 70 ans. Des adolescents ont découvert la grotte en 1940. Vendredi, on va assister à un match de rugby. (C'est un sport originaire de la région qu'on joue avec une balle en cuir et une raquette.) Samedi, on va faire un tour sur le canal du Midi et goûter (*taste*) des spécialités de la région, le pâté de luxe et le cassoulet. Et puis dimanche, on va assister à un spectacle musical aux arènes de Carcassonne. J'espère que tu vas bien.

À bientôt,
Norbert

1. ______________________________
2. ______________________________
3. ______________________________
4. ______________________________
5. ______________________________

Nom ______________________ Date ______________________

Unité 7

Leçon 7A

Workbook

CONTEXTES

1 **Chassez l'intrus** Circle the item that does not belong in each set.

1. un arrêt de bus, une sortie, une station de métro, un aéroport
2. la station de ski, la mer, la plage, bronzer
3. un départ, une arrivée, un vol, un journal
4. faire les valises, bronzer, acheter un billet, prendre un train
5. la ville, la campagne, les vacances, la mer
6. le voyage, l'aéroport, la douane, l'avion
7. partir en vacances, prendre un jour de congé, travailler, faire un séjour
8. la douane, l'aéroport, le plan, le billet aller-retour

2 **Des mots brouillés** Unscramble the letters to reveal a nationality or country. Write each unscrambled name on the line after the clue.

Modèle

Au sud, le pays voisin des États-Unis, c'est le **EQMXIEU**. MEXIQUE

1. On associe les pandas et Jackie Chan à la **IHCEN**. ______________
2. Aux **TSÉAT-SUIN**, on fête le 4 juillet. ______________
3. Les habitants de l'**AILIET** mangent beaucoup de spaghettis. ______________
4. Berlin est la capitale de l'**LAEGNAMLE**. ______________
5. Au **PNAJO**, on prend des trains ultramodernes pour visiter des temples anciens. ______________
6. Madrid est la capitale de l'**EPENGSA**. ______________
7. La **ESSISU** est connue (*known*) pour ses montres, sa fondue et ses pistes (*slopes*) de ski. ______________
8. Les **SAILARDNI** ont souvent les cheveux roux. ______________
9. L'**LNIARDE** est une île (*island*) très verte, située à l'ouest de l'Angleterre. ______________
10. La **QEBLEIGU** est un petit pays situé au nord-est (*northeast*) de la France. ______________
11. Les **GSLBEE** apprécient beaucoup la bière, le chocolat, les moules (*mussels*) et les frites. ______________
12. Les **NSIOIHC** ont inventé l'acuponcture. ______________
13. Les **RISBNÉSLIE** fêtent leur célèbre carnaval à Rio, chaque année. ______________
14. Le **LBSIÉR** est un pays d'Amérique du Sud où l'on parle portugais. ______________
15. Le **NDACAA** est situé au nord des États-Unis. ______________
16. En **EREETRNGLA**, on mange du «*fish and chips*», mais aussi du curry. ______________

3 **Les moyens de transport** Write the means of transportation the Lefèvres took while on vacation. Use the drawings as cues.

Ils ont pris…

1. ________ 2. ________ 3. ________ 4. ________ 5. ________

4 **Une carte postale** Complete the postcard from Alexis with the logical expressions in parentheses.

Je t'écris (I'm writing you) de Cassis! On est en (1) ________ (valises / vacances) depuis vendredi matin. On a (2) ________ (perdu / pris) le train jusqu'à Marseille, et puis on a (3) ________ (roulé / pris) en voiture jusqu'ici. On s'est bien perdus (We got really lost) sur l'autoroute! On a utilisé un (4) ________ (journal / plan), mais bon… Les (5) ________ (gens / pays) d'ici sont sympas! Il n'y a pas de métro ici et donc, on prend le (6) ________ (bus / voiture) quand on n'a pas envie de conduire. Demain, on va visiter les fameuses calanques (inlets) et puis après-demain, on va visiter les plages de St-Tropez, en (7) ________ (voiture / voyage). Mercredi après-midi, on va faire du (8) ________ (shopping / séjour) à Nice.

À plus!

Alexis

5 **En vacances, que préférez-vous?** Complete each of these statements with information about your preferences.

1. J'ai envie de visiter ________________. (deux pays à l'étranger)
2. Quand je suis en vacances, j'aime ________________ (trois activités) ________________.
3. Pour faire des voyages, je préfère prendre ________________. (moyen de transport)
4. Je n'aime pas prendre ________________. (moyen de transport)
5. Cette année, on a une semaine de congé du ________ (date) au ________ (date).
6. Cette semaine-là, je vais ________________. (une activité)

Nom ______________________ Date ______________________

STRUCTURES

7A.1 The passé composé with être

1 **Avoir ou être?** Decide whether to use **avoir** or **être** as an auxiliary for each of the verbs in Gisèle's e-mail about her spring break.

Je (1) ______________ (suis / ai) allée à Marseille, avec Micheline, pour les vacances de printemps. Samedi matin, on (2) ______________ (est / a) passé au moins trois heures dans de beaux embouteillages (*traffic jams*) sur l'autoroute! Tout le monde (3) ______________ (est / a) quitté Paris pour la province. On (4) ______________ (est / a) arrivé chez mon cousin Régis, samedi soir. Il habite au centre-ville de Marseille, donc on en a profité (*took advantage of it*) pour visiter le Vieux Port et la basilique Notre-Dame de la Garde. Le système de transports publics à Marseille est très développé et donc, on (5) ______________ (a / est) pris le métro tous les jours. On (6) ______________ (est / a) fait plusieurs sorties (*outings*) dans la région, pendant la deuxième semaine des vacances. On (7) ______________ (est / a) visité les gorges du Verdon et Saint-Paul de Vence, par exemple. On (8) ______________ (est / a) rentré dimanche soir et nous voilà de retour.

2 **Ah, les belles vacances!** Complete each sentence using the auxiliary verb **être**. Then indicate whether each statement would describe something that probably happened during vacation (**lors des vacances**) or at another time (**à un autre moment**).

	lors des vacances	à un autre moment
1. Nous ______________ parties pour la plage samedi matin.	❍	❍
2. L'auteur ______________ né à Marseille le 22 mai 1986.	❍	❍
3. Karine et Christine ______________ retournées au parc Disneyland.	❍	❍
4. Nico ______________ resté chez lui mais il a passé la semaine à dormir et à bronzer dans son jardin (*yard*).	❍	❍
5. Vous ______________ resté à l'hôtel Caron de Beaumarchais pour être près du bureau?	❍	❍
6. Je ______________ allée à Venise, où j'ai passé trois superbes journées en gondole.	❍	❍

Workbook

3 **Les rumeurs qui courent** Surya is not the type to gossip, but her friends sure are! She knows what's really going on, so she corrects them. For each piece of gossip, write Surya's response.

Modèle

J'ai entendu dire qu'Ahmed est allé en Tunisie pour rendre visite à sa copine!
Sa copine habite à Montpellier. Ahmed n'est pas allé en Tunisie pour lui rendre visite.

1. Le président est mort hier soir!
2. Josette est partie pour l'Espagne ce matin. Elle a quitté son mari.
3. Jean-Marie est tombé dans un trou (*hole*) la semaine dernière. Il est à l'hôpital maintenant.
4. Et tu sais (*And you know*), Vincent est le premier d'une famille de dix enfants!
5. L'année dernière, Samuel est sorti avec la copine de Luc.
6. Émilie n'est pas rentrée hier soir.

4 **Méli-mélo** Unscramble each of the sentences, taking care to put the adverb in the correct place.

1. nous / sont / chez / Olivier / pas / encore / passés / ne / et / Joëlle
2. tes / tu / fait / devoirs / bien / as
3. rentrés / vacances / sont / de / élèves / les / déjà
4. sortie / Mathilde / est / pas / de / école / n' / encore / l'
5. Samia / vite / appris / a / leçon / la

5 **Que de questions!** Answer these questions in complete sentences.

1. À quelle heure êtes-vous sorti(e) de la maison aujourd'hui?
2. À quelle heure êtes-vous arrivé(e) à la fac?
3. Êtes-vous passé(e) par un café sur le chemin (*on the way*)?
4. Si oui, combien de minutes avez-vous passées au café?
5. Êtes-vous entré(e) dans un magasin aujourd'hui?
6. À quelle heure êtes-vous rentré(e) chez vous hier soir?

Nom ______________________ Date ______________________

7A.2 Direct object pronouns

1 **Des échanges** Complete these exchanges with appropriate direct object pronouns.

1. **AMÉLIE** Nous avons faim, papa.
   LE PÈRE Je ____________ invite à partager une pizza, les filles!
2. **CAROLINE** Serge, est-ce que tu ____________ aimes?
   SERGE Je ne t'aime pas, je t'adore!
3. **LA MÈRE** Marie-Louise, je te parle!
   MARIE-LOUISE Je ____________ entends, maman.
4. **M. NOTHOMBE** Je ____________ ai rencontrée quelque part (*somewhere*), Madame?
   MME HAN Ah, non, Monsieur. Je ne pense pas.
5. **NATHALIE** Je ____________ ai attendu pendant deux heures au café, Alex.
   ALEX Désolé, j'ai oublié notre rendez-vous.
6. **M. LESAGE** C'est vous qui adorez la photographie, M. Descombes?
   M. DESCOMBES Ah oui, je ____________ adore.

2 **Des énigmes** The direct object pronouns in these sentences are underlined. Suggest an antecedent (the noun that the pronoun refers to) for each sentence. There are no set answers, so be creative.

Modèle

Sébastien, tu <u>la</u> regardes trop! *la télévision*

1. C'est Cédric qui me <u>le</u> donne, pour mon anniversaire! ____________
2. Est-ce que vous <u>les</u> faites tous les jours (*every day*)? ____________
3. Vous <u>les</u> rendez aujourd'hui? Mais la bibliothèque est fermée. ____________
4. Tu ne <u>la</u> mets pas? Mais il fait froid dehors (*outside*)! ____________
5. Où est-ce qu'il <u>les</u> achète? ____________
6. Régine <u>la</u> nettoie une fois par semaine. ____________

3 **Transformez** Rewrite these sentences with direct object pronouns in place of the direct objects.

1. Nous préférons faire les valises mercredi matin.

   ____
2. On ne va pas visiter le musée Matisse?

   ____
3. Au Café Grenoblois, on va essayer la fameuse fondue au chocolat.

   ____
4. Il faut regarder le film de Truffaut pour notre cours de français.

   ____
5. Vous aimez fréquenter ce café, Mademoiselle?

   ____

Workbook

4 **Des énigmes (suite)** Match each caption with its photo. Use each answer only once.

a. 
b. 
c. 
d. 
e. 
f. 
g. 
h. 

_______ 1. On l'a visitée l'année dernière.

_______ 2. Tu l'as déjà regardé?

_______ 3. On les a mangés!

_______ 4. On les a faites avant de partir.

_______ 5. Je l'ai perdue à l'école.

_______ 6. Nous l'avons pris pour aller au musée.

_______ 7. Hélène les a invités.

_______ 8. C'est Hector qui les a bues.

5 **Faites l'accord** Two twins, Robert and Richard, are about to leave on a trip together. Complete their conversation by writing the appropriate endings for the past participles. If no change is required, leave a blank line.

ROBERT Où sont les billets?

RICHARD Je les ai (1) oublié _______ dans mon bureau.

ROBERT Ah, non! Bon, on va passer par ton bureau sur le chemin de l'aéroport.

RICHARD Tu as fait les valises, au moins (*at least*)?

ROBERT C'est toi qui as promis de les faire.

RICHARD Mais non. C'est toi qui as promis. Ah non, tu ne les as pas (2) fait _______!

ROBERT Bon, moi, je vais mettre quelques trucs (*things*) pour nous deux dans une valise, et puis on part!

RICHARD Je vais mettre mon écharpe noire pour le voyage.

ROBERT C'est mon écharpe à moi, ça! Mais tu l'as (3) mis _______, toi? Bon, je te la donne. On part!

RICHARD Heureusement que tu as promis d'apporter le plan.

ROBERT Quel plan? Je n'ai pas de plan, moi.

RICHARD Tu ne l'as pas (4) pris _______? Bon, on va trouver un plan là-bas.

ROBERT Je n'ai pas eu le temps de regarder la météo (*weather report*) avant de partir. Tu ne l'as pas (5) regardé _______ non plus?

RICHARD Mais non. Tu sais (*You know*) que je n'aime pas la télé.

ROBERT Tu n'as pas oublié ton passeport, j'espère?

RICHARD Euh…

ROBERT Mais bien sûr que tu l'as (6) oublié _______.

RICHARD Ce n'est pas possible.

ROBERT Mais je rêve! (*I must be dreaming!*)

Nom ______________________ Date ______________________

Unité 7

CONTEXTES

Leçon 7B

1 **À l'hôtel** Label this illustration of a hotel lobby with appropriate French words.

1. ______________________
2. ______________________
3. ______________________
4. ______________________
5. ______________________
6. ______________________

2 **Vrai ou faux?** Indicate whether each statement about the illustration of the hotel lobby in Activité 1 is vrai or faux.

	Vrai	Faux
1. C'est la réception d'une auberge de jeunesse.	❍	❍
2. C'est une chambre d'hôtel.	❍	❍
3. C'est la réception d'un hôtel.	❍	❍
4. La réception est au rez-de-chaussée.	❍	❍
5. Il y a un lit au rez-de-chaussée.	❍	❍
6. Il y a des chambres au premier étage.	❍	❍
7. L'hôtelier redonne (*is giving back*) son passeport à la femme.	❍	❍
8. Un passager prend la valise du client.	❍	❍

3 **À l'agence de voyages** There are five strange details in this passage about Charles' trip to a travel agency. Rewrite the passage with corrections so that it makes sense.

Ce matin, Charles est passé par une agence de voyages pour faire des réservations. Un hôtelier très sympa l'a aidé à organiser le voyage. Pour commencer, ils ont trouvé des billets aller-retour Paris-Nice et ils les ont annulés. Puis, l'agent a téléphoné à des hôtels à Grenoble pour demander s'il y avait (*if there were*) des chambres complètes pour son client et il a fait une réservation pour une chambre individuelle à l'hôtel Matisse. Après, Charles a demandé le numéro de téléphone de l'auberge de jeunesse et l'agent le lui a donné. Finalement, Charles est reparti (*left*) très content. Une semaine à Nice!

____

____

____

____

____

____

____

____

Workbook

4 **Une petite histoire** Complete the sentences below with appropriate expressions from the list. The words may be used more than once. Some do not have to be used at all.

alors	avant	donc	ensuite	pendant	tout à coup
après	d'abord	enfin	finalement	puis	tout de suite

(1) _______________ d'aller chez sa grand-mère, le Petit Chaperon Rouge (*Little Red Riding Hood*) fait une promenade dans le bois (*woods*). (2) _______________ qu'elle regarde de belles fleurs, un grand méchant loup (*wolf*) arrive. (3) _______________, le loup commence à lui parler. Elle trouve le loup beau et charmant. Il lui fait des compliments (il adore sa cape rouge!) et il l'invite à partir avec lui. Elle lui explique qu'elle est désolée, mais qu'elle va rendre visite à sa grand-mère cet après-midi. Le loup trouve ça intéressant et demande où habite la grand-mère. Elle lui donne l'adresse de sa grand-mère, (4) _______________ elle reprend sa route (*continues walking*). (5) _______________ sa rencontre avec le grand loup, le Petit Chaperon Rouge commence à avoir des doutes. Mais elle oublie ces sentiments (*feelings*) bizarres quand elle voit (*sees*) la maison de sa grand-mère. Elle ouvre la porte et elle laisse son panier plein de (*basket full of*) fleurs à côté du lit. Elle se met au (*gets in*) lit avec sa grand-mère qui n'a pas l'air d'aller très bien aujourd'hui. Elle ne remarque (6) _______________ pas (*doesn't notice*) que la grand-mère ressemble fort à un grand méchant loup. Elle lui parle de sa journée quand, (7) _______________, elle s'aperçoit (*perceives*) qu'elle est au lit avec un loup déguisé en grand-mère! (8) _______________, le grand méchant loup la mange et met son petit chaperon (*hooded cape*) rouge pour faire une balade dans le bois (*to take a walk in the woods*).

5 **À quel étage?** Use the building directory as a reference to tell which floor each business is on. Write out each ordinal number in letters.

0	EUROPOSTE	19	CADORAMA	38	EUROENTREPRISE
1	ALLÔPORTABLE	20	AFSA LIMITÉE	39	CÉDÉROM.COM
2	CRÉDI-BANQUE	21	B.B. INTERNATIONAL	40	CÉDÉROM.COM
3	COGITO ERGO COM	22	NICE MULTISERVICES	41	AMNESTIE.FR
4	GIRAUD ET CIE	23	AGENCE EUROVOYAGES	42	SOCIÉTÉ FRANÇAISE
5	ACTISPORT	24	COMPTOIRS DE NICE	43	ENFANTILLAGES
6	NUTRITEL	25	NOSTALGIE ET CIE	44	FONDATION NATHAN
7	BOUVARD ET ASSOCIÉS	26	ÉDITIONS DU NORD	45	MÉDICO-TAXI
8	GROUPE ALITEL	27	SUPER-LOTO	46	GIRAUD PÈRE ET FILS
9	GALERIES DUFAYEL	28	BANQUE GÉNÉRALE	47	SERVEUR INTERNET
10	CRÉMAUX ET FILS	29	NOUVEAU MILLÉNAIRE	48	SERVEUR INTERNET

1. Crémaux et Fils est au _______________ étage.
2. Europoste est au _______________.
3. Le serveur Internet est au _______________ et au _______________ étages.
4. B.B. International est au _______________ étage.
5. Éditions du Nord est au _______________ étage.
6. Nostalgie et Compagnie est au _______________ étage.
7. Cadorama est au _______________ étage.
8. Allôportable est au _______________ étage.
9. Comptoirs de Nice est au _______________ étage.
10. Enfantillages est au _______________ étage.

STRUCTURES

7B.1 Regular -ir verbs

1 **Les résolutions du Nouvel An** Decide whether each New Year's resolution is a good one (**une bonne résolution**) or a bad one (**une mauvaise résolution**).

	une bonne résolution	une mauvaise résolution
1. Cette année-ci, je vais étudier pour réussir le bac.	❍	❍
2. Je suis déjà un peu gros et j'ai le sentiment que je vais encore grossir.	❍	❍
3. Je vais finir mes études en droit pour avoir mon diplôme.	❍	❍
4. Je vais réfléchir avant de parler quand je suis énervée (*angry*).	❍	❍
5. J'ai trop maigri cette année. Cette année, je vais manger un peu plus pour grossir.	❍	❍
6. Cette année, je vais faire la fête! Je ne vais pas finir mes devoirs avant de sortir avec mes copains.	❍	❍
7. Mes amis du lycée n'ont pas été très sympas avec moi. Je vais bien choisir mes amis à la fac.	❍	❍
8. Tous mes pantalons sont trop serrés! Je vais maigrir un peu cette année.	❍	❍

2 **Le bon mot** Write the appropriate present tense forms of **choisir** to say what everyone is about to order at the restaurant today.

1. Samira et moi _______________ le sandwich au fromage. On va partager.
2. Pour le dessert, je _______________ l'éclair au chocolat.
3. Les Ricci ont très soif! Ils _______________ des boissons: une limonade et deux cocas.
4. Léna, tu _______________ quoi, déjà, comme dessert? Le gâteau aux noisettes?
5. Vous _______________ votre plat habituel (*usual dish*), M. Théveneau?
6. Jamel a super froid! Il _______________ le chocolat chaud parfumé à la cannelle (*cinnamon*).

3 **Choisissez** Choose the appropriate and most logical verb form for each sentence.

choisissons	grossissez	maigrissent	réussir
finissent	grossit	réfléchir	réussis
finit	maigris	réfléchissez	réussissons

1. On _______________ quand on mange trop.
2. Est-ce que les bons _______________ derniers?
3. Je _______________ quand je fais beaucoup d'exercice.
4. On n'a pas besoin de gagner beaucoup d'argent pour _______________ dans la vie.
5. Vous _______________ à quoi, Madame?
6. Nous _______________ la glace au chocolat pour le dessert!
7. Tu _______________ à travailler quand ta camarade de chambre met sa musique très fort?
8. Il faut _______________ avant de choisir.

Nom ______________________ Date ______________________

Workbook

4 **Qu'est-ce qu'ils ont fait?** Complete the caption for each illustration with the past participle of a regular **-ir** verb.

1. Thierry, tu as ______________.

2. Nathalie n'a pas ______________ une voiture pratique (*practical*).

3. Maman, j'ai ______________ mon dîner!

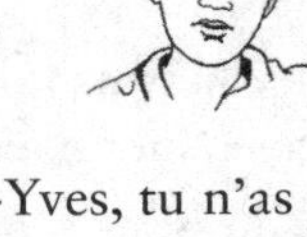

4. Mais Jean-Yves, tu n'as pas ______________ à dormir cette nuit?

5. Thierry, tu as ______________.

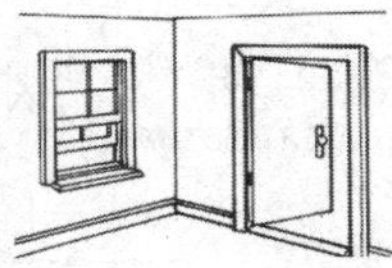

6. Luc est déjà parti. Il a ______________ de travailler plus tôt.

5 **Questions-réponses** Write a logical question including an **-ir** verb that would prompt each response. Use the **passé composé**.

1. ____

Ah, oui. Je ne mange pas beaucoup en ce moment. C'est le stress!

2. ____

Finalement, j'ai opté (*opted*) pour les chaussures rouges.

3. ____

Ah, non, nous n'avons pas encore complété le document.

4. ____

Oui, vers trois heures du matin, j'ai réussi à les trouver.

5. ____

Non, je ne dors pas très bien en ce moment.

6. ____

Je ne grossis pas, ce sont mes vêtements qui rétrécissent (*shrink*)!

Nom ______________________ Date ______________________

7B.2 The impératif

1 **Des suggestions** Complete these exchanges with the appropriate command forms of the verbs in the list. Make sure to pay attention to the person or people (**tu, vous,** or **nous**) for each verb. There may be more than one correct answer.

acheter	avoir	être	finir	mettre
aller	donner	faire	marcher	prendre

1. **FRÉDÉRIQUE** Je vais sortir maintenant, maman.
   LA MÈRE Frédérique, ______________ ton manteau et ton écharpe.
2. **ÉRIC** Je n'ai pas de cadeau pour Matthieu.
   LE PÈRE ______________ ce stylo pour lui.
3. **MARIANNE** Francine, on va être en retard.
   FRANCINE ______________ plus vite (*faster*) alors!
4. **SOPHIE** Il y a une piscine à l'hôtel!
   LE PÈRE ______________ vos maillots de bain, les filles.
5. **SAMIR** On fait quelque chose cet après-midi?
   ABDEL ______________ au cinéma.
6. **APOLLINE** Papy a été très désagréable ce soir.
   LE PÈRE ______________ sympa avec lui. Il ne va pas bien en ce moment.

2 **Des conseils** Give a piece of advice using a command form of the verb given for each image.

Modèle
faire *Faisons de la gym!*

acheter

1. ______________
____

(ne pas) manger

2. ______________
____

aller

3. ______________
____

prendre

4. ______________
____

(ne pas) arriver

5. ______________
____

commander

6. ______________
____

Workbook

Workbook

3 **Toujours des conseils** Sophie is about to go on a trip. Rewrite each piece of advice that her friends give her using a direct or indirect object pronoun.

1. Fais tes valises la veille (*day before*) de ton départ.
   ____
2. Ne parle pas à des gens bizarres.
   ____
3. N'oublie pas tes billets.
   ____
4. Téléphone à tes parents une fois par semaine.
   ____
5. Prends ton sac quand tu quittes ta chambre.
   ____
6. Demande à l'hôtelier s'il y a (*if there is*) un ascenseur à l'hôtel.
   ____

4 **Lire ou dire?** Choose the verb that correctly completes each sentence.

1. Tu ____________ des journaux en ligne (*online*) parfois?
   a. lisons b. lis c. disons d. dis
2. Mes fils ne ____________ pas beaucoup, malheureusement (*unfortunately*). Ils préfèrent la télé aux livres.
   a. lisent b. lit c. disent d. dit
3. Mais, qu'est-ce qu'il ____________? Il ne parle pas assez fort.
   a. lit b. lisent c. dit d. disent
4. Je ____________ au lit quand il pleut.
   a. dis b. dit c. lis d. lit
5. Je t' ____________ que je suis allergique au chocolat, et tu m'as fait un gâteau au chocolat?
   a. avons lu b. ai lu c. avons dit d. ai dit

5 **Écrire ou décrire?** Write the correct forms of **écrire** and **décrire** to complete these sentences. Pay close attention to whether the verbs should be in the present or the **passé composé**.

1. La semaine dernière, Sam m' ____________ une lettre.
2. Je/J' ____________ des e-mails à mes copains plusieurs fois par semaine.
3. S'il vous plaît, ____________ le suspect que vous avez vu (*saw*) dans le train, M. Jouvet.
4. Le passage ____________ la vie des Français sous l'Occupation.
5. Vous ____________ des guides de voyages?
6. Je te/t' ____________ la voiture que je vais acheter, non?

Nom ______________________ Date ______________________

Unité 7

PANORAMA

Savoir-faire

Workbook

1 **Des gens célèbres** Match each description with the name of a famous person.

_____ 1. Cet écrivain à l'imagination extraordinaire a écrit *Le Petit Prince*.
_____ 2. Cet écrivain et cinéaste de Marseille a écrit *La Gloire de mon père*.
_____ 3. Cette championne du patinage artistique (*figure skating*) est née à Nice.
_____ 4. Cet homme est surtout connu pour ses travaux d'astrologie.
_____ 5. Cette poétesse de la Renaissance a écrit des sonnets.
_____ 6. Cet écrivain de la région Rhônes-Alpes a écrit *Le Rouge et le Noir*.

a. Nostradamus
b. Surya Bonaly
c. Louise Labé
d. Antoine de Saint-Exupéry
e. Stendhal
f. Marcel Pagnol

2 **Des diapos** Write a one-sentence caption in French to accompany each of these slides (**diapos**) that will be part of a presentation on southeastern France.

1. 

2. 

3. 

4. 

5. 

6. 

1. ______________________________
2. ______________________________
3. ______________________________
4. ______________________________
5. ______________________________
6. ______________________________

3 **Vrai ou faux?** Indicate whether each of these statements is **vrai** or **faux**.

	Vrai	Faux
1. Grenoble se situe dans les Pyrénées.	❍	❍
2. La raclette et la fondue sont des spécialités à base de fromage fondu.	❍	❍
3. Le synchrotron est un club à Grenoble.	❍	❍
4. La ville de Grasse donne accès à plusieurs stations de ski.	❍	❍
5. Le Festival International du Film a lieu (*takes place*) chaque année, en mai.	❍	❍
6. Des pommes de terre accompagnent le fromage de la raclette.	❍	❍
7. Chaque année, il y a vingt films en compétition au Festival International du Film.	❍	❍
8. Des vedettes (*movie stars*) assistent au Festival du Film à Grasse.	❍	❍

Workbook

4 **Des couleurs et des arômes** Complete each of these statements about the cultivation of flowers in the South of France.

1. ____________________ est l'une des industries principales du sud-est de la France.
2. On cultive des fleurs à Grasse depuis le ____________________.
3. Parmi les fleurs cultivées à Grasse, on compte la ____________________, la ____________________ et la ____________________.
4. ____________________ est un des grands fabricants (*makers*) de parfum du sud de la France.

5 **Les villes de la région** Write the names of the towns described by the clues.

1. C'est la ville où l'on trouve le palais des Papes. ___ V ___ ___ N ___ N
2. Cette très grande ville de la côte (*coast*) se situe entre la Camargue et Toulon.
   M ___ ___ ___ E ___ L ___ ___
3. Cette ville est la capitale mondiale de la parfumerie. G ___ ___ S ___ ___
4. Cette ville est un grand centre de recherche scientifique. ___ R E ___ ___ B ___ ___
5. De riches vacanciers anglais ont donné leur nom à la célèbre promenade de cette ville. ___ I C ___
6. Cette ville organise le festival du film le plus connu (*most famous*) du monde. ___ ___ N N ___ S

6 **Des mots cachés camarguais** First, use the clues to identify some expressions related to the Camargue. Then find the words in the puzzle.

1. On appelle les ____________________ les cow-boys camarguais.
2. C'est l'un des oiseaux exotiques qu'on trouve en Camargue: le ____________________.
3. En Camargue, on voit (*sees*) ces grands ____________________ noirs.
4. Le meilleur (*best*) ami du cow-boy camarguais est un cheval ____________________.

```
F A R E B C D U Î G A E J G F
X L B K T L F Y M P J S Z A W
Z P A I F F H L M U W O C R J
S N C M B Â Y J G Q J R N D B
G Z W N A E N F J Q I P A I X
A R N X S N C P T S É A L A A
T Y O A A H T A L M U O B N U
R V T Q H Z U R L B K U C S L
O C H B O R S Q O M E N P Z V
H J M E E C T C B S J F S R X
Q Z J A N C D U U U E Q P Q B
J H U K C X A I Z H U L Y X O
I X W É T A N G S V E R Z A Q
S U Y A X G Y G A W H W M O C
C D X I O I W D O S I A R A M
```

Nom ______________________ Date ______________________

Unité 8

Leçon 8A

CONTEXTES

Workbook

1 **La maison** Label the rooms and items indicated.

1. ______________________
2. ______________________
3. ______________________
4. ______________________
5. ______________________
6. ______________________
7. ______________________
8. ______________________
9. ______________________
10. ______________________

2 **Les règles** Complete each of these rules (**règles**) for the French language house on your campus with the most appropriate option.

RÈGLES DE LA MAISON

- Les étudiants (1) ______________ (emménagent, déménagent, louent) dans la résidence au début du mois de septembre.
- Leur (2) ______________ (chambre, loyer, studio) est payé le premier de chaque mois.
- Le week-end, tous les étudiants se réunissent dans (3) ______________ (le balcon, le garage, le salon) pour parler français.
- Chaque étudiant partage (4) ______________ (sa commode, sa chambre, sa pièce) avec un autre étudiant.
- Il y a (5) ______________ (une salle de bains, une salle de séjour, une salle à manger) pour deux étudiants.
- Les étudiants peuvent (*can*) utiliser la piscine dans (6) ______________ (le garage, le jardin, le sous-sol), derrière la maison, de 8h00 à 18h00.
- Il est interdit (*forbidden*) de laisser les vélos dans le jardin. Si vous avez un vélo, il y a (7) ______________ (un quartier, un escalier, un garage) pour tous les étudiants.
- Si vous avez d'autres questions, il y a du papier et un crayon dans (8) ______________ (le fauteuil, le tiroir, le rideau) sur votre droite.

Nom ______________________ Date ______________________

Workbook

3 **La résidence** Complete this conversation with logical words and expressions.

DJAMILA Quand vas-tu (1) ______________ dans la résidence?

FRÉDÉRIC La semaine prochaine, mais j'ai déjà la clé.

DJAMILA Et quand (2) ______________-tu de la maison de tes parents?

FRÉDÉRIC Demain.

DJAMILA Parfait. Je vais t'aider. On va voir (*see*) ta (3) ______________ maintenant?

FRÉDÉRIC Oui. Voilà.

DJAMILA Oh! Elle est grande. Cette (4) ______________ est idéale pour tous tes livres.

FRÉDÉRIC Oui, mais l' (5) ______________ pour mes vêtements est un peu petite. J'aime bien la douche dans la (6) ______________.

DJAMILA Où est-ce que tu vas préparer tes repas (*meals*)?

FRÉDÉRIC La (7) ______________ est au rez-de-chaussée.

DJAMILA Et pour ta voiture. Qu'est-ce que tu vas faire?

FRÉDÉRIC Je (8) ______________ un garage pas très loin d'ici.

4 **Où ça?** Read these statements and say in which part of the house the action is most likely taking place.

Modèle

Je prends une douche.
Je suis dans la salle de bains.

1. Sarah prépare le dîner.
____
2. Farid dort.
____
3. Catherine et Jacques lisent des romans et étudient.
____
4. Jean-Philippe sort de sa voiture.
____
5. Amadou cherche une bouteille de vin.
____
6. Le petit Cédric joue dans la baignoire.
____
7. Vous célébrez l'anniversaire de votre ami.
____
8. Nous nageons dans la piscine.
____

Nom ______________________ Date ______________________

Workbook

STRUCTURES

8A.1 Adverbs

1 **Associez** Match each item with a synonym or antonym from the list.

activement	discrètement	intelligemment	méchamment
dernièrement	généreusement	mal	vite

1. bien ≠ ______________________
2. brillamment = ______________________
3. égoïstement ≠ ______________________
4. modestement = ______________________
5. paresseusement ≠ ______________________
6. poliment ≠ ______________________
7. premièrement ≠ ______________________
8. rapidement = ______________________

2 **Ma nouvelle vie** Complete this e-mail by choosing the logical adverbs.

Chère Nathalie,

La vie à l'université, c'est génial. Pour te parler (1) ____________ (absolument, franchement, évidemment), j'adore ma nouvelle vie ici. Dans la classe de français, nous parlons (2) ____________ (agréablement, gentiment, constamment) en français. J'espère parler (3) ____________ (fortement, couramment, activement) à la fin de l'année.

Ma chambre est (4) ____________ (joliment, indépendamment, heureusement) décorée. La vue (*view*) est (5) ____________ (faiblement, absolument, seulement) magnifique. Mes voisins sont sympas; je parle (6) ____________ (discrètement, fortement, souvent) avec eux. Ma voisine Annette m'a invité au club de randonnée, et maintenant, je participe (7) ____________ (absolument, facilement, activement) au club.

Viens (8) ____________ (heureusement, bien, vite) me voir.

Bon, @+!*
Louis

*@+! *À plus tard*!

Workbook

3 **Déchiffrez** Unscramble these questions and answer them with the cues provided.

1. vous / fréquemment / est-ce que / parlez / français / ? (tous les jours)
   ____
   ____
2. avec / - / étudiez / vos amis / vous / à la bibliothèque / ? (de temps en temps)
   ____
   ____
3. étudiez / pour / sérieusement / est-ce que / l'examen / vous / ? (très)
   ____
   ____
4. trouvé / un appartement / avez / facilement / - / vous / ? (vite)
   ____
   ____
5. vous / la fête / fréquemment / faites / vos voisins / - / avec / ? (rarement)
   ____
   ____
6. votre petit-déjeuner / - / dans la cuisine / rapidement / prenez / ? vous / ? (quelquefois)
   ____
   ____

4 **La résidence universitaire** Complete the sentences by changing the adjective in the first sentence into an adverb in the second.

Modèle
Olivier est très lent. Il travaille *lentement*.

1. Les étudiants sont nerveux. Ils attendent ____________ leur professeur dans le couloir.
2. C'est vrai que le tapis est beau. Le tapis est ____________ beau.
3. Elles étudient de manière indépendante. Elles étudient ____________.
4. La lampe est de mauvaise qualité. Elle éclaire (*lights*) ____________.
5. C'est un bon quartier. Il est ____________ situé.
6. L'emménagement des étudiants est rapide. Ils emménagent ____________.

5 **Mon studio** Complete the sentences with the adverbs from the list. Not all the adverbs will be used.

activement	difficilement	malheureusement	rapidement	récemment*
bien	fortement	modestement	rarement	sérieusement

J'ai (1) ____________ emménagé dans un studio. (2) ____________, le loyer a (3) ____________ augmenté et je peux (*can*) (4) ____________ le payer maintenant. Je vais (5) ____________ chercher un autre endroit, parce que mes parents me donnent (6) ____________ de l'argent. Je vais vivre plus (7) ____________. J'espère (8) ____________ trouver un autre appartement.

**recently*

Nom ______________________ Date ______________________

8A.2 The imparfait

1 **Quand j'étais jeune** Complete this story by conjugating the verbs in parentheses in the imparfait.

Quand nous (1) ______________ (être) jeunes, il n'y (2) ______________ (avoir) pas beaucoup d'étudiants à l'université. Beaucoup de personnes (3) ______________ (finir) leurs études à la fin du collège ou du lycée parce qu'elles (4) ______________ (aller) travailler. À l'université, j' (5) ______________ (étudier) tout le temps. J'ai rencontré ta maman là-bas. Elle (6) ______________ (travailler) à la bibliothèque. Elle (7) ______________ (être) sympathique. Nous (8) ______________ (parler) beaucoup ensemble. Mes parents (9) ______________ (dire) qu'il (10) ______________ (falloir) finir mes études avant d'épouser ta mère. Ils (11) ______________ (avoir) tort, mais ils (12) ______________ (penser) à mon avenir (*future*).

2 **Les vacances** Your friends are telling you what they used to do on vacation. Complete each of these sentences with the **imparfait** of a logical verb from the list.

aller à la pêche	**emmener**	**pleuvoir**
apprendre	**faire une randonnée**	**regarder un film**
bavarder	**louer**	**skier**
dormir	**passer**	**travailler**

1. Ma sœur et moi, nous ______________ en montagne tous les jours.
2. Je ______________ jusqu'à midi parce que j'étais très fatigué(e).
3. Jasmine ______________ dans un magasin du centre commercial.
4. En hiver, nous ______________ tous les jours.
5. Marc ______________, car (*because*) il aime manger du poisson frais.
6. J'______________ quelque chose de nouveau.
7. Quand il ______________, je ______________ à la télévision.
8. Je ______________ chez mes amis et nous ______________.

Workbook

3 **L'enfance** Your roommate would like to know you better and has asked you to talk about your childhood. Complete this paragraph with the cues provided. Conjugate the verbs in the **imparfait**.

Quand j'étais petit(e), je (1)  ______________________ beaucoup, surtout des croissants avec du beurre. Je (2)  ______________________ toujours du chocolat chaud avec ça. Je n' (3)  ______________________ pas beaucoup à l'école. Pendant mon temps libre, je (4)  ______________________ à la piscine de mon quartier ou bien je (5)  ______________________ avec des amis. Je (6)  ______________________ de temps en temps. Je (7)  ______________________ aussi, mais je n'étais pas très bon(ne). Et toi, qu'est-ce que tu faisais quand tu étais petit(e)?

4 **Répondez** You want to participate in an exchange program. Answer these questions about your past using the cues provided. Use the present and **imparfait** tenses.

Modèle

Où habitez-vous? (Boston / New York)
Maintenant, j'habite à Boston. Avant, j'habitais à New York.

1. Qu'est-ce que vous étudiez? (le français / l'économie)
____
2. Combien de langues parlez-vous? (le français et l'espagnol / seulement le français)
____
3. Comment êtes-vous? (travailleur/travailleuse / naïf/naïve)
____
4. Qu'est-ce que vous aimez faire pendant vos loisirs? (faire des randonnées / patiner)
____
5. Pourquoi souhaitez-vous (*do you wish*) partir? (avoir envie de connaître [*to know*] le Sénégal / avoir peur de voyager)
____
6. Que pensez-vous du Sénégal? (être un pays intéressant / être un pays comme les autres)
____
7. Qui paie vos études? (je / mes parents)
____
8. Quand finissez-vous l'année universitaire? (en mai / en juin)
____

Nom ______________________ Date ______________________

Unité 8

CONTEXTES

Leçon 8B

Workbook

1 **Chassez l'intrus** Circle the item that does not belong in each group.

1. balayer, passer l'aspirateur, un balai, salir
2. débarrasser la table, enlever la poussière, faire la vaisselle, faire la cuisine
3. faire la lessive, repasser le linge, faire le ménage, un lave-linge
4. un oreiller, une couverture, les draps, un frigo
5. un appareil électrique, une cafetière, un oreiller, un grille-pain
6. un congélateur, un frigo, une cuisinière, une tâche ménagère
7. un balai, un évier, faire la vaisselle, laver
8. une cafetière, un grille-pain, un four à micro-ondes, un sèche-linge

2 **Que font-ils?** Write a sentence describing the domestic activity in each drawing.

1. ______________________

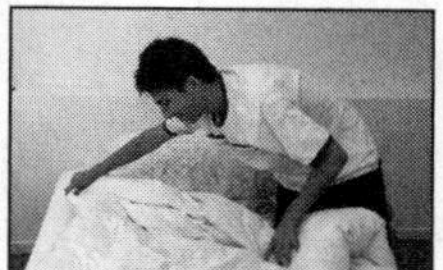

2. ______________________

3. ______________________

4. ______________________

3 **Les tâches ménagères** Tell who does what in Farid's household by completing the sentences below.

1. Après le dîner, ma sœur ______________________.
   a. fait la poussière b. met la table c. fait la vaisselle
2. Pour faire la cuisine, ma mère n'utilise jamais de ______________________.
   a. frigo b. four à micro-ondes c. congélateur
3. Je ______________________ ma chambre une fois par semaine.
   a. salis b. range c. repasse
4. Après la lessive, mon frère ______________________. ses vêtements.
   a. lave b. repasse c. balaie
5. Ma sœur change ______________________ toutes les semaines.
   a. la couverture b. l'oreiller c. les draps
6. Mon père ______________________ avant le dîner.
   a. met la table b. sort la poubelle c. passe l'aspirateur
7. Pour faire la vaisselle, j'utilise toujours ______________________.
   a. le lave-linge b. le balai c. le lave-vaisselle
8. Quand la poubelle est pleine, mon père la ______________________.
   a. range b. sort c. débarrasse

Nom ____________________ Date ____________________

4 **Mots croisés** Complete the crossword puzzle. Some of the words will have accents missing; write out those words with their accents in place in the spaces provided.

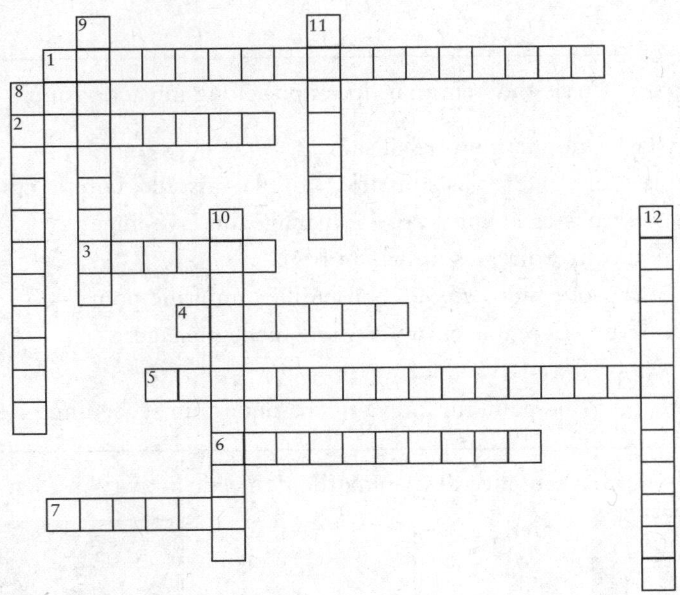

1. C'est l'action de nettoyer quand on n'utilise pas de balai.
2. On met sa tête dessus pour dormir.
3. Quand votre chambre est en désordre, il faut la…
4. Utiliser un balai, c'est…
5. On le fait au moins une fois par semaine quand il y a beaucoup d'ordures (*garbage*).
6. Après la lessive, on l'utilise. ____________________
7. C'est le contraire de sale.
8. On l'utilise pour conserver (*keep*) longtemps la nourriture. ____________________
9. On l'utilise pour faire du café. ____________________
10. C'est le contraire de mettre la table. ____________________
11. Quand vous avez fait la vaisselle, il faut l'…
12. Si vous n'aimez pas avoir de plis (*folds*) sur vos vêtements, vous l'utilisez. ____________________

5 **Racontez** You are getting a new roommate. Write a letter explaining how you are going to divide up the housework. Suggest who should do each chore and how frequently.

Nom ______________________ Date ______________________

STRUCTURES

8B.1 The passé composé vs. the imparfait

1 **Comme d'habitude?** There have been some changes in the organization of the chores in your dorm. Complete each pair of sentences by using the **imparfait** or the **passé composé** of the verb in parentheses.

1. D'habitude, je/j' ______________ le couloir. (balayer)
2. Hier, Serge ______________ le couloir avant moi.
3. Je/J' ______________ de temps en temps. (faire le ménage)
4. Mardi, Hassan ______________.
5. La nouvelle étudiante ______________ deux fois. (mettre la table)
6. Deux étudiantes ______________ tous les jours.
7. Je/J' ______________ toujours ma chambre avant de partir. (ranger)
8. Ce matin, Sylvain ______________ la chambre.
9. Ils ______________ ce matin, à 6h00. (sortir la poubelle)
10. Autrefois, mon camarade de chambre ______________.

2 **Que faisaient-ils?** Complete these descriptions of what the people in the photos were doing yesterday afternoon and where each activity took place.

1. 
2. 
3. 
4. 
5. 
6. 

1. Hier, avant de venir me voir (*to see*), ils ______________ ______________.
2. Comme tous les après-midi, ils ______________ ______________.
3. Quand je l'ai appelé, il ______________ ______________.
4. Il ______________ pour la première fois dans la piscine. ______________.
5. Quand je l'ai vu, il ______________ ______________.
6. Comme elle fêtait l'anniversaire de ses parents, elle ______________ ______________.

3 **Quoi de neuf?** Complete Marc's letter to his parents by selecting the appropriate form of each verb in parentheses.

La semaine dernière, quand je (1) ______ (rentrais / suis rentré) à la résidence universitaire, il (2) ______ (faisait / a fait) très froid. Il (3) ______ (neigeait / a neigé). Ma chambre (4) ______ (était / a été) sale et en désordre, et mon camarade de chambre (5) ______ (passait / a passé) l'aspirateur. Je lui (6) ______ (demandais / ai demandé) ce qui s'était passé (*had happened*). Il me/m' (7) ______ (disait / a dit) que nos voisins avaient fait la fête dans notre chambre. J' (8) ______ (étais / ai été) très inquiet car (*because*) il (9) ______ (fallait / a fallu) tout ranger rapidement avant la nuit. Les voisins nous (10) ______ (aidaient / ont aidés) quand même un peu. Quelle histoire!

4 **Racontez** There was a burglary in your dorm and the police have asked you what people were doing when it happened. Write questions and answers based on the cues provided. Ask where these people were or what they were doing that night.

Modèle

Tao Jules / téléphoner // dans sa chambre / faire le ménage
Que faisait Tao quand Jules (lui) a téléphoné?
Elle était dans sa chambre. Elle faisait le ménage.

1. Karim Éric / sortir la poubelle à 9h00 // dans la cuisine / nettoyer l'évier
______
2. vous Tao / sortir avec ses amis // dans le salon / repasser le linge
______
3. Xavier Amadou / aller au cinéma // dans la bibliothèque / lire
______
4. Françoise Stéphanie / partir pour le gymnase // dans sa chambre / faire la poussière
______
5. Maïté Anne / balayer le garage pour la première fois // dans le salon / ranger les magazines
______
6. Béatrice Malika / essuyer rapidement la table // dans le garage / faire la lessive
______
7. Jacques Tristan / rentrer // dans la cuisine / balayer
______
8. Hassan Véronique / quitter la résidence // dans la salle de bains / laver la baignoire
______

5 **Une aventure** Here is the account of what happened to Cédric during his stay in Yamoussoukro in **Côte d'Ivoire**. Complete his story by conjugating the verbs in parentheses in the **imparfait** or the **passé composé**.

L'été dernier, je/j' (1) ______ (être) en Côte d'Ivoire. Je/J' (2) ______ (rendre) visite à mon ami Amadou. Le jour de mon arrivée, je/j' (3) ______ (passer) sept heures dans l'avion. Comme il (4) ______ (faire) très chaud à Yamoussoukro, nous (5) ______ (décider) de visiter la basilique. C'est la plus grande du monde! Ça/C'(6) ______ (être) formidable. Malheureusement, nous (7) ______ (ne pas tout visiter) parce que nous (8) ______ (ne pas avoir) assez de temps. Ensuite, nous (9) ______ (aller) au café, et puis nous (10) ______ (rentrer) à la maison.

Nom ______________________ Date ______________________

8B.2 The verbs savoir and connaître

1 **Savoir ou connaître?** Describe what these people know using the verbs **savoir** and **connaître**.

1. Il ______________________.

2. Il ______________________.

3. Il ______________________.

4. Rachid ______________________.

5. Elle ______________________.

6. Ils ______________________.

2 **Choisissez** Complete these sentences using the present tense of **savoir** or **connaître**.

1. Ma camarade de chambre ______________________ où sont les draps.
2. Hassan ______________________ quand il faut sortir la poubelle.
3. Je ______________________ le fonctionnement du congélateur.
4. Vous ______________________ les étudiants des autres chambres.
5. Ils ______________________ comment repasser le linge.
6. Elle ______________________ conduire.
7. Tu ______________________ le propriétaire de la maison.
8. Nous ______________________ bien le quartier et le supermarché.

3 **Écrivez** Write sentences with **savoir** or **connaître** based on the cues provided.

1. Chuyên / mon camarade de chambre, Marc
____
2. mon camarade de chambre / conduire
____
3. je / le garage où il gare (*parks*) sa voiture
____
4. Marc / le propriétaire du garage
____
5. le propriétaire du garage / parler français et vietnamien
____
6. Chuyên / le centre franco-vietnamien
____
7. je / nager
____
8. nous / Tûan
____

4 **Mon correspondant** Complete this paragraph by selecting the appropriate verbs in parentheses.

Quand je suis arrivé(e) en France, je (1) _______________ (savais, connaissais) un peu Paris, mais je ne (2) _______________ (savais, connaissais) pas bien parler français et je ne (3) _______________ (savais, connaissais) pas non plus mon correspondant. Je (4) _______________ (savais, connaissais) seulement qu'il était grand et brun et que nous avions le même âge. Les premiers jours, j'ai visité les grands monuments. Mon correspondant (5) _______________ (savait, connaissait) où aller. Je (6) _______________ (savais, connaissais) déjà les monuments, mais je ne (7) _______________ (savais, connaissais) pas qu'il y aurait (*would be*) des centaines de touristes là-bas. Heureusement que mon correspondant était avec moi parce que je ne (8) _______________ (savais, connaissais) pas le quartier et je ne (9) _______________ (savais, connaissais) pas qu'il était difficile de trouver certains endroits. Maintenant, je (10) _______________ (sais, connais) bien Paris et mon correspondant.

5 **Un accident** Séverine and Malika run into their friend, Bénédicte. Complete their conversation with the correct forms of the verbs **savoir**, **connaître**, or **reconnaître** in the present or the **imparfait**.

BÉNÉDICTE Est-ce que vous (1) _______________ ce qui s'est passé?

SÉVERINE Non, raconte.

BÉNÉDICTE Eh bien, vous (2) _______________ Yannick, n'est-ce pas?

SÉVERINE Oui, je le/l' (3) _______________ en cours de français l'année dernière. Et toi, Malika, tu le/l' (4) _______________?

MALIKA Non, je ne pense pas.

BÉNÉDICTE Il a eu un accident et il ne (5) _______________ plus personne. Il a perdu la mémoire!

MALIKA Je ne/n' (6) _______________ pas que ça arrivait comme ça.

SÉVERINE Tu (7) _______________ dans quel hôpital il est?

BÉNÉDICTE Oui, mais je ne/n' (8) _______________ pas les heures de visite.

SÉVERINE et MALIKA Appelons l'hôpital.

Nom ______________________ Date ______________________

Unité 8

Savoir-faire

PANORAMA

1 **Photos d'Alsace-Lorraine** Label each photo.

1. ______________________

3. ______________________

2. ______________________

4. ______________________

2 **Dates importantes** Complete these sentences with dates based on **Panorama.**

1. Jeanne d'Arc est née en ____________ et a été exécutée en ____________.
2. L'Église catholique a canonisé Jeanne d'Arc en ____________.
3. Jeanne d'Arc est partie au combat pour libérer la France en ____________.
4. Strasbourg est le siège du Conseil de l'Europe depuis ____________.
5. Strasbourg est le siège du Parlement européen depuis ____________.
6. L'Alsace et le département de la Moselle ont été français pour la première fois en ____________.
7. Albert Schweitzer a reçu le prix Nobel de la paix en ____________.
8. Les Alsaciens bénéficient des lois sociales allemandes depuis ____________.

3 **Un peu d'histoire** Complete these sentences by conjugating the verbs in parentheses in the **imparfait** or the **passé composé.**

En 1429, alors qu'elle (1) ______________________ (avoir) 17 ans, Jeanne d'Arc (2) ______________________ (décider) de libérer son pays. Elle (3) ______________________ (prendre) la tête d'une armée et elle (4) ______________________ (libérer) Orléans des Anglais. Plus tard, ses ennemis (5) ______________________ (vendre) Jeanne d'Arc aux Anglais. Quand elle (6) ______________________ (être) leur prisonnière, ils la/l' (7) ______________________ (condamner) à mort pour hérésie.

L'Alsace et la Lorraine (8) ______________________ (être) françaises depuis 1678. Elles sont devenues (*became*) allemandes en 1871. Le traité de Versailles (9) ______________________ (rendre) les deux régions à la France.

Nom ______________________ Date ______________________

Workbook

4 **Répondez** Answer these questions in complete sentences.

1. Quelle(s) boisson(s) l'Alsace produit-elle?

2. Quel est le nom du sculpteur de la statue de la Liberté? De quelle région est-il originaire?

3. Quel est le nom de la grande place pittoresque de Nancy?

4. Quelle est la particularité de l'Alsace et du département de la Moselle?

5. Quel est le nom d'un plat typiquement alsacien? De quel mot vient-il?

6. Pourquoi ce plat typiquement alsacien se conserve-t-il longtemps?

7. D'où vient la langue alsacienne?

8. À quoi contribue le Parlement européen?

5 **Vrai ou faux?** Indicate whether these statements are **vrai** or **faux**. Correct the false statements.

1. L'Alsace et la Lorraine sont situées dans le nord-est de la France.

2. Georges de La Tour est un dessinateur du dix-huitième siècle.

3. Patricia Kaas est une chanteuse originaire d'Alsace.

4. L'Alsace et la Lorraine ont été influencées par la culture allemande.

5. La choucroute est cuite avec du gros sel et des baies de genièvre.

6. On mange la choucroute avec de la charcuterie et des pommes de terre.

7. Les membres du Parlement européen sont élus dans chaque pays de l'Union européenne.

8. La langue alsacienne n'est plus parlée aujourd'hui.

Nom ______________________ Date ______________________

Unité 9

CONTEXTES

Leçon 9A

Workbook

1 **Qu'est-ce que c'est?** Read these definitions and write the appropriate words or expressions in the spaces provided.

1. C'est un plat typiquement français. On les prépare avec du beurre et de l'ail. Ce sont ____________.
2. C'est un fruit. On boit souvent son jus au petit-déjeuner. C'est ____________.
3. Ce sont des légumes orange et longs. Ce sont ____________.
4. On les utilise pour faire des omelettes. Ce sont ____________.
5. Ce sont de petits légumes verts et ronds. Ce sont ____________.
6. On l'utilise comme condiment. C'est petit et blanc. C'est ____________.
7. C'est un fruit long et jaune. C'est ____________.

2 **Chassez l'intrus** Circle the word that does not belong in each group.

1. une salade, une laitue, une tomate, l'ail
2. le bœuf, le porc, le pâté, le riz
3. un poivron, une carotte, des petits pois, des haricots verts
4. un petit-déjeuner, une pomme de terre, un pâté, les fruits de mer
5. une poire, une pomme, une pêche, un champignon
6. faire les courses, une cantine, un supermarché, une épicerie
7. un déjeuner, un aliment, un repas, un goûter
8. une pomme de terre, une fraise, une poire, une pêche

3 **Au marché** The new employee can't get anyone's order right. Say what each customer asked for and what the employee gave him or her instead.

Modèle

je / des frites

J'ai demandé des frites, mais il m'a donné du pain.

1. Malika / une pêche

____

____

2. Soraya / une tomate

____

____

3. Daniel / du pâté

____

____

4. Raphaël / un poivron rouge

____

____

Nom ____________________ Date ____________________

4 **Cherchez** In the grid, find eleven more food-related words from the list, looking backward, forward, vertically, horizontally, and diagonally.

aliment
cuisiner
escargot
fraise
fruits de mer
haricots verts
nourriture
oignon
pâté de campagne
petit-déjeuner
pomme de terre
repas

E E F U T N S C T P V S L S O
C N V R O N U V R G G F R T V
C X G N U I E Y U Z Z E N R W
Q V G A S I X M Y W N E E E N
E I T I P Z T J I U E S K V O
O F N D T M G S E L I I L S U
R E P A S B A J D P A A P T R
R S C I E A É C N E F R F O R
X V S Z G D M A E J M F H C I
T H O D T J E A K D O E Q I T
Q B P I V H N E O I É E R R U
F O T T O G R A C S E T W A R
X E E N P A E Y R K I W Â H E
P O M M E D E T E R R E W P Z
X F X B G L L D K D Z O A Y E

5 **Complétez** Complete this conversation by choosing the most appropriate words from the list below.

bœuf	escargots	poivrons	tarte
champignons	haricots	salade	thon
cuisiner	poires	supermarché	tomate

FRANCK J'adore la (1) ____________ que tu as préparée. Qu'est-ce que tu utilises?

MARINA De la laitue, une (2) ____________ et des (3) ____________ de Paris.

FRANCK Vraiment? Et tu n'utilises pas de (4) ____________ rouges?

MARINA Non, mais tu peux ajouter (*can add*) du (5) ____________ si tu aimes le poisson. Dis, qu'est-ce que tu vas (6) ____________ pour la fête de la semaine prochaine?

FRANCK Je pensais servir des (7) ____________ pour commencer et puis, comme viande, du (8) ____________ avec des (9) ____________ verts. En dessert, je pensais à une (10) ____________ aux (11) ____________.

MARINA Mmm! Ça a l'air vraiment délicieux. Je vais aller au (12) ____________ et acheter quelque chose à apporter.

FRANCK Merci, c'est gentil.

Nom ______________________ Date ______________________

Workbook

STRUCTURES

9A.1 The verb venir and the passé récent

1 **Hier et aujourd'hui** Fill in the blanks with the correct forms of the verb **venir (de)**. Pay particular attention to the cues and the context to determine whether you should use the infinitive, the present tense, the **passé composé**, or the **imparfait**.

Quand j'étais plus jeune, je (1) ______________ souvent rendre visite à mes grands-parents qui habitent à côté du campus. Ils (2) ______________ me chercher à la gare et on allait faire une promenade sur le campus. Un jour, je (3) ______________ en voiture: je (4) ______________ acheter ma première voiture. Cette année, avant de (5) ______________ étudier à l'université, j'ai décidé d'habiter chez mes grands-parents. Le problème, c'était qu'ils (6) ______________ transformer mon ancienne chambre en salle de gym. Maintenant que je (7) ______________ emménager dans ma résidence universitaire, mes amis et moi, nous (8) ______________ les voir (*to see*) souvent.

2 **Quel était le menu?** You are reviewing some local restaurants for the student association. Say what the diners have just eaten using the cues provided.

Modèle

Karim et Nadia — **Karim et Nadia viennent de manger des champignons.**

1. 2. 3. 4.

1. Sonia ______________________________
2. Vous ______________________________
3. Tu ______________________________
4. Thomas et Sylvia ______________________________

3 **La bibliothèque** Fill in each blank with a correct form of one of these verbs: **venir, venir de, devenir, revenir,** or **tenir**. Choose from these tenses: present, **imparfait**, and **passé composé**.

1. Quand nous ______________ de vacances il y a quelques semaines, la bibliothèque était toujours fermée (*closed*).
2. Je ______________ interviewer le président de l'université ce matin, à 9h00.
3. Le président a annoncé que la bibliothèque avait tellement de (*so many*) problèmes de fondation (*structure*) qu'elle ______________ dangereuse pour les étudiants.
4. ______________, prenez la section des livres étrangers. C'est une catastrophe!
5. Ce matin, le président de l'université ______________ annoncer qu'il a reçu beaucoup d'argent pour la réparation de la bibliothèque.
6. La bibliothèque va ______________ la plus grande du campus.

4 **Souvenirs de Côte d'Ivoire** Soulimane is thinking about his life since he left Abidjan. Write complete sentences with the elements provided. Use the cues and the context to determine whether you should use the present or the **passé composé**.

1. je / étudier / à l'Université d'Abidjan-Cocody / pendant trois ans
2. je / décider / de venir ici / il y a quatre ans
3. je / étudier / ici / depuis deux ans
4. je / retourner / chaque année / en vacances chez moi / depuis deux ans
5. je / téléphoner à / mes amis d'enfance / tous les week-ends / depuis septembre
6. mes amis / promettre / de venir me rendre visite / depuis mon départ
7. nous / choisir / la date de leur visite / il y a deux mois déjà
8. mon camarade de chambre / apprendre le baoulé / pendant le semestre dernier

5 **L'entretien** You have applied for an exchange program between your home university and a university in Nice. You need to prepare for the coming interview. Here are some sample questions for you to practice. Answer using the cues provided. Use the same tense as in the questions.

1. Depuis combien de temps étudiez-vous le français? (quatre ans)
2. Quand avez-vous entendu parler de notre programme? (il y a deux mois)
3. Pendant combien de temps étudiez-vous chaque jour? (plusieurs heures)
4. Pendant combien de temps avez-vous habité dans un pays francophone? (un mois)
5. Quand avez-vous décidé de partir en France? (il y a un mois)
6. Depuis combien de temps attendez-vous votre entretien? (une demi-heure)

Nom ______________________ Date ______________________

STRUCTURES

9A.2 The verbs **devoir, vouloir, pouvoir**

1 **Que se passe-t-il?** You are trying to see if your friends want to go to the French film festival. Complete the sentences with the present-tense forms of the verbs in parentheses.

1. Jean ______________ (ne pas vouloir) venir parce qu'il ______________ (devoir) préparer l'examen de maths.
2. Thao et Jun ______________ (vouloir) venir, mais ils ______________ (ne pas pouvoir) rester longtemps.
3. Mathilde me ______________ (devoir) de l'argent et elle ______________ (devoir) faire des courses.
4. Vous ______________ (bien vouloir) venir, mais vous ______________ (devoir) rentrer tôt.
5. Tu ______________ (pouvoir) venir et tu ______________ (vouloir) inviter ta petite amie.
6. Ils ______________ (devoir) rester ici parce qu'ils ______________ (vouloir) finir leurs devoirs.

2 **La camarade de chambre** Here is the account of what happened this morning to Sylvie's roommate, Farida. Complete the paragraph by choosing the correct verbs.

Je (1) ______________ (devais / pouvais) faire des courses ce matin au supermarché, mais je (2) ______________ (n'ai pas dû / n'ai pas pu) y aller parce que ma camarade de chambre était malade. J' (3) ______________ (ai dû / ai pu) rester avec elle. Elle (4) ______________ (n'a pas dû / n'a pas voulu) appeler le docteur. Elle n'aime pas les médecins. Heureusement, j' (5) ______________ (ai pu / ai voulu) cuisiner une bonne soupe pour elle. Elle (6) ______________ (a bien dû / a bien voulu) la manger. Après, elle (7) ______________ (devait / a pu) dormir pendant quelques heures. Je pense qu'elle (8) ______________ (a dû / devoir) trop travailler.

3 **Les hypothèses** Look at the pictures and tell what the people must have done or what they must be doing. Use the expressions from the list.

Modèle

être amies *Elles doivent être amies.*

faire du sport
regarder un film amusant
regarder avant de traverser (*to cross*) la rue
revenir de vacances

1. 
2. 
3. 
4. 

1. ____
2. ____
3. ____
4. ____

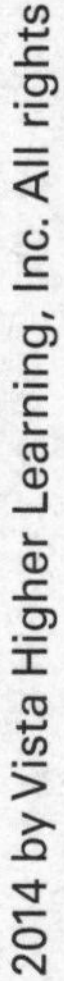

Workbook

4 **Les absents** Many students were missing from your French class today. You are now trying to find out why. Create sentences to say what happened or must have happened.

1. Laëtitia / devoir / partir / à 7h00 / pour rendre visite à ses parents
2. Marc / devoir / venir / mais / il / être malade
3. Charlotte et Vincent / devoir / faire un exposé (*presentation*) / mais / ils / ne pas étudier
4. vous / ne pas vouloir / venir / parce que / vous / être fatigués
5. elles / ne pas pouvoir / arriver à l'heure / parce que / le train / être / en retard
6. tu / vouloir / venir / mais / tu / ne pas entendre / le réveil (*alarm clock*)
7. Hakhmed / pouvoir / venir / mais / il / oublier
8. Karine / vouloir / venir / mais / elle / manquer le bus (*miss the bus*)

5 **Le repas** You have been talking with friends about an upcoming dinner. Here are some of the questions they asked you. Answer in complete sentences using the cues provided. Use the present tense or the **passé composé**.

1. Que veut dire «aliment»? («nourriture»)
2. Qu'est-ce que tu dois faire avant de cuisiner? (faire les courses)
3. Qu'est-ce qui doit être délicieux? (les fruits)
4. Qu'est-ce que vous avez dû oublier d'acheter? (des oignons)
5. Qui a dû trop manger hier? (Fatima et Karim)
6. Qui n'a pas voulu manger les escargots? (Marc)
7. Est-ce qu'ils veulent bien dîner avec Chloé? (oui)
8. Quand pouvons-nous manger? (à 7h00)

Nom ______________________ Date ______________________

Unité 9

CONTEXTES

Leçon 9B

1 **Qu'est-ce que c'est?** Look at this illustration and label the numbered items.

1. ______________________
2. ______________________
3. ______________________
4. ______________________
5. ______________________
6. ______________________

2 **Dans quels magasins?** Where can you buy these items? Fill in this chart with words from the list.

une baguette	un éclair	un gâteau	du pâté	une saucisse
du bœuf	des fruits de mer	du jambon	du porc	un steak
un croissant		du pain	un poulet	du thon

à la boucherie	à la boulangerie	à la charcuterie	à la pâtisserie	à la poissonnerie
____	____	____	____	____
____	____	____	____	____
____	____	____		
____				

Workbook

3 **Chassez l'intrus** Circle the word that does not belong in each group.

1. la crème, l'huile, la mayonnaise, être au régime
2. une carte, une entrée, un hors-d'œuvre, un plat
3. une charcuterie, une boucherie, une poissonnerie, une pâtisserie
4. un morceau, un menu, un kilo, une tranche
5. le sel, le poivre, une nappe, la moutarde
6. un bol, un couteau, une fourchette, une cuillère
7. un menu, commander, une carte, une serviette
8. une nappe, une serviette, une tranche, une carafe

4 **Le repas** Complete these sentences with words from the list. Not all the words will be used.

À table	une carte	une cuillère	une pâtisserie
une boîte de conserve	commander	une entrée	régime
	compris	une nappe	une serviette

1. Avant de manger, les parents disent toujours « ____________ ».
2. Pour protéger la table, on met ____________.
3. Pour m'essuyer la bouche (*mouth*) après le repas, j'ai besoin d' ____________.
4. On commence le repas avec ____________.
5. Pour manger de la soupe, j'ai besoin d' ____________.
6. Pour finir le repas, on peut manger ____________.
7. S'il n'y a pas de légumes frais, on peut utiliser ____________.
8. Demain, au restaurant, je vais ____________ du thon.
9. Au restaurant, le service est ____________, n'est-ce pas?
10. J'aime beaucoup manger. Heureusement que je ne suis pas au ____________.

5 **Au restaurant** Complete these conversations in a restaurant with the appropriate words or expressions.

1. —Voici (a) ____________, Madame.
   —Merci.
   —Voulez-vous commencer par (b) ____________?
   —Non, merci.
   —Qu'est-ce que vous allez boire?
   —Juste (*Only*) (c) ____________, s'il vous plaît.
2. —Tenez, faites attention. (d) ____________ est très chaude.
   —Merci. Est-ce que je peux avoir de (e) ____________ de Dijon et quelques (f) ____________ de pain ?
   —Oui, bien sûr.
3. —Mademoiselle, excusez-moi. Est-ce que je peux avoir (g) ____________ pour ma viande?
   —Oui, bien sûr. Tout de suite. … Voici le couteau. Autre chose?
   —(h) ____________ et du poivre, s'il vous plaît.

Nom ______________________ Date ______________________

Workbook

STRUCTURES

9B.1 Comparatives and superlatives of adjectives and adverbs

1 **Les achats** You are new in town and you don't quite know where to shop. To help you reach a decision, you are comparing the supermarket to your local grocery store. Choose the correct words to compare the different items.

1. Le supermarché est plus grand ______________ (de / que / plus / moins) l'épicerie.
2. L'épicerie a une ______________ (plus / de / moins / meilleur) grande sélection que le supermarché.
3. Je pense quand même que le service est ______________ (plus / mal / meilleur / que) à l'épicerie. Le commerçant connaît mon nom.
4. Les fruits sont ______________ chers à l'épicerie ______________ (plus ... qu' / moins ... de / meilleur ... qu' / meilleures ... qu') au supermarché.
5. L'épicerie est le magasin ______________ (le plus / plus / moins / le mieux) petit du quartier.
6. L'épicerie est ______________ (mal / bien / aussi / pire) fréquentée que le supermarché.
7. Le supermarché est moins cher ______________ (que / de / plus / mal) l'épicerie.
8. L'épicerie est le magasin ______________ (plus / moins / mieux / le plus) proche de mon appartement.

2 **L'université** Your friend is telling you about her experience at a university in Tunisia and at your university. Fill in the blanks with words from the list. Do not use the same word twice.

aussi	facilement	longtemps	mieux	que/qu'
bien	la plus	meilleur(e)	pays	Tunisie

L'Université de Tunis est (1) ______________ grande que mon université ici. Chacune a près de 30.000 étudiants. Cependant, l'Université de Tunis n'est pas (2) ______________ grande du (3) ______________. C'est celle de Tunis El Manar. Ici, les étudiants ont plus (4) ______________ un travail qu'en (5) ______________, mais ils étudient aussi (6) ______________. J'aime (7) ______________ l'Université de Tunis, mais j'aime (8) ______________ l'université ici. La vie ici est plus facile (9) ______________ en Tunisie. Néanmoins (*However*), beaucoup de mes amis tunisiens pensent que la vie en Tunisie est (10) ______________.

Workbook

3 **Ma famille** Compare your family to your friend Thao's. Write sentences based on the elements provided. Note: Thao is a girl.

1. La famille de Thao est petite. Ma famille est petite aussi.
2. La grand-mère de Thao a 80 ans. Ma grand-mère a 86 ans.
3. Thao mesure 1m69. Je mesure 1m69.
4. Thao a les cheveux longs. J'ai les cheveux courts.
5. La maison de Thao a huit pièces. Ma maison a cinq pièces.
6. Les parents de Thao boivent du café une fois par jour. Mes parents boivent du café trois fois par jour.
7. La famille de Thao est très heureuse. Ma famille est très heureuse.

4 **Comparez** Look at these pictures and write as many comparisons as possible using the adjectives or verbs provided. Use the comparative and superlative forms.

1. (grand)

2. (sportif)

3. (manger vite)

4. (courir rapidement)

1.

2.

3.

4.

Nom ______________________ Date ______________________

9B.2 Double object pronouns

1 **Au restaurant** Here are some statements you overheard at a restaurant. Match the underlined pronouns with the nouns they might refer to.

_____ 1. Je vous la recommande.
_____ 2. Apporte-le-moi.
_____ 3. Je viens de le lui montrer.
_____ 4. Il nous les a commandées.
_____ 5. Donne-la-lui.
_____ 6. Je vais le leur servir.

a. à Jacques; le menu
b. à vous; la soupe
c. à Mme Colbert; la serviette
d. à Bertrand et Sabine; le café
e. à nous; les entrées
f. à moi; le sel

2 **Les plats** You and your friends are trying to plan your meals before going grocery shopping. Rewrite each sentence, replacing the direct objects with direct object pronouns.

1. Lundi, Caroline me prépare les escargots. ______________________
2. Mardi, Fatima t'offre le déjeuner. ______________________
3. Mardi, Nadine lui apporte le dîner. ______________________
4. Mercredi, Nordine nous cuisine les fruits de mer. ______________________
5. Jeudi, Marc vous donne la salade de champignons. ______________________
6. Vendredi, Mélanie leur prépare la soupe de légumes. ______________________
7. Samedi, vous nous donnez les fruits. ______________________
8. Dimanche, ils lui font les courses. ______________________

3 **Les souvenirs d'école** You and your friends are studying and reminiscing about your school days. Complete this conversation with the appropriate pronouns.

NICHOLAS Est-ce que tes profs donnaient directement les résultats des examens aux parents?

DANIELLE Non, il ne (1) ______________ donnaient pas directement, mais ils nous les donnaient parce que nous les demandions. Et toi, dans ta classe, le prof de maths expliquait l'algèbre aux élèves en difficulté?

NICHOLAS Oui, il (2) ______________ expliquait. Moi, je le comprenais facilement. J'ai toujours aimé les maths.

MARC Pas moi. Dis, est-ce que tu connais le résultat de cette équation?

NICHOLAS Oui.

MARC Donne- (3) ______________, alors.

NICHOLAS Non, c'est à toi de le trouver tout seul. Tu apportais les devoirs à tes amis malades?

DANIELLE Oui, je (4) ______________ apportais toujours.

MARC Ce n'est pas vrai. Tu ne (5) ______________ as jamais apportés!

DANIELLE Bien sûr. Tu habitais trop loin!

Workbook

4 **Qui le fait?** Use the cues provided to say who is buying what. Use double object pronouns in your sentences.

Modèle

tu / acheter / les légumes / Fabien et Bénédicte
Tu les leur achètes.

1. je / acheter / les fruits / à Marc
2. Marc et Mélanie / aller acheter / les poivrons rouges / à nous
3. tu / aller prendre / les fruits de mer / à Nordine
4. vous / prendre / le thon / à elle
5. Farida / acheter / l'huile d'olive / à vous
6. ils / aller acheter / les œufs / à Marc
7. je / prendre / la crème / à toi
8. nous / acheter / la laitue / à vous

5 **Les vacances** You are preparing for a family vacation in Europe. Rewrite each sentence using two pronouns. Pay particular attention to the agreement of the past participles.

Modèle

L'agence de voyages a envoyé les billets d'avion à mes parents.
L'agence de voyages les leur a envoyés.

1. Mes parents ont acheté de grandes valises rouges à ma sœur et à moi.
2. Nous avons demandé nos visas aux différents consulats.
3. J'ai donné mon appareil photo numérique (*digital camera*) à mon père.
4. Je vais apporter le cadeau que j'ai acheté à mon correspondant français.
5. J'ai proposé la visite des châteaux de la Loire à mes parents.
6. Mon amie a prêté son camésc ope à ma sœur.
7. Mes grands-parents ont offert le Guide du Routard à mes parents.

Nom _______________ Date _______________

Workbook

Unité 9

PANORAMA

Savoir-faire

1 **Qui est-ce?** Give the name and the profession of each of these people. Answer in complete sentences.

1.  2.  3.  4. 

1. _______________
2. _______________
3. _______________
4. _______________

2 **Un peu de géographie** Identify these places according to what you read in **Panorama**.

1. C'est le nom des montagnes où on peut faire du ski: _______________
2. C'est le berceau de l'horlogerie: _______________
3. C'est le pays d'origine des horlogers qui s'installent en Franche-Comté: _______________
4. Ce sont les sources d'inspiration pour les toits de Bourgogne: _______________
5. C'est la ville où se situe l'Hôtel-Dieu: _______________
6. C'est la ville où est né Louis Pasteur: _______________
7. C'est la ville où se trouve l'Institut Pasteur: _______________
8. Ce sont les lieux où se situent les filiales de l'Institut Pasteur: _______________

3 **Complétez** Fill in the blank with a word or expression from **Panorama**.

1. Dijon est une ville importante de la _______________.
2. Le Jura est le paradis du _______________.
3. La _______________ est la deuxième course d'endurance du monde.
4. L'artisanat de l'horlogerie a commencé au _______________ siècle.
5. L'Hôtel-Dieu a été construit pour recevoir _______________ et _______________.
6. Louis Pasteur a découvert _______________ et _______________.
7. La recette bourguignonne des _______________ devient populaire au 19e siècle.

Nom ______________________ Date ______________________

4 **Vrai ou faux?** Indicate whether these statements are **vrai** or **faux**. Correct the false statements.

1. Au Moyen Âge, les escargots servaient à la fabrication de sirops contre la toux.
2. La France importe de grosses quantités d'escargots.
3. Claire Motte est une actrice célèbre.
4. La Transjurassienne a le même parcours pour les hommes et les femmes.
5. On peut faire de la planche à voile sur neige dans le Jura.
6. Les femmes s'occupaient de la finition et de la décoration des horloges.
7. Aujourd'hui, l'Hôtel-Dieu est un des hôpitaux les plus modernes de France.
8. Une école d'horlogerie est créée au 18e siècle.

5 **Comparez** Using information from **Panorama,** make comparisons that use the appropriate forms of adjectives from the list. **Attention!** One adjective will be used twice and some not at all.

célèbre	**grand**	**jeune**	**petit**
court	**important**	**long**	**populaire**

Modèle

la superficie de la Bourgogne / la superficie de la Franche-Comté

La superficie de la Bourgogne est plus grande que la superficie de la Franche-Comté.

1. la population de la Franche-Comté / la population de la Bourgogne
2. l'âge de Claude Jade / l'âge de Claire Motte
3. la longueur de la vie de Louis Lumière / la longueur de la vie d'Auguste Lumière
4. l'importation d'escargots / la production d'escargots
5. le ski alpin dans le Jura / le ski de fond dans le Jura
6. le parcours pour les femmes dans la Transjurassienne / le parcours pour les hommes dans la Transjurassienne
7. le nombre d'horlogers au 18e siècle / le nombre d'horlogers au 19e siècle
8. la vente aux enchères de vins de l'Hôtel-Dieu / le monde

Unité 10

CONTEXTES

Leçon 10A

1 **Les photos** Write the actions depicted in these photos. Use the infinitive form of each verb.

Modèle
se maquiller

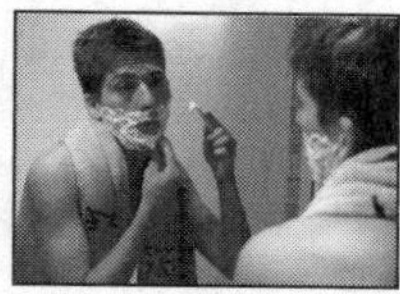

1. ______________

2. ______________

3. ______________

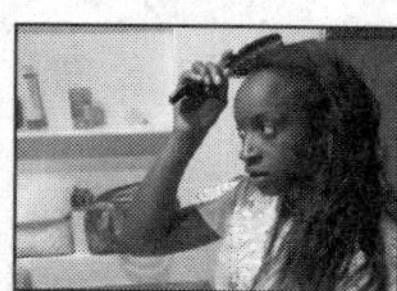

4. ______________

5. ______________

2 **Chassez l'intrus** Circle the item that doesn't belong in each set.

1. se brosser, la joue, les dents
2. les mains, se laver, le peigne
3. se coiffer, un savon, une brosse à cheveux
4. se regarder, s'endormir, se coucher
5. s'habiller, se déshabiller, se sécher
6. le shampooing, la pantoufle, le savon
7. une serviette de bain, se sécher, une brosse à dents
8. se raser, se brosser les cheveux, se coiffer
9. la crème à raser, le maquillage, le rasoir
10. se regarder, le miroir, la serviette de bain

3 **Mettez en ordre** Indicate the order in which the activities in each set are typically done by numbering them **1** and **2**.

Modèle
2 prendre une douche
1 se déshabiller

1. ______ s'endormir
   ______ se coucher
2. ______ faire sa toilette
   ______ sortir de la maison
3. ______ se sécher
   ______ se laver les cheveux
4. ______ se lever
   ______ se brosser les dents
5. ______ se lever
   ______ se réveiller
6. ______ se déshabiller
   ______ se coucher

Nom ______________________ Date ______________________

Workbook

4 **Des outils** Complete each of the statements below with the name of the item(s) used for the task.

Modèle

On se brosse les cheveux avec *une brosse à cheveux.*

1. On se brosse les dents avec ______________ et ______________.
2. On se rase avec ______________ et ______________.
3. On se lave le corps avec ______________.
4. On se lave les cheveux avec ______________.
5. On se coiffe avec une brosse à cheveux ou avec ______________.
6. On se sèche avec ______________.

5 **Les parties du corps** Label the body parts in the illustration.

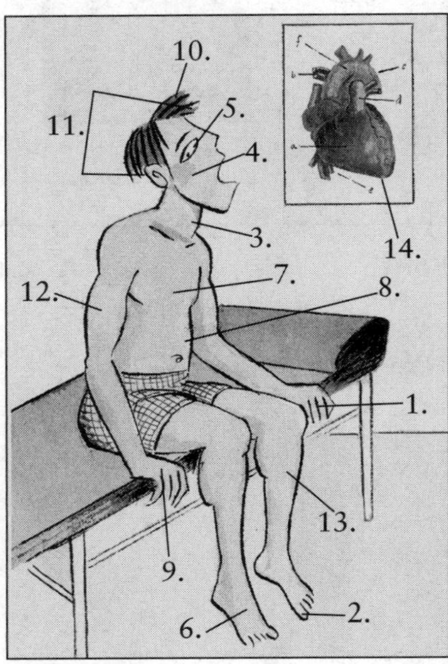

1. ______________
2. ______________
3. ______________
4. ______________
5. ______________
6. ______________
7. ______________
8. ______________
9. ______________
10. ______________
11. ______________
12. ______________
13. ______________
14. ______________

6 **Les préférences** Complete these sentences with appropriate expressions from the lesson.

1. Loïc aime ______________ à onze heures tous les soirs.
2. En général, Liliane n'aime pas ______________. Elle met parfois un peu de mascara, mais c'est tout.
3. Thomas a souvent froid aux pieds parce qu'il n'aime pas mettre ses ______________.
4. M. Noirot a une barbe (*beard*) parce qu'il n'aime pas ______________.
5. Mais quelle vanité! Françoise aime bien ______________ dans le miroir.
6. Les enfants n'aiment pas ______________; on leur donne donc des bains (*baths*).
7. Les cheveux de Nino sont en désordre! Il n'aime pas ______________.
8. Les enfants ont souvent des caries (*cavities*) parce qu'ils n'aiment pas ______________.

Nom ______________________ Date ______________________

STRUCTURES

10A.1 Reflexive verbs

1 **La routine** Complete each sentence with the present tense of the reflexive verb illustrated.

Modèle

Nous  ***nous brossons*** les cheveux avant de quitter la maison.

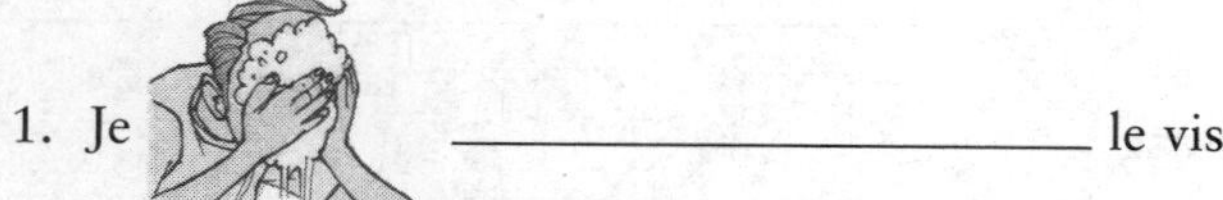

1. Je ______________________ le visage.
2. Vous ______________________ tous les matins, Mme Aziz?
3. M. Tuan ______________________ souvent devant la télé, pas devant le miroir.
4. Nous chantons pendant que nous ______________________ sous la douche.
5. Elles ______________________ les cheveux tous les jours.
6. Est-ce que tu ______________________ les dents après chaque repas?

2 **Complétez** Complete the sentences with appropriate reflexive verbs.

1. Quand on a sommeil, on... ______________________.
2. Après chaque repas, mes enfants... ______________________.
3. Je dors mal la nuit; alors je... ______________________.
4. Quand nous faisons la cuisine, nous... ______________________.
5. Quand elle va sortir avec des copains, elle... ______________________.
6. Avant d'aller à une fête, tu... ______________________.
7. Avant de vous coucher, vous... ______________________.
8. Quand elles ont beaucoup de travail à faire, elles... ______________________.

Workbook

Nom _______________ Date _______________

3 **Donnez des ordres** Suggest what these people should do in each situation. Use command forms of verbs including some negative command forms.

Modèle

Il est tard et Francine dort encore.
Réveille-toi, Francine!

1. Le maquillage de Mme Laclos est franchement bizarre.
2. Nous avons cours à huit heures demain matin.
3. Hector a les cheveux mouillés (*wet*).
4. Sami et moi avons les mains sales.
5. M. Rougelet est en costume au match de basket-ball.
6. Grand-père ne dort pas assez.
7. Les cheveux de Christine sont un peu en désordre aujourd'hui.
8. Nous avons bu trois cocas chacun (*each*) cet après-midi.

4 **Vos habitudes** Write a paragraph about your own personal habits using expressions from the list.

se brosser les dents	se coucher	se lever	quitter la maison
se coiffer	s'habiller	prendre une douche/un bain	se réveiller

Nom ____________________ Date ____________________

STRUCTURES

10A.2 Reflexives: Sens idiomatique

1 **Les caractères** Complete the caption for each illustration demonstrating a personality type. Use reflexive verbs in the present tense.

1.

2.

3.

4.

5.

6.

7.

8.

1. Marc et Farid ____________________ presque chaque jour. Ils ne s'entendent pas bien.
2. Mme Lamartine ____________________ facilement. Elle est toujours fâchée (*angry*).
3. Sylvain ____________________ souvent. Ses jeux ne l'intéressent pas.
4. Chloé ____________________ toujours bien. Elle est contente même quand elle est seule.
5. Céline et Rémy ____________________ bien avec tout le monde. Ils sont très gentils.
6. Magali ____________________ à tout. Elle est très intellectuelle.
7. Papa ____________________ tout le temps. Il a toujours peur des accidents.
8. Sophie ____________________ tout le temps parce qu'elle est en retard.

2 **Des verbes réfléchis** Complete these sentences with the appropriate verbs. Use each verb once.

1. Tu ________ au bord du lac tous les jours, Rémy?
2. Abdel ________ souvent au café pour acheter un thé à emporter (*to go*).
3. Mais non, tu ________ ! M. Tahar n'est pas né en Tunisie.
4. Le jour de Thanksgiving, on mange et on ________ sur le canapé.
5. Mathilde ________ pour sortir avec ses copains.
6. Et le supermarché, il ________ où, exactement?
7. Maman a dit que nous ________ trop des affaires (*business*) des autres.
8. Cédric est stressé parce qu'il ne prend pas le temps de ________.
9. Le prof ________ ici, devant la classe.
10. Ma fille rentre de l'école et elle ________ tout de suite à faire ses devoirs.

a. se repose
b. s'arrête
c. s'assied
d. se trouve
e. se détendre
f. se met
g. te promènes
h. se prépare
i. nous occupons
j. te trompes

3 **Complétez** Complete these sentences with appropriate present-tense forms of **s'appeler, s'ennuyer, s'inquiéter,** and **se souvenir.**

1. Tu ____________________ de l'anniversaire de Sullivan? C'est le onze décembre, non?
2. Christophe ____________________ à mourir au cinéma. Il préfère jouer à des jeux vidéo.
3. Ne ____________________ pas, Madame. On va retrouver votre chat.
4. Comment ____________________ -vous, Monsieur?
5. Ma mère ____________________ beaucoup quand on rentre très tard dans la nuit.
6. Nous ____________________ beaucoup en classe, Monsieur. On préfère regarder la télé.
7. Vous ____________________ de moi, Mme Pineau? J'étais dans votre classe, en sixième B.
8. Elle ____________________ comment, déjà? Denise? Danielle?

4 **Des impératifs** Give an appropriate command for each situation. Use reflexive verbs, and include some negative commands.

Modèle

On va au cinéma ce soir, maman. *Amusez-vous bien, mes enfants!*

1. Ah, non… Martine est en retard!
____
2. Mme Lemarchand n'arrive pas à trouver son sac. Elle est très inquiète.
____
3. Nous nous mettons en colère quand nous sommes ensemble.
____
4. Tony commence à s'énerver.
____
5. Y a-t-il une chaise pour Laurence?
____
6. L'année dernière, j'ai oublié l'anniversaire de mon père.
____

5 **Des défauts de caractère!** Complete the judgments Marine is making about her friends and relatives by choosing the correct expressions. If no expression is necessary, choose X.

1. Samuel s'intéresse trop _______ (que / X / aux) voisins. Ils les regarde par la fenêtre avec des jumelles (*binoculars*).
2. Anne ne se rend pas compte _______ (que / X / de) Luc ne l'aime pas. Elle n'arrête pas de lui téléphoner.
3. Pépé s'énerve _______ (X / que / de) souvent quand mémé (*Grandma*) ne lui donne pas son journal.
4. Simon ne se souvient pas _______ (que / X / de) je suis végétarienne. Il me propose des steaks et du jambon quand je suis chez lui.
5. Ma mère se met trop facilement _______ (X / que / en) colère. Elle est souvent énervée.

6 **Et vous?** Answer these questions in complete sentences with information about yourself. Use at least one reflexive verb in each sentence.

1. Comment vous détendez-vous, d'habitude?
____
2. Qu'est-ce que vous faites pour vous amuser?
____
3. Est-ce que vous vous entendez bien avec vos amis? Avec les membres de votre famille?
____
4. Est-ce que vous vous inquiétez souvent? Si oui, quand et pourquoi?
____
5. Quand vous mettez-vous en colère?
____

Nom ______________________ Date ______________________

Unité 10

CONTEXTES

Leçon 10B

1 **Des nouvelles** Indicate whether each piece of news is good (**une bonne nouvelle**) or bad (**une mauvaise nouvelle**).

	une bonne nouvelle	une mauvaise nouvelle
1. La semaine dernière, Jacques s'est cassé le pied.	❍	❍
2. Jeanne, tu as l'air en pleine forme.	❍	❍
3. Hier soir, Isabelle est allée aux urgences pour une douleur abdominale.	❍	❍
4. Aïe! Je me suis blessée à la cheville.	❍	❍
5. Samia se porte mieux depuis son opération.	❍	❍
6. Antoine est rentré cet après-midi parce qu'il se sentait très mal.	❍	❍
7. Mme Leclerc est tombée malade lors de son voyage en Thaïlande.	❍	❍
8. M. Lépine a bien guéri de sa grippe.	❍	❍
9. Mes enfants sont tous en bonne santé.	❍	❍
10. Nous avons mangé à la cantine à midi, et maintenant nous avons tous mal au cœur.	❍	❍

2 **Des maux** What is each of these people complaining about to the doctor today? Write at least one sentence for each illustration.

Modèle

J'éternue. Je pense que j'ai des allergies.

1. 

2. 

3. 

4. 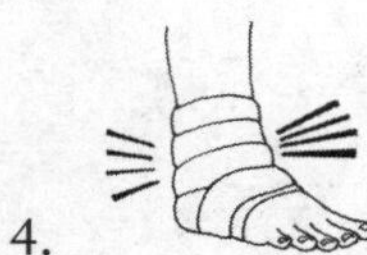

5. 

6.

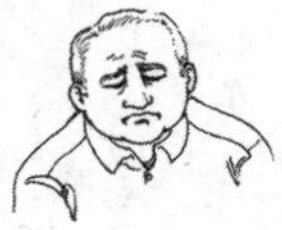

1. ____
2. ____
3. ____
4. ____
5. ____
6. ____

Workbook

3 **Chez le médecin** Write an appropriate response that a doctor would give to each complaint.

1. J'ai mal aux dents.
2. Je n'arrive pas à garder la ligne.
3. Ah, j'ai mal au bras aujourd'hui.
4. J'ai mal au cœur quand je mange des éclairs au chocolat.
5. Je me suis cassé la jambe. Aïe! Ça fait mal.

4 **Méli-mélo** Unscramble these sentences.

1. une / travaille / Van-Minh / dans / pharmacie
2. au / Hélène-Louise / douleur / a / une / terrible / ventre
3. Simone / une / a / jambe / à / blessure / la
4. des / j' / allergies / printemps / ai / au
5. quels / vos / symptômes / sont / Madame
6. l' / est / patient / infirmière / avec / le

5 **C'est grave, docteur?** Write a conversation between a hypochondriac and his or her doctor. The patient should have multiple complaints.

Coup de main

Use these words to help you complete this activity.

aller chez un psychologue (*to a psychologist's office*)
avoir mal partout (*everywhere*)
se mettre au lit (*stay in bed*)
respirer mal (*to breathe poorly*)

Nom _______________ Date _______________

STRUCTURES

10B.1 The passé composé of reflexive verbs

1 **Qu'est-ce qu'ils ont fait?** Complete these statements about what the people in the illustrations did recently. Use reflexive verbs in the **passé composé**.

1.

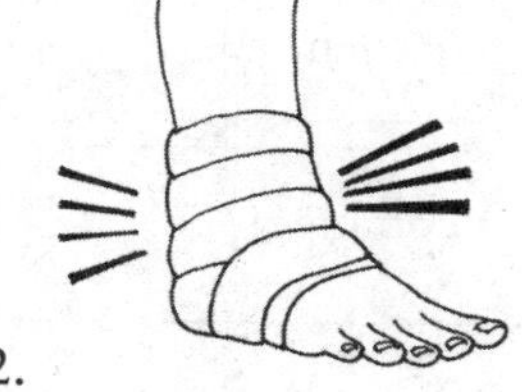
2.

3.

4.

5.

6.

1. Marc _______________ avec Farid.
2. Émilie _______________ la cheville.
3. Pépé _______________ le bras.
4. Notre prof _______________ en colère!
5. Éric et Noémie _______________ au fond (*in the back*) de la classe.
6. Juliette _______________ les dents avant de se coucher.

2 **Faites l'accord** Add the appropriate ending for each past participle in this e-mail that Jamel wrote about the terrible weekend he just had. If no additional letters are needed to complete an ending, leave the line blank.

Quelle poisse (*What bad luck*)! Ce week-end, Nathalie et moi sommes (1) rentré_______ à Genève. C'est Nathalie qui a (2) conduit_______. Sur la route de Genève, on s'est (3) disputé_______. Après, Nathalie était en colère et on a (4) eu_______ un accident. Moi, je me suis (5) cassé_______ le bras gauche et Nathalie s'est (6) blessé_______ au pied. On a dû attendre l'ambulance pendant quarante minutes. Dans la salle des urgences, Nathalie s'est (7) assis_______ sur ma main droite par accident et elle l'a (8) blessé_______. Aïe! Comme ça m'a (9) fait_______ mal! L'infirmier a (10) mis_______ mon bras gauche et ma main droite dans le plâtre (*in casts*). Pendant qu'il soignait (*treated*) le pied blessé de Nathalie, on s'est encore (11) mis_______ à se disputer. Finalement, la mère et la tante de Nathalie sont (12) venu_______ à l'hôpital pour nous chercher et pour récupérer la voiture. En ce moment, Nathalie est en train d'écrire cet e-mail pour moi.

Nom ______________________ Date ______________________

Workbook

3 **Qu'est-ce qui est arrivé?** Write a question that would elicit each response. Use a different reflexive verb in the **passé composé** in each question.

1. Il s'est fait mal pendant que fait du sport
   Oui, maintenant il a la cheville enflée.
2. Est ce que tu t'es cassé la jambe
   Oui, et maintenant j'ai la jambe dans le plâtre (*in a cast*).
3. Est ce qu'ils se sont disputés
   C'est vrai. Maintenant ils ne se parlent pas.
4. Est ce qu'elle sais que Marc s'est cassé la jambe
   Non, elle ne s'en est pas rendu compte.
5. Est ce que vous vous êtes dépêchez
   Oui, et nous sommes arrivés avec seulement cinq minutes de retard.

4 **Quels sont les antécédents?** Decide which noun in the group is the antecedent for each direct object pronoun. Pay attention to meaning and to the gender and number of each direct object.

____ 1. Je me le suis cassé quand j'étais petite.
a. le livre b. le bras c. la jambe

____ 2. Ils se les sont lavées il y a dix minutes.
a. les mains b. le visage c. les allergies

____ 3. Mathilde se les est brossées ce matin.
a. les mains b. le chien c. les dents

____ 4. Nous nous le sommes lavé hier soir.
a. le cœur b. les dents c. le visage

____ 5. Tu te les es brossés aujourd'hui?
a. le visage b. les cheveux c. les peignes

5 **Votre enfance** Write an eight-sentence paragraph about your life when you were eight to ten years old. Use expressions from the list, and remember that most verbs will be in the **imparfait**.

s'amuser	s'énerver	s'inquiéter
se disputer	s'entendre bien avec	s'intéresser

Quand j'étais petit(e), … ______________________

10B.2 The pronouns y and en

1 **Choisissez** Match each illustration with its caption.

a. 
b. 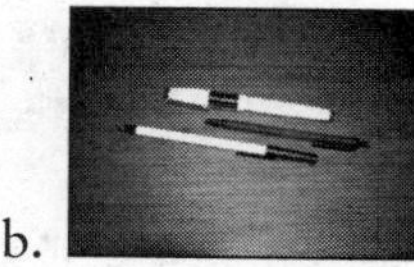
c. 
d. 
e. 
f. 

____ 1. Tu en as mangé cinq?!

____ 2. Jojo en met dans ses sandwichs.

____ 3. Nous en avons acheté pour l'école.

____ 4. J'y suis allée l'été dernier pendant les vacances.

____ 5. On y va le dimanche matin.

____ 6. Vous en faites tous les jours, Mme Lepic?

2 **Les questions** Write an appropriate question for each answer.

1. ____
   Nous en avons fait deux pour la fête chez Serge.
2. ____
   J'y vais du lundi au vendredi.
3. ____
   Oui, on en parle souvent.
4. ____
   Franck en a mangé deux; moi, j'en ai mangé un.
5. ____
   Oui, et on s'y est bien amusé samedi dernier.

3 **Des échanges** Complete these exchanges with **y** or **en** and an infinitive in each answer.

Modèle

ÉLODIE Vous allez prendre des pizzas?
RODRIGUE Oui, nous allons *en prendre* deux.

1. **LA MÈRE** Tu vas manger dans ta chambre?
   DIDIER Je suis très énervé contre toi; je préfère donc ____________________.
2. **Mme DUCROS** Vous allez passer par la boulangerie en rentrant (*on the way home*)?
   M. SABATIER Oui, je vais ____________________. Je vous rapporte quelque chose?
3. **CAMILLE** Nous pouvons acheter des biscuits, maman?
   LA MÈRE Non, nous ne pouvons pas ____________________ cette fois-ci, ma chérie.
4. **CARINE** J'ai entendu qu'ils vont commander une tarte pour l'anniversaire du prof.
   BENOÎT Oui, ils vont ____________________ une. On va la manger en classe mardi.

Nom ______ Date ______

Workbook

4 **Des conseils** Rewrite each of these pieces of advice from your mother. Write complete sentences that use the pronouns **y** and **en**.

Modèle

Mange une orange chaque jour.
Manges-en une chaque jour.

1. Prends deux aspirines.
2. Va directement au lit.
3. Parle-moi de tes problèmes quand tu en as.
4. Fais de l'exercice tous les jours.
5. Ne dépense pas trop d'argent pour tes vêtements.
6. Souviens-toi de l'anniversaire de ton frère.
7. Fais attention aux prix quand tu es au supermarché.
8. Écris-moi un e-mail de temps en temps pour demander des conseils (*advice*).

5 **Méli-mélo** Unscramble these sentences.

1. en / m' / donnez / six / s'il vous plaît
2. lui / parlé / ai / je / en / hier
3. je / dois / en / cinq / t'
4. achète / dix / -en / -lui
5. y / vous / souvent / allez
6. ils / nous / parlent / ne / pas / en
7. va / on / y
8. elle / y / intéresse / s' / beaucoup

Unité 10

PANORAMA

Savoir-faire

1 **La Suisse est connue pour...** Complete the caption for each image.

La Suisse est connue pour…

Modèle

les chalets

1. ______________

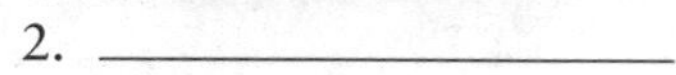

2. ______________

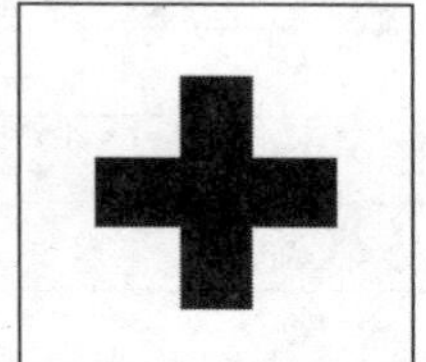

3. ______________

4. ______________

5. ______________

2 **Nommez-en quatre** Name four things associated with Switzerland for each category.

Villes principales:	Domaines de l'industrie:	Langues officielles:
1. ______________	1. ______________	1. ______________
2. ______________	2. ______________	2. ______________
3. ______________	3. ______________	3. ______________
4. ______________	4. ______________	4. ______________

3 **Des Suisses célèbres** Match the name of each famous Swiss person with his or her description.

_______ 1. Ce cinéaste né en France est associé au mouvement cinématographique qu'on appelle «La Nouvelle Vague».

_______ 2. Les amateurs (*fans*) d'architecture l'appellent parfois «Le Corbu» tout court.

_______ 3. Cette femme écrivain germano-suisse a écrit la série des *Heidi*.

_______ 4. L'œuvre de ce penseur a inspiré la Révolution française.

_______ 5. Cette journaliste nomade a vécu des aventures (*had adventures*) en Chine et en Inde, entre autres pays.

_______ 6. Ce pilote de course a donné son nom à la marque (*make*) de voitures Chevy.

a. Ella Maillart
b. Charles Édouard Jeanneret Le Corbusier
c. Louis Chevrolet
d. Johanna Spyri
e. Jean-Luc Godard
f. Jean-Jacques Rousseau

4 **La politique de la Suisse** Correct the six mistakes in this passage. First, underline the parts that you think are false. Then rewrite the corrected passage on the lines.

> La Suisse a une longue tradition de neutralité militaire. Elle n'a pas connu de guerres depuis 16 ans. Son statut de neutralité est reconnu depuis 1515 par tous les pays du monde. Elle ne peut pas être membre d'organisations internationales comme l'O.N.U.

____

____

____

____

____

____

____

____

5 **Vrai ou faux?** Indicate whether each statement about Jean-Jacques Rousseau is **vrai** or **faux**.

	Vrai	Faux
1. Il a vécu (*lived*) entre la France et la Suisse.	❍	❍
2. Il a inventé la montre.	❍	❍
3. Il est né à Paris.	❍	❍
4. Ses écrits ont inspiré la Révolution française.	❍	❍
5. Il était contre la liberté de pensée et de religion.	❍	❍
6. Il a vécu (*lived*) pendant la Révolution française (1789–1799).	❍	❍
7. Il croyait que l'homme était bon de nature.	❍	❍
8. Il croyait aussi que la société avait une mauvaise influence sur l'homme.	❍	❍
9. Il s'intéressait à la philosophie, à la politique et à la musique.	❍	❍
10. Il était autodidacte; il a reçu une très bonne éducation traditionnelle.	❍	❍
11. Il jouait de la musique.	❍	❍
12. Parmi ses œuvres, on compte (*counts*) *Du contrat social* et *Les Confessions*.	❍	❍

6 **La ville de Genève** Choose the best completion for each statement about Geneva, Switzerland.

1. On y trouve beaucoup d'organisations internationales telles que ____________.
   a. l'OTAN b. la Croix-Rouge c. la Société Elsener
2. La ville se situe à la frontière franco-suisse, sur les bords (*on the shores*) ____________.
   a. de Lausanne b. de l'O.N.U. c. du lac Léman
3. Presque la moitié (*half*) des habitants de Genève sont d'origine ____________.
   a. étrangère b. allemande c. française
4. Les touristes apprécient beaucoup les petits plaisirs (*pleasures*) de Genève: ____________.
   a. les promenades et le shopping b. les couteaux suisses c. les banques suisses
5. On parle beaucoup de langues à Genève, mais c'est avant tout une ville ____________.
   a. francophone b. internationale c. française

Nom ______________________ Date ______________________

Unité 11

CONTEXTES TEXTES

Leçon 11A

1 **Des composants informatiques** Identify the numbered parts and accessories of a desktop computer.

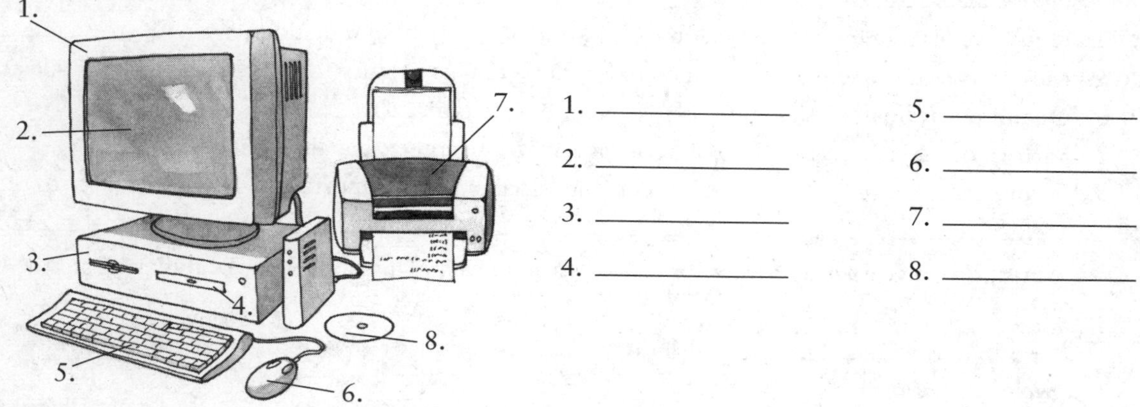

1. ______________
2. ______________
3. ______________
4. ______________
5. ______________
6. ______________
7. ______________
8. ______________

2 **Bien ou pas bien?** Evaluate each of the situations described and decide whether it is good (**C'est bien**) or bad (**Ce n'est pas bien**).

	C'est bien!	Ce n'est pas bien!
1. Adèle passe au moins (*at least*) sept heures par jour à surfer sur Internet.	❍	❍
2. Il marche très bien, mon nouveau moniteur.	❍	❍
3. Je suis connectée avec mon frère et ma sœur par un service de messagerie instantanée. On se «parle» tous les jours.	❍	❍
4. Clothilde est en ligne avec un type (*guy*) bizarre qui veut faire sa connaissance.	❍	❍
5. J'ai oublié de sauvegarder le document avant d'éteindre mon ordinateur.	❍	❍
6. Jérémie a donné son mot de passe à tous ses copains.	❍	❍
7. Ma mère a trouvé un logiciel qui va l'aider à faire son travail.	❍	❍
8. Mes parents m'ont donné un smartphone pour mes DVD.	❍	❍
9. J'envoie un e-mail à ma grand-mère pour lui dire bonjour.	❍	❍
10. Ma nièce aime bien le jeu vidéo éducatif que je lui ai donné pour son anniversaire.	❍	❍
11. Mon camarade de chambre a perdu la télécommande, et maintenant on ne peut pas changer de chaîne.	❍	❍
12. Mon réveil n'a pas sonné ce matin, mais le téléphone m'a réveillé et je ne suis donc pas arrivé en retard au travail.	❍	❍

3 **Des associations** Give one direct object (a noun) that is often associated with each verb. Do not repeat answers.

Modèle

composer ***un numéro de téléphone***

1. fermer ______________
2. sauvegarder ______________
3. allumer ______________
4. éteindre ______________
5. imprimer ______________
6. télécharger ______________
7. effacer ______________
8. graver ______________

4 **Complétez les phrases** Complete these sentences with appropriate expressions from the lesson.

1. Pour prendre des photos, on a besoin d' ________________.
2. On peut écouter des CD avec ________________.
3. Pour regarder des films à la maison, on a besoin d'une télévision et d' ________________ ou d' ________________.
4. Pour accéder à (*gain access to*) son e-mail, on a souvent besoin de donner ________________.
5. Mes amis et moi, nous restons en contact grâce (*thanks to*) aux ________________ sociaux.
6. Quand un ordinateur se plante (*crashes*), on doit le faire ________________.
7. Parfois, on ________________ tous les e-mails de son ex-copain/copine.
8. Il faut ________________ des documents électroniques importants.

5 **Des conseils** Give advice to Max for each situation using commands. Use vocabulary from the lesson.

Modèle

J'ai oublié que c'est l'anniversaire de ma copine aujourd'hui et je n'ai pas de carte.
Envoie-lui un e-mail.

1. Je n'aime pas payer pour faire développer (*have developed*) mes photos.
____
2. Mon moniteur est branché (*plugged in*), mais l'écran est noir.
____
3. Je vais partir en vacances pendant deux semaines.
____
4. J'oublie toujours mes mots de passe.
____
5. Mon lecteur MP3 ne fonctionne pas.
____

6 **La technologie et vous** Answer these questions in complete sentences with information about how to use technology.

1. Est-ce que vous envoyez des e-mails à vos profs et à vos camarades de classe?
____
2. Avez-vous un téléphone traditionnel, un portable ou les deux? Si vous avez un portable, est-ce qu'il sonne très fort?
____
3. Est-ce que vous avez un appareil photo numérique? Si oui, est-ce que vous retouchez (*edit*) vos photos avec un logiciel?
____
4. Faites-vous des achats (*purchases*) en ligne? Quels sites web marchands est-ce que vous visitez?
____
5. Est-ce que vous téléchargez de la musique (des fichiers audio)?
____
6. Préférez-vous surfer sur Internet ou regarder la télévision?
____

Nom ______ Date ______

Workbook

STRUCTURES

11A.1 Prepositions with the infinitive

1 **Des problèmes technologiques** Complete the e-mail that M. Roussel wrote about problems he had recently with his computer by selecting from the prepositions in parentheses. If no preposition is needed, choose **X**.

Je dois (1) ______ (à / de / X) commencer par dire que je ne suis pas une personne violente, mais que… mon ordinateur m'énerve beaucoup! L'autre jour, je m'amusais (2) ______ (à / de / X) envoyer des cartes électroniques à tous mes amis quand j'ai entendu «clic clic» et mon écran s'est éteint. J'ai réussi (3) ______ (à / de / X) le rallumer (*restart*) sans trop d'effort. Quelques minutes après, je venais (4) ______ (à / de / X) fermer un document quand soudain, j'ai entendu à nouveau (*again*) le «clic clic» mystérieux, et puis j'ai commencé (5) ______ (à / de / X) sentir une odeur bizarre. Ça sentait le brûlé (*burned*)! J'ai voulu (6) ______ (à / de / X) éteindre, mais j'ai oublié (7) ______ (à / de / X) fermer les logiciels. Eh bien, l'ordinateur a refusé (8) ______ (à / de / X) s'éteindre! Un petit message sur l'écran m'a informé: «Je ne peux pas (9) ______ (à / de / X) vous permettre (10) ______ (à / de / X) m'éteindre, M. Roussel, parce que vous n'avez pas fermé les logiciels, et puis je ne vous aime pas de toute façon (*anyway*), la la la!» Mais comment est-ce possible?! J'ai tout de suite décidé (11) ______ (à / de / X) téléphoner à un copain qui est expert en informatique. Il m'a dit que mon ordinateur avait attrapé (*had caught*) un virus et qu'il voulait bien (12) ______ (à / de / X) m'aider, mais qu'il était au travail jusqu'à six heures ce soir-là. En résumé, je n'arrivais pas (13) ______ (à / de / X) éteindre l'ordinateur et ça sentait le brûlé. Mais j'hésitais (14) ______ (à / de / X) le débrancher (*unplug it*). Donc, la seule option qui me restait, c'était de le jeter par la fenêtre. À six heures et demie, mon copain informaticien est arrivé chez moi et je lui ai dit qu'il pouvait m'aider (15) ______ (à / de / X) choisir un nouvel ordinateur dans deux semaines mais que, pour le moment, j'étais en congé technologie (*technology leave*).

2 **Qu'est-ce qu'on a fait?** Complete these sentences by telling what these people are doing. Use verbs from the lesson.

Modèle

Patrick

Patrick aide sa mère à faire la cuisine de temps en temps.

1. 

2. 
3. 
4. 
5. 

1. Anne ______
2. Jean-Loup ______
3. Nadine ______
4. M. Saint-Martin ______
5. Luc et Daniel ______

Nom ______________________ Date ______________________

3 **Composez des phrases** Combine elements from each of the three columns to make sentences. Use all the elements at least once.

Seydou est parti	pour	regarder le plan
Ma fille m'a téléphoné	sans	maigrir
Le couple est allé au Mexique		nous dire au revoir
Il a trouvé le café		danser
Zoé et Florianne sont allées au club		passer quelques jours au soleil
Comment va-t-il répondre		gagner à la loterie
Ils achètent des tickets		me dire joyeux anniversaire
Nous faisons de l'exercice		comprendre la question

1. ______________________
2. ______________________
3. ______________________
4. ______________________
5. ______________________
6. ______________________
7. ______________________
8. ______________________

4 **À vous!** Write eight sentences about yourself, using the expressions from the list.

apprendre à	éviter de/d'	se préparer à	rêver de/d'
ne pas arriver à	se permettre de/d'	refuser de/d'	savoir + *inf.*

1. ______________________
2. ______________________
3. ______________________
4. ______________________
5. ______________________
6. ______________________
7. ______________________
8. ______________________

Nom ______________________ Date ______________________

Workbook

11A.2 Reciprocal reflexives

1 **Sens réfléchi ou sens réciproque?** Indicate whether, in the context given, each underlined verb is **réfléchi** (*reflexive*) or **réciproque** (*reciprocal*).

	Réfléchi	Réciproque
1. Todd et Linda se connaissent depuis cinq ans.	❍	❍
2. Mon frère et ma sœur s'écrivent des e-mails pour se dire bonjour.	❍	❍
3. Depuis que nous nous sommes disputés, nous ne nous parlons pas.	❍	❍
4. Il se dit qu'il a bien travaillé.	❍	❍
5. Noémie et Odile se regardent pendant qu'elles se parlent.	❍	❍
6. Noémie se regarde souvent dans le miroir et elle se trouve très belle.	❍	❍
7. On se donne des cadeaux à Noël (*Christmas*).	❍	❍
8. Les deux amoureux s'adorent.	❍	❍
9. On dit que mon frère est bizarre parce qu'il se parle beaucoup à lui-même (*himself*).	❍	❍
10. Vous vous êtes retrouvés au café Les Deux Magots?	❍	❍
11. Tu sais qu'Aurélie et Samir se sont quittés?	❍	❍
12. Parfois on s'écrit une petite note pour se souvenir de quelque chose.	❍	❍

2 **Complétez les phrases** Complete these sentences with the verbs from the list. Conjugate the verbs in the present tense using each one once.

s'aider	s'écrire	s'entendre	se retrouver
se connaître	s'embrasser	se parler	se téléphoner

1. Mes deux meilleurs amis ______________________ très bien.
2. On ______________________ tous les jours au téléphone.
3. Elles ______________________: elles se font la bise.
4. D'habitude, Nina et Emmanuelle ______________________ devant la bibliothèque.
5. Est-ce que vous ______________________ des e-mails de temps en temps?
6. Nous ______________________ une fois par an pour nous dire «joyeux anniversaire», c'est tout.
7. Est-ce que vous ______________________ déjà? J'allais vous présenter!
8. Mes deux petites sœurs ______________________ à faire leurs devoirs.

Nom ______________________ Date ______________________

3 **Les sœurs jumelles** Aude and Rosalie are twins (**jumelles**). Complete what Aude wrote about her relationship with Rosalie. Use verbs from this lesson in the present tense.

Ma sœur et moi, on (1) ________________ bien. On (2) ________________ beaucoup dans la vie: moi, je l'aide à faire ses devoirs (c'est moi, l'intello!) et elle, elle partage ses copains avec moi (elle est très sociable). On (3) ________________ tellement bien que quand elle est un peu déprimée, je le sais et je lui téléphone pour dire que ça va aller mieux. On (4) ________________ assez souvent, mais on (5) ________________ encore plus (*even more*) souvent des e-mails depuis qu'on habite des villes différentes. On (6) ________________ bonjour presque tous les jours. Pendant les vacances, on (7) ________________ chez nos parents, à Anvers. On (8) ________________ comme des folles et on (9) ________________ jusqu'aux petites heures du matin dans notre chambre. Après, on (10) ________________ et on est triste pendant qu'on s'habitue à (*get used to*) la solitude.

4 **L'amour** Complete each sentence with a past participle of one of the verbs listed. Make the participle agree with the subject unless the subject is also the indirect object of the verb.

se dire	s'écrire	se parler	se rencontrer
se donner	s'embrasser	se quitter	se retrouver

Marthe et Étienne se sont (1) ________________ pour la première fois en mai dernier, au club de sport. Ils se sont (2) ________________ des centaines (*hundreds*) d'e-mails l'été dernier. Ils se sont aussi (3) ________________ au téléphone tous les jours. En août, ils se sont (4) ________________ au club de sport encore une fois. Comme ils ne s'étaient pas vus (*hadn't seen each other*) depuis longtemps, ils se sont (5) ________________. Puis, ils se sont (6) ________________ des bagues de fiançailles (*engagement rings*) et ils se sont (7) ________________ qu'ils seraient (*would be*) ensemble pour toujours. Eh bien, ils se sont (8) ________________ la semaine dernière, et Marthe a déjà trouvé un nouveau copain!

5 **Votre meilleur(e) ami(e)** Answer these questions with complete sentences about you and your best friend.

1. Est-ce que vous vous connaissez bien? Vous vous connaissez depuis combien de temps?
   ____
2. Est-ce que vous vous entendez bien? Est-ce que vous vous disputez de temps en temps?
   ____
3. Où vous retrouvez-vous d'habitude pour passer du temps ensemble?
   ____
4. Est-ce que vous vous donnez des cadeaux pour vos anniversaires?
   ____
5. Vous parlez-vous souvent au téléphone? À quelle fréquence?
   ____
6. Est-ce que vous vous aidez dans la vie? Comment?
   ____
7. Comment vous êtes-vous rencontré(e)s la première fois?
   ____
8. Est-ce que vous vous êtes écrit des e-mails cette semaine?
   ____

Nom ______________________ Date ______________________

Unité 11

CONTEXTES

Leçon 11B

1 **Logique ou illogique?** Indicate whether these statements are **logique** or **illogique**.

	Logique	Illogique
1. Marcel a freiné trop tard et il est rentré dans le pare-chocs de la voiture de devant.	❍	❍
2. M. Djebbar a des accidents parce qu'il respecte la limitation de vitesse.	❍	❍
3. Ma sœur attache sa ceinture de sécurité pour éviter des blessures en cas d'accident.	❍	❍
4. Antoine ne faisait pas attention au voyant allumé, et puis il est tombé en panne. Il n'y avait presque pas d'huile dans le réservoir.	❍	❍
5. Arrête de rouler si vite! On va avoir un accident.	❍	❍
6. Le mécanicien a réparé notre voiture. Maintenant, elle n'a pas de freins.	❍	❍
7. Le mécanicien m'a aidé(e) à remplacer (*replace*) le pneu crevé.	❍	❍
8. Mémé dépasse toujours la limitation de vitesse. Quand elle est au volant, on sait qu'on va rouler très lentement.	❍	❍
9. Je dois payer une amende parce que j'ai vérifié la pression des pneus.	❍	❍
10. La circulation est dense et difficile ce matin à cause d'un accident.	❍	❍

2 **Chassez l'intrus** Circle the item that doesn't belong in each set.

1. attacher, le capot, la ceinture de sécurité
2. l'huile de vidange, vérifier, ouvrir le coffre
3. un parking, un rétroviseur, se garer
4. vérifier la pression des pneus, dépasser, faire le plein
5. une station-service, un capot, un coffre
6. rouler, rentrer dans une voiture, vérifier l'huile
7. recevoir une amende, découvrir, dépasser la limitation de vitesse
8. l'essence, l'huile, les phares
9. les essuie-glaces, l'embrayage, le pare-brise
10. la rue, l'autoroute, le moteur

3 **Qu'est-ce que c'est?** Label the parts of the car.

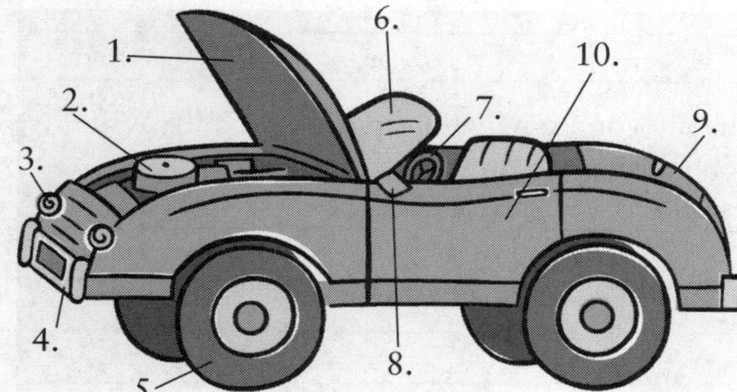

1. ______________ 6. ______________

2. ______________ 7. ______________

3. ______________ 8. ______________

4. ______________ 9. ______________

5. ______________ 10. ______________

4 **Complétez** Complete Adèle's description of the day she took her driving test with appropriate expressions from the lesson.

Le jour où j'ai passé mon (1) ________________ de conduire, j'étais très nerveuse! Je n' (2) ________________ pas de poser des questions à mon père: Et si (*What if*) l'inspecteur est très sévère? Et si j'ai un (3) ________________? Mon père était très calme, comme d'habitude. Moi, j'étais pressée, mais lui, non. Sur (4) ________________, il a remarqué (*noticed*) qu'il n'y avait presque pas d'essence dans la voiture et il s'est donc arrêté pour (5) ________________. À la (6) ________________, il a bien sûr demandé à (7) ________________ l'huile et la pression des pneus. J'ai crié (*shouted*) «Mais arrête de faire le mécanicien! Allons-y!» et on s'est remis en route. Dix minutes plus tard, un de nos (8) ________________ a crevé sur la route. On a passé une heure à le remplacer par la roue (9) ________________. Et puis, on a remarqué qu'on avait un (10) ________________ cassé. Je me suis mise à crier «Comment est-ce possible?!» On est retourné à la station-service, où un (11) ________________ a (12) ________________ la voiture. Deux heures après, on est reparti. Je vous ai dit que mon père est très calme, n'est-ce pas? Eh bien, ce jour-là, il prenait son temps! Toutes les autres voitures nous (13) ________________, et on entendait des klaxons (*honking horns*). Un policier a dû remarquer que mon père roulait en dessous de (*under*) la limitation (14) ________________, et il nous a retenus pendant trente minutes avec des questions incrédules (*incredulous*). Il nous a donné une (15) ________________ et il est parti en rigolant (*laughing*). Après tout ce tralala, je n'étais plus (*anymore*) nerveuse du tout. J'ai eu mon permis sans difficulté.

5 **Des solutions** Thierry isn't the best driver. For each of his complaints, suggest a way for him to avoid the problem the next time. Use imperative forms.

Modèle
Je suis rentré dans la voiture de devant.
La prochaine fois, *freine plus tôt*!

1. Je suis tombé en panne d'essence.
   La prochaine fois, ________________________________
2. J'ai un pneu crevé!
   La prochaine fois, ________________________________
3. J'ai eu trois accidents aujourd'hui. Je n'arrivais pas à freiner à temps (*in time*).
   La prochaine fois, ________________________________
4. Je suis tombé en panne parce qu'il n'y avait presque pas d'huile dans le réservoir.
   La prochaine fois, ________________________________
5. Je suis en retard parce que la voiture de devant roulait très lentement.
   La prochaine fois, ________________________________

6 **De mauvais conducteurs!** Think of someone you know who drives very badly. Write five complete sentences about his or her driving habits using the present tense.

1. ________________________________
2. ________________________________
3. ________________________________
4. ________________________________
5. ________________________________

Nom ______________________ Date ______________________

STRUCTURES

11B.1 Le conditionnel

1 **Soyons sympas** Fill in the blanks with the conditional forms of these verbs.

1. Je __________ (manger) bien une baguette.
2. Est-ce que vous __________ (avoir) la gentillesse (*kindness*) de m'envoyer une brochure?
3. Dis, tu n' __________ (avoir) pas un stylo? Je n'en ai pas.
4. Je __________ (parler) bien à Jean-Yves. Il est là?
5. On __________ (regarder) bien un film ce soir. Papa, est-ce qu'on peut aller au cinéma?
6. Mme Ducharme, est-ce que vous __________ (venir) nous chercher à la gare?
7. Tu __________ (mettre) la sonnerie de ton portable si fort? Ça fait mal aux oreilles.
8. Nous __________ (demander) des jeux vidéo pour Noël (*Christmas*).
9. J' __________ (aimer) savoir pourquoi tu es parti sans me dire au revoir.
10. Vous ne __________ (mettre) pas de costume pour le mariage?

Workbook

2 **Écrivez des légendes** Write a caption for each illustration telling what the person or people would do if there were one more day of vacation a year.

Modèle

Tu nettoierais ta chambre.

1. 

2. 

3. 

4. 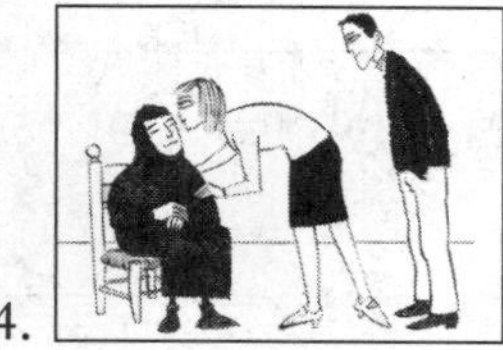

5. 

1. Je ______________________________
2. Tu ______________________________
3. Nous ______________________________
4. Amira et son frère Hassan ______________________________
5. Vous ______________________________

Workbook

3 **Complétez** Complete these sentences telling what people would do if they won the lottery. Conjugate the verbs from the list so that they are in the conditional.

acheter	dîner
aider	donner
construire	partager
déposer	voyager

1. Vous ______________________ tous les jours au restaurant.
2. On ______________________ les chats et les chiens de notre ville qui n'ont pas de maison.
3. Patrick et moi ______________________ le gros lot (*jackpot*) 50/50.
4. Je ______________________ de l'argent à la banque.
5. Tu ______________________ en Chine et au Japon.
6. Mes frères ______________________ une nouvelle télé et un lecteur de DVD.
7. Sœur Marie-Thérèse ______________________ tout l'argent à des organismes de charité.
8. Les Jacob ______________________ une nouvelle maison.

4 **Conseil de classe** Complete Mr. Buisson's assessments of his students with logical verbs in the **conditionnel.**

KHALIL, ABDEL: Cet étudiant doué (*talented*) fait bien son travail. Il (1) ______________ un meilleur étudiant, mais il n'arrive pas souvent à l'heure en classe.

SOUBISE, ALAIN: C'est un étudiant moyen (*average*) qui ne s'intéresse pas aux études. Il (2) ______________ plus rapidement, mais il ne fait pas souvent ses devoirs.

LEDUC, NOÉMIE: Une performance catastrophique le semestre dernier. Elle (3) ______________ de meilleures notes, mais elle étudie seulement de temps en temps.

COULIBALY, ADA: La qualité de son travail est exceptionnelle. Elle (4) ______________ avoir une bourse, mais ça ne l'intéresse pas.

NGUYEN, MARIE: Étudiante très assidue (*diligent*); elle se dispute pourtant avec ses camarades de classe. Elle (5) ______________ plus de succès, mais elle ne travaille pas très bien avec les autres.

LECLERC, LOUISE: Cette étudiante a beaucoup de talent, mais elle a trop de responsabilités à la maison. Elle (6) ______________ plus éveillée (*alert*) en classe, mais elle a trop de travail à faire chez elle.

5 **Des scénarios** Complete each of these statements by indicating what would happen in each scenario. Use verbs in the conditional.

1. Dans un monde idéal, il n'y ____.
2. Vous avez perdu votre chien? À votre place (*In your place*), je/j' ______________________.
3. Lundi est férié. Sinon (*Otherwise*), nous ______________________________________.
4. Dans un monde parfait, les gens ____.
5. Pour l'anniversaire de tes rêves, tu ____.

Nom ______________________ Date ______________________

11B.2 Uses of le conditionnel; Si clauses

1 **Logique ou illogique?** Decide whether each sentence is **logique** or **illogique**.

	Logique	Illogique
1. Si je perdais mon travail, j'aurais plus d'argent.	❍	❍
2. Si vous étiez plus sympa, vous auriez plus d'amis.	❍	❍
3. Si tu faisais de l'exercice, tu serais en mauvaise santé.	❍	❍
4. Si elle parlait anglais, elle pourrait travailler en France.	❍	❍
5. Si nous avions plus de vacances, nous irions en Afrique.	❍	❍
6. Si j'avais faim, je prendrais un coca.	❍	❍
7. Si on dépassait la limitation de vitesse, on aurait une amende.	❍	❍
8. Si je tombais en panne, je téléphonerais à un mécanicien.	❍	❍

2 **Quelques suggestions** Make a logical suggestion in each case. Use the conditional of each verb at least once: **aimer**, **devoir**, **pouvoir**, or **vouloir**.

Modèle

Elle *devrait aller se coucher*. Elle est très fatiguée.

1. 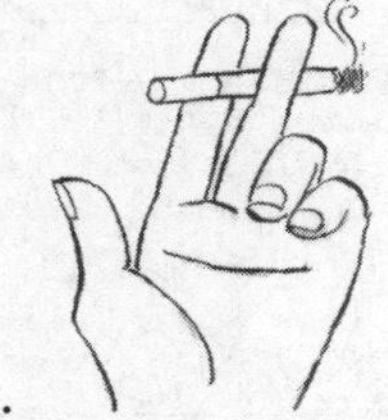

2. 

3. 

4. 

5. 

1. Vous ______________________ de fumer.
2. Tu ______________________ plus pour le prochain examen.
3. On ______________________ moins vite pour éviter les accidents.
4. Nous ______________________ nos manteaux. Nous avons très froid.
5. Je ______________________ tard. J'ai toujours sommeil le matin.

Workbook

3 **Associez** Choose the most appropriate ending for each sentence.

____ 1. Si vous faisiez vos devoirs, ...
____ 2. Si on allait au restaurant ce soir, ...
____ 3. Si tu avais ton permis de conduire, ...
____ 4. S'ils avaient du temps libre, ...
____ 5. Si je téléphonais à ma mère, ...
____ 6. Si vous mangiez moins de sucre, ...
____ 7. Si le pneu était crevé, ...
____ 8. Si mon cousin venait avec nous, ...

a. elle serait contente.
b. vous maigririez.
c. j'irais à la station-service.
d. tu pourrais prendre ma voiture.
e. vous auriez de bonnes notes.
f. il s'amuserait bien.
g. ils iraient plus souvent au cinéma.
h. on pourrait manger des crêpes.

4 **Écrivez** Tell what these people thought or said would happen.

Modèle

Il / dire que / il / arriver par le train de 6h00
Il a dit qu'il arriverait par le train de 6h00.

1. Papa / dire que / je / avoir une voiture cette année
____
2. Tu / penser que / le mécanicien / vérifier l'huile
____
3. Nous / expliquer au professeur que / nous / ne pas être en retard
____
4. Laurent / dire que / il / changer le pneu crevé
____
5. Je / penser que / tu / envoyer des cartes postales de Nice
____
6. Les Martin / dire que / ils / venir avec nous
____

5 **À vous!** Complete these sentences in an appropriate way. Note that some verbs should be in the future and some in the conditional.

1. Si j'étais riche, ______________________________.
2. S'il pleuvait cet après-midi, ______________________________.
3. Si nous n'avions pas cours lundi prochain, ______________________________.
4. Si les chats pouvaient voler (*fly*), ______________________________.
5. Si on avait plus de jours de vacances, ______________________________.
6. Si je parlais français couramment, ______________________________.
7. Si je pouvais rentrer plus tôt que prévu (*expected*) aujourd'hui, ______________________________.
8. Si je trouvais une lettre d'amour dans la rue, ______________________________.

Nom ______________________ Date ______________________

Unité 11

PANORAMA

Savoir-faire

1 **Cherchez** Find the expression elicited by each clue. Then find the expression in the puzzle.

1. Les ____________ sont une tradition artistique très développée en Belgique.
2. On peut voir (*see*) des peintures murales et des ____________ inspirées de BD dans la ville de Bruxelles.
3. ____________, ça veut dire *smurf* en français.
4. Le père de la BD s'appelle ____________.

R	S	G	G	R	L	U	P	Z	B	É	S	X	M	M
U	E	P	L	Y	L	Z	Q	R	G	T	C	X	B	G
A	K	N	V	Y	Â	B	U	R	B	D	H	F	T	Q
M	N	T	É	A	L	X	E	O	I	J	T	È	R	I
E	K	G	M	M	E	H	X	A	O	Q	R	U	U	S
F	U	W	K	L	A	F	M	E	L	Ô	O	N	O	Q
L	P	V	L	W	R	G	P	C	Q	V	U	S	M	G
O	É	E	G	U	V	A	R	B	R	R	M	P	U	D
U	S	G	F	E	U	N	A	I	X	J	P	T	H	R
G	Y	E	B	K	Q	M	I	Y	T	P	F	V	Z	R
A	V	K	P	D	M	Y	P	T	H	T	N	I	H	F
C	W	P	C	O	H	J	J	S	N	F	E	Z	Q	V
B	A	N	D	E	S	D	E	S	S	I	N	É	E	S
S	E	U	T	A	T	S	I	J	R	P	T	Q	B	Z
Q	X	I	H	B	M	Ô	N	I	K	N	Y	P	K	H

5. Il a créé (*created*) le personnage de ____________.
6. Tout le monde connaît l'œuvre de ____________, un célèbre (*famous*) peintre surréaliste.
7. On apprécie beaucoup l'____________ évident dans ses œuvres.
8. Le musée Magritte se trouve à ____________.

2 **Vrai ou faux?** Indicate whether these statements about Belgium are **vrai** or **faux**.

	Vrai	Faux
1. La ville de Bruxelles est très vieille. On l'a fondée au 7e siècle.	❍	❍
2. On parle français dans le nord de la Belgique et flamand dans le sud.	❍	❍
3. La monnaie de la Belgique est le franc belge.	❍	❍
4. La partie sud du pays s'appelle la Wallonie.	❍	❍
5. Bruges se trouve en Wallonie.	❍	❍
6. Les pays voisins de la Belgique sont la France, la Suisse, l'Allemagne et les Pays-Bas.	❍	❍
7. Un petit nombre de Belges parlent allemand.	❍	❍
8. Le flamand et le néerlandais sont des langues sœurs.	❍	❍

3 **Des spécialités belges** Complete this passage about Belgian food specialties with appropriate expressions.

On dit souvent que les spécialités culinaires de Belgique sont extraordinaires. Quand on pense aux plats belges, le premier qui vient à l'esprit (*to mind*), ce sont les (1) ____________. Peu d'Américains savent que les (2) ____________ sont une spécialité belge (non française). Et peu d'Américains savent qu'on les sert en Belgique avec (3) ____________ (non avec du ketchup). La Belgique est également connue (*known*) pour sa (4) ____________ et pour son (5) ____________. Des (6) ____________ donnent leur nom en appellation à certains de ces produits alimentaires.

Nom ______________________ Date ______________________

Workbook

4 **Identifiez** Write a short caption identifying what each of these photos represents.

1. ______________________

2. ______________________

3. ______________________

4. ______________________

5. ______________________

5 **La capitale de l'Europe** Complete this passage on Brussels by choosing the appropriate expressions.

Bruxelles est une ville très (1) ______________ (géographique / cosmopolite). Elle attire (*attracts*) les touristes avec son architecture et (2) ______________ (sa cuisine / son siège). Les touristes se sentent peut-être très à l'aise (*comfortable*) dans cette ville parce qu'on y rencontre beaucoup (3) ______________ (de Belges / d'étrangers). Bruxelles est aussi le siège (4) ______________ (des Nations unies / de l'Union européenne). On l'a choisie pour sa situation (5) ______________ (au centre de l'Europe / près de la Grand-Place). Pour la même raison, on a choisi Bruxelles pour être le siège de (6) ______________ (l'URSS / la C.E.E.), en 1958. C'est également le siège de (7) ______________ (l'OTAN / l'O.N.U.). À Bruxelles se trouve la branche législative de l'U.E., (8) ______________ (la Grand-Place / le Parlement européen).

6 **Des noms codés** Give the name of the famous Belgian described by each clue. If you're stuck on a name, you can decipher it using the other ones and the key.

A	B	C	D	E	F	G	H	I	J	K	L	M	N	O	P	Q	R	S	T	U	V	W	X	Y	Z
		7			26		13	16	10	24			14		9		12	21			19	10		15	2

1. Il a écrit des romans policiers (*detective novels*).

   17 5 8 12 17 5 21   21 16 1 5 14 8 14

2. Il a eu l'honneur de porter cinq fois le maillot (*jersey*) jaune du tour de France.

   5 22 22 15   1 5 12 7 24 25

3. Cette femme écrivain était d'origine franco-belge, mais elle a passé une bonne partie de sa vie aux États-Unis.

   1 20 12 17 11 5 12 16 6 5   15 8 11 12 7 5 14 20 12

4. Elle a joué dans un film avec Jackie Chan.

   7 5 7 16 4 5   22 5   26 12 20 14 7 5

5. Il a chanté en français et en néerlandais.

   10 20 7 18 11 5 21   3 12 5 4

6. Cette championne de tennis a battu (*beat*) Serena Williams.

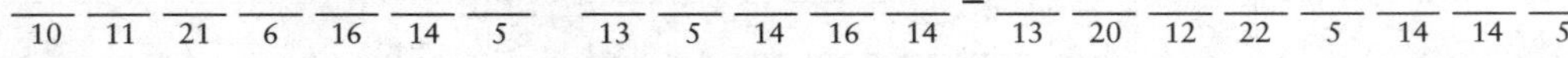

   10 11 21 6 16 14 5   13 5 14 16 14 – 13 20 12 22 5 14 14 5

Nom ______ Date ______

Unité 12

Leçon 12A

CONTEXTES

Workbook

1 **À la banque** There is a long line at the bank, so you have plenty of time to see what is going on around you. Fill in the blanks with the appropriate words and expressions. Make all the necessary changes and agreements.

accompagner	emprunter
un compte bancaire	remplir un formulaire
un compte d'épargne	retirer de l'argent
une dépense	signer

1. La vieille dame a des difficultés à ______ parce que c'est écrit trop petit et qu'elle n'a pas ses lunettes.
2. Une étudiante va ouvrir ______ afin de pouvoir recevoir de l'argent de ses parents.
3. Un homme demande des explications sur ______ qu'il n'a pas faite, mais qui apparaît sur son relevé de compte (*statement*). Il pense qu'il doit y avoir plus d'argent sur son compte.
4. Une petite fille ______ sa maman.
5. Un homme d'affaires ______ de l'argent pour créer une nouvelle entreprise (*start a new business*).
6. Une adolescente veut ______ de son compte, mais elle a besoin de l'autorisation de ses parents.
7. Un homme n'a pas ______ son chèque avant de le donner au banquier.
8. Moi, je veux déposer de l'argent sur ______ parce que j'économise (*save*) pour les vacances.

2 **Les publicités** You are reading a Canadian newspaper, but you are not quite sure which stores are advertised. Fill in the blanks with the type of store each ad could promote.

1. «N'oubliez pas de faire vos réservations pour les fêtes et venez déguster nos plats spéciaux.» ______
2. «Vous avez besoin d'un crayon, d'un cahier ou bien de fournitures (*supply*) pour votre bureau? Nous sommes toujours à votre service.» ______
3. «Vous n'avez pas d'ordinateur à la maison? Pas de problème. Nous sommes ouverts 7 jours sur 7 (*7 days a week*).» ______
4. «Besoin d'un cadeau qu'elle ne va jamais oublier? Venez voir (*to see*) notre nouvelle collection.» ______
5. «Nous proposons maintenant des soins du visage (*skincare*) pour les hommes.» ______
6. «Quand vous venez acheter des timbres, demandez ceux pour la commémoration du premier 'rendez-vous' à Fort Williams.» ______

3 **Au bureau de poste** Look at the drawing and write a caption (a word or a sentence) for each numbered item or action.

1. ______
2. ______
3. ______
4. ______
5. ______
6. ______
7. ______
8. ______

4 **Vrai ou faux?** Read these statements and indicate whether they are **vrai** or **faux**. Correct the false statements.

1. Quand il y a beaucoup de personnes dans un magasin, il faut remplir un formulaire.
______
2. On peut avoir un compte bancaire à la mairie.
______
3. Si on veut se marier, il faut aller à la mairie.
______
4. On peut acheter un magazine à la laverie.
______
5. Quelquefois, les magasins sont fermés le dimanche.
______
6. On ne peut boire que (*one can only drink*) du café dans une brasserie.
______
7. On peut envoyer un colis dans une boîte aux lettres.
______
8. On peut retirer de l'argent à un distributeur automatique.
______

Nom ______________________ Date ______________________

Workbook

STRUCTURES

12A.1 Voir, recevoir, and apercevoir

1 **Le courrier** Conjugate the verb **recevoir** in the present tense or **passé composé** to know what everyone has received or is receiving.

Modèle

hier / Magali

Hier, Magali a reçu des photos.

il y a deux jours / nous

1. ______________________

elle / maintenant

2. ______________________

le matin / je

3. ______________________

vous / chaque semaine

4. ______________________

2 **Le camp de vacances** You are chaperoning a field trip. All the kids rush to you to tell you about something, but you cannot make sense of what they say. Write complete sentences using the **passé composé** with the cues provided. Pay particular attention to the agreement of the past participle.

1. je / voir / un chat noir
   ____
2. Anne / perdre son gilet (*cardigan*) / mais / elle / ne pas s'en apercevoir
   ____
3. Hakim / recevoir / un coup de poing (*punch*)
   ____
4. Florence et Margaux / voir / leur maman / à la banque
   ____
5. Djamila / observer / son frère / mais / il / ne pas l'apercevoir
   ____
6. ils / ne pas recevoir / leur goûter
   ____
7. vous deux / apercevoir / Karine / mais / elle / se mettre en colère
   ____
8. Ahmed / ne pas recevoir / l'invitation du musée
   ____

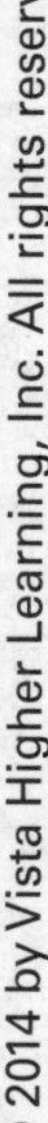

Workbook

3 **Le mystère** A friend has asked you to solve a riddle. To make sure that you do not miss any clues, you have written down the riddle, but you are not quite sure it is accurate. Select the appropriate verb in parentheses to make sense of the story.

«Quelqu'un sonne. Un homme ouvre la porte et (1) ____________ (reçoit / voit / s'apercevoir) un colis des mains du facteur. Il ne pensait pas (2) ____________ (recevait / s'apercevoir / recevoir) quelque chose. Après l'avoir ouvert, il (3) ____________ (reçoit / voit / a reçu) que le colis n'est pas pour lui. Il part à la poste. Sur son chemin, il (4) ____________ (s'est aperçu / reçoit / aperçoit) le facteur et va lui parler.

—Je/J' (5) ____________ (ai aperçu / ai reçu / me suis aperçu) un colis, mais il n'est pas pour moi. Le voici.

—Je suis désolé, mais nous ne pouvons pas (6) ____________ (nous apercevoir / recevoir / recevons) de paquets ouverts.

—Mais je (7) ____________ (ne m'en suis pas aperçu / n'en ai pas reçu / reçois) et je n'ai rien touché.

—Il faut aller au bureau de poste que vous (8) ____________ (recevez / avez reçu / voyez) là-bas.»

Je me demande comment savoir ce qu'il y avait dans le paquet!

4 **Au commissariat** Amélie has been asked by the police to come to the station. Fill in each blank with the correct form of the verb **voir, recevoir, apercevoir**, or **s'apercevoir** to know why.

L'AGENT Je suis heureux de savoir que vous (1) ____________ votre convocation (*notification*). Pouvez-vous me dire quand vous (2) ____________ le suspect?

AMÉLIE Je le/l' (3) ____________ lundi dernier à 9h30 devant le marchand de journaux.

L'AGENT Est-ce que le suspect (4) ____________ de votre présence?

AMÉLIE Non, je ne crois pas, mais nous (5) ____________ un courrier bizarre ce matin: une lettre blanche.

L'AGENT Est-ce que je peux lire la lettre que vous (6) ____________?

AMÉLIE Non, malheureusement, mon mari l'a jetée (*threw it away*) immédiatement.

L'AGENT Si vous en (7) ____________ une autre, il faut nous l'apporter. N'hésitez pas à nous contacter si vous (8) ____________ une personne suspecte près de chez vous.

5 **Un dimanche matin** You are writing to your roommate about your vacation at home with your family. Here are some of the notes you wrote for your letter. Conjugate each verb in parentheses in the appropriate tense.

1. Ce matin, je/j' ____________ (s'apercevoir) que j'avais oublié de t'écrire.
2. Ce matin, il y avait beaucoup de brouillard (*fog*) et je ne pouvais même pas ____________ (voir) les maisons de l'autre côté de la rue.
3. La lettre que tu as envoyée il y a un mois, je la/l' ____________ (recevoir) seulement hier.
4. Je crois que je/j' ____________ (voir) un ami d'enfance à la poste, hier.
5. Je ne retrouve pas mon livre de Maupassant. Écris-moi si tu le/l' ____________ (apercevoir) quelque part dans l'appartement.

Nom ____________________ Date ____________________

12A.2 Negative/affirmative expressions

1 **Les antonymes** Choose the appropriate negative expression for each item.

1. toujours ≠ ____________
2. encore ≠ ____________
3. quelqu'un ≠ ____________
4. quelque chose ≠ ____________
5. tout ≠ ____________
6. et… et ≠ ____________

2 **Un travail difficile** Your friend is writing to you about his new job at the student activities office, organizing weekend trips. Complete each sentence with the most appropriate negative word or expression from the list.

aucun(e)… ne/n'	**ne/n'… ni… ni…**	**personne ne/n'**
ne/n'… aucun(e)	**ne/n'… plus personne**	**rien ne/n'**
ne/n'… jamais	**ne/n'… que/qu'**	

1. Je ____________ aime ____________ mes horaires ____________ mon salaire.
2. Je ____________ ai ____________ une demi-heure pour déjeuner.
3. Je ____________ ai ____________ le temps de manger à midi.
4. ____________ est content des activités proposées.
5. Il ____________ y a ____________ à l'accueil (*reception*).
6. Je ____________ ai ____________ aide pour préparer les sorties (*field trips*).
7. ____________ étudiant ____________ veut travailler ici.
8. ____________ est vraiment bien ici.

3 **Les différences d'opinion** You and your little brother are talking about errands you ran this morning, yet you don't seem to agree on what happened. Here is what your brother said. Make these sentences negative to give your opinion.

1. Nous avons trouvé tous les cadeaux que nous cherchions.

   ____

2. Il nous reste toujours de l'argent.

   ____

3. Nous avons parlé à tous nos amis.

   ____

4. Tout était cher.

   ____

5. Tout le monde faisait les magasins.

   ____

4 **À la poste** You are waiting in line at the post office. You need help from the clerk for a few things, but he is in a really bad mood and always answers in the negative. Complete each sentence by selecting the appropriate negative word or expression in parentheses.

1. Nous n'avons ______________ (pas / rien / aucun) guichet automatique (*ATM*) qui fonctionne.
2. Il ne me reste ______________ (plus / que / aucun) de timbres de cette collection.
3. Votre colis ne va ______________ (que / rien / jamais) arriver à temps pour les fêtes.
4. ______________ (Aucun / Jamais / Personne) d'autre ne peut vous aider.
5. Nous n'acceptons ______________ (rien / aucun / que) les billets de moins de 50 euros.
6. Il n'y a ______________ (pas / rien / jamais) d'autre à faire.
7. Nous ne faisons ______________ (rien / personne / pas) ce genre (*kind*) de chose.
8. ______________ (Pas / Rien / Aucune) enveloppe n'est en vente ici.

5 **L'entretien** Your friend gave negative responses to all of the questions she was asked during a job interview. Write her answers in complete sentences.

1. Est-ce que vous avez un diplôme en économie d'entreprise?

   ____

2. Avez-vous déjà travaillé dans une grande entreprise?

   ____

3. Faites-vous toujours du volontariat (*voluntary service*)?

   ____

4. Êtes-vous intéressé(e) par des heures supplémentaires?

   ____

5. Est-ce que quelque chose vous dérange (*disturb*) dans le travail de nuit?

   ____

6. Est-ce que vous connaissez quelqu'un qui travaille dans cette entreprise?

   ____

7. Savez-vous utiliser le logiciel *Excellence* et le logiciel *Magenta*?

   ____

8. Est-ce qu'il y a quelque chose d'autre que je dois savoir?

   ____

Nom ______________________ Date ______________________

Unité 12

CONTEXTES

Leçon 12B

Workbook

1 **Les définitions** Read these definitions and write the corresponding words.

1. En France, la plus célèbre est celle des Champs-Élysées. C'est ______________________.
2. Si on conduit, il faut s'arrêter quand il est rouge. C'est ______________________.
3. Si on veut traverser une rivière sans se mouiller (*getting wet*), on doit l'utiliser. C'est ______________________.
4. C'est la direction opposée au sud. C'est ______________________.
5. Ne plus savoir où on est, c'est ______________________.
6. Quand on est dehors et qu'on n'a pas de téléphone portable, on peut l'utiliser. C'est ______________________.
7. On peut s'y asseoir dans un parc. C'est ______________________.
8. C'est l'intersection de deux routes. C'est ______________________.

2 **Où ça?** Identify the final destination for each set of directions.

Place Déperet
Place du Prado
banque
MJC
pharmacie
église
métro
école
parking
bijouterie
magasin de chaussures
Café du Septième

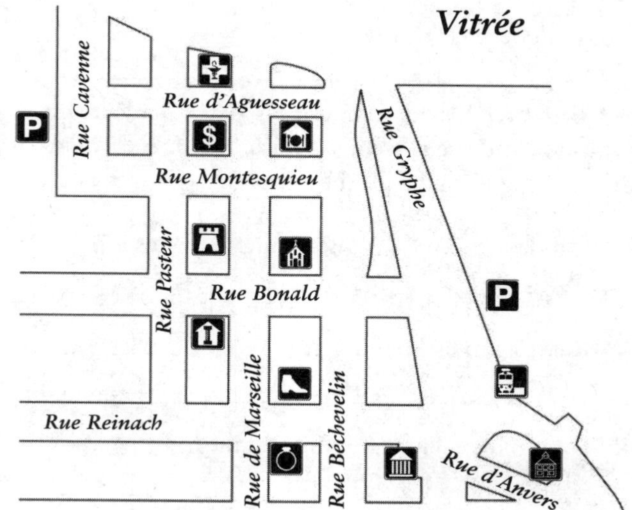

1. Vous êtes sur la place du Prado. Prenez la rue Reinach vers l'ouest. Tournez à droite dans la rue Pasteur. Continuez jusqu'à la rue Montesquieu. Tournez à gauche. Vous ne pouvez pas le manquer.

   ____

2. Quand vous sortez de la banque, prenez la rue Montesquieu jusqu'à la rue Béchevelin. Tournez à droite et continuez jusqu'à la rue Reinach. Tournez à gauche. Pour aller à l'endroit que vous cherchez, traversez la rue Gryphe. Ce n'est pas très loin de l'école.

   ____

3. Quand vous sortez du parking rue Gryphe, prenez la rue Bonald en face de vous. Continuez jusqu'au carrefour de la rue de Marseille. Traversez la rue de Marseille. C'est sur votre droite. Vous ne pouvez pas la manquer.

   ____

4. Quand vous êtes à la bijouterie, remontez la rue de Marseille toujours tout droit jusqu'à la rue d'Aguesseau. Tournez à gauche. Elle se trouve sur votre droite, en face de la banque.

   ____

Workbook

3 **L'orientation** Look at the illustration on pp. 460–461 of your textbook and complete each sentence by selecting the most appropriate verb in parentheses. Conjugate it in the appropriate tense.

1. Je pense que la voiture va ____________ (tourner / se déplacer / traverser) le pont.
2. Un homme ____________ (tourner / descendre / continuer) l'escalier. Peut-être qu'il va pouvoir nous aider.
3. L'homme ____________ (tourner / suivre / continuer) la femme car (*because*) il ne sait pas comment ____________ (être perdu / traverser / s'orienter).
4. ____________ (se déplacer / tourner / monter) l'escalier pour avoir une meilleure vue du parc.
5. Regardons le plan. Il faut aller vers l'est. Nous devons donc ____________ (tourner / traverser / suivre) à droite.
6. Regarde l'homme qui entre dans la cabine téléphonique. Il est disqualifié pour avoir utilisé des patins à roulettes (*roller skates*) et il ne ____________ (monter / continuer / tourner) pas la course (*race*).

4 **C'est par où?** Alexandre and his sister, Nadège, have been driving around for ten minutes and they cannot find their friends' house. Fill in each blank with the most appropriate word or expression from the list, and make all the necessary changes and agreements.

à droite	une cabine téléphonique	être perdu	suivre
le banc	continuer	jusqu'à	traverser

ALEXANDRE Tu m'as bien dit de (1) ____________ le pont et de (2) ____________ la rue de Provence.

NADÈGE Oui, mais après le pont, il faut tourner (3) ____________ dans la rue de Strasbourg.

ALEXANDRE Tu ne pouvais pas le dire plus tôt?! Bon. Maintenant, on est en face du marchand de journaux, au numéro 44. Qu'est-ce que je fais?

NADÈGE Est-ce qu'il y a (4) ____________?

ALEXANDRE Non, pourquoi?

NADÈGE Je veux appeler Ousmane et lui demander comment aller (5) ____________ son appartement. Je crois bien que nous (6) ____________.

ALEXANDRE Mais non, (7) ____________ jusqu'au carrefour. Je suis certain qu'on va tomber sur la bonne rue.

NADÈGE Arrête-toi. Je vais aller demander au monsieur assis sur (8) ____________ là-bas. Je pense qu'il va pouvoir nous aider.

ALEXANDRE D'accord.

Nom ______________________ Date ______________________

Workbook

STRUCTURES

12B.1 Le futur simple

1 **Dans dix ans** You are with a group of friends discussing where you see yourselves in ten years. Conjugate the verbs in parentheses in the future tense to find out what everybody is thinking.

1. Je ______________________ (travailler) pour une grande entreprise française à Paris.
2. Il ______________________ (épouser) Stéphanie.
3. Vous ______________________ (acheter) une île dans les Caraïbes.
4. Elle ______________________ (écrire) des romans pour les enfants.
5. Tu ______________________ (offrir) une voiture à tes parents.
6. Elles ______________________ (se rendre) compte que l'université était facile.
7. J' ______________________ (ouvrir) mon propre restaurant français.

2 **Les obligations** Look at these pictures and write complete sentences using the cues provided. Use the future tense.

1. lundi / poster des lettres

____

2. mercredi / retirer de l'argent au distributeur automatique

____

3. jeudi / explorer Aix-en-Provence

____

4. mardi / se promener en ville

____

5. vendredi / payer sa facture en liquide

____

6. samedi / acheter des timbres pour envoyer des cartes postales

____

3 **En ville** Karim and Sandra are discussing what they will do tomorrow when they go into town. Complete their conversation with the appropriate forms of the verbs in parentheses.

SANDRA Demain, j' (1) ____________ (aller) au cybercafé, à côté de la papeterie.
J' (2) ____________ (envoyer) enfin mon formulaire électronique.

KARIM Je (3) ____________ (venir) peut-être avec toi.

SANDRA Tu (4) ____________ (pouvoir) m'aider avec ça.

KARIM J' (5) ____________ (essayer), mais je ne te promets rien.

SANDRA Comme nous (6) ____________ (être) en ville, nous
(7) ____________ (pouvoir) passer chez Yannick.

KARIM Non, je (8) ____________ (revenir) par le train de 3h00.

4 **La voyante** You and your friends go to see a fortune teller (**une voyante**). Create sentences with the elements provided to know what she has predicted for you. Use the future form of the verbs.

1. un homme / recevoir / une bonne nouvelle
   ____
2. elles / faire / quelque chose d'extraordinaire
   ____
3. vous / avoir / beaucoup de chance / la semaine prochaine
   ____
4. il / falloir / faire très attention / vendredi 13
   ____

5 **Qu'est-ce qu'ils feront?** Use the illustrations as a reference to complete these sentences.

1. Elle décrochera dès que 

 ____________.
2. Elle ____________ quand elle aura le nouveau logiciel.
3. Elle ____________ dès qu'elle aura le journal de ce matin.

Nom ______________________ Date ______________________

12B.2 Relative pronouns qui, que, dont, où

1 **Sélectionnez** Choose the appropriate pronouns to complete this call that Gérard placed to le docteur Mécano, a radio talk show that gives advice on car troubles.

LE DOCTEUR Je vous écoute, Gérard.

GÉRARD Je viens d'acheter une nouvelle voiture étrangère (1) ______________ (qui / que) est déjà tombée en panne.

LE DOCTEUR Et la voiture (2) ______________ (dont / où) vous parlez, vous l'avez achetée récemment?

GÉRARD Euh, oui. Au garage (3) ______________ (dont / où) je l'ai achetée, ils m'ont dit que c'était une voiture neuve (*brand new*), mais j'ai découvert après qu'elle est vieille de trente ans.

LE DOCTEUR Ah, non, ça ne va pas. Et cette voiture (4) ______________ (qui / que) vous avez achetée, c'est quel modèle?

GÉRARD C'est une voiture (5) ______________ (qui / que) n'a pas de marque (*make*). C'est du générique.

LE DOCTEUR Mais ce n'est pas possible, Gérard! Toutes les voitures ont une marque.

GÉRARD Euh, il paraît (*it seems*) que certaines voitures de l'Union soviétique n'ont pas de marque.

LE DOCTEUR D'accord. Alors, vous avez acheté une voiture «neuve» (6) ______________ (qui / que) est en fait vieille de trente ans, et c'est un modèle soviétique.

GÉRARD Euh, oui, c'est ça. Elle est aussi bien rouillée (*rusty*)!

LE DOCTEUR D'accord. Et le garage (7) ______________ (dont / où) vous parlez, il s'appelle comment?

GÉRARD Et bien, il s'appelait Le garage du Coin. Mais je dois dire qu'il n'y est plus. Dans la rue (8) ______________ (dont / où) se trouvait ce garage, il y a un nouveau magasin (9) ______________ (qui / que) s'appelle Le magasin du Coin. Les mécaniciens du garage y travaillent comme vendeurs. Bizarre, non?

LE DOCTEUR Alors, là, je ne peux pas vous aider. Le sens commun est une chose (10) ______________ (qui / qu') on ne peut pas acheter au magasin du Coin. Au revoir, Gérard, et bonne chance dans la vie!

2 **Quelle description?** Match each image to its caption.

a. 

b. 

c. 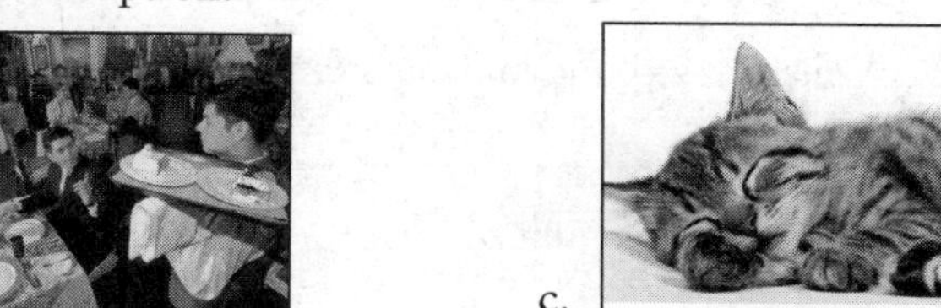

d.

e. 

f. 

_______ 1. C'est une personne dont tout le monde connaît le nom (*name*).

_______ 2. C'est une personne qui donne des amendes.

_______ 3. C'est un endroit que beaucoup de touristes visitent chaque année.

_______ 4. C'est un endroit où l'on va pour manger.

_______ 5. C'est un animal qui adore faire la sieste.

_______ 6. C'est un animal dont les dents sont terrifiantes.

Nom ______________________ Date ______________________

Workbook

3 **Complétez les phrases** Complete each sentence with the appropriate relative pronoun **qui, que, dont,** or **où.**

1. Les stations-service ____________ je prends de l'essence sont très propres.
2. Le film ____________ nous avons vu est triste.
3. Les pommes ____________ elle a achetées sont trop mûres (*ripe*).
4. Voici l'homme ____________ tu m'as parlé.
5. Les conducteurs ____________ roulent trop lentement m'énervent.
6. L'endroit ____________ je me gare est loin du campus.
7. C'est le chien ____________ ma cousine a très peur.
8. Je préfère les profs ____________ ne donnent pas trop de devoirs.

4 **Que dites-vous?** Specify what you are talking about. Use the relative pronouns **qui, que, dont,** and **où** in complete sentences.

Modèle

Vous parlez de qui?
La personne dont je parle est mon prof de français.

1. Quelle jupe avez-vous achetée, Madame?

____

2. Vous cherchez une voiture de sport?

____

3. Vous rêvez d'une maison à la campagne?

____

4. Quels artistes aimez-vous?

____

5. Vous avez trouvé ces clés dans quelle chambre?

____

6. Votre chat est perdu? Il est comment?

____

Nom ______________________ Date ______________________

Unité 12

PANORAMA

Savoir-faire

1 **Photos du Québec** Label each photo.

1. ______________________

2. ______________________

3. ______________________

4. ______________________

2 **Les chiffres et les dates** Complete each sentence with the appropriate date or number.

1. La population française s'installe à Québec en ________.
2. Quinze personnes travaillent pendant ________ mois pour le carnaval d'hiver de la ville de Québec.
3. Il y a eu deux référendums sur l'indépendance du Québec en ________ et en ________.
4. La ville de Montréal a été fondée en ________.
5. ________ % de la population de Montréal est bilingue.
6. Le festival de jazz de Montréal compte ________ concerts gratuits.
7. La ville de Québec a été fondée en ________.
8. Les Français ont perdu le contrôle du Canada en ________.

3 **Répondez** Answer these questions in complete sentences.

1. D'où vient la majorité des Français qui se sont installés au Québec?

   ____

2. Comment est le français parlé par les Québécois?

   ____

3. Quelle est la monnaie du Québec?

   ____

4. Qui est Julie Payette?

   ____

5. Que font les souverainistes?

   ____

6. Pourquoi y a-t-il de nombreux étudiants à Montréal?

   ____

7. D'où viennent les musiciens du festival de jazz de Montréal?

   ____

8. Où les Britanniques ont-ils vaincu les Français et pris le contrôle du Canada?

   ____

Nom ____________________ Date ____________________

4 **Vrai ou faux?** Indicate whether these statements are **vrai** or **faux**. Correct the false statements.

1. Les Français qui se sont installés au Québec parlaient uniquement le français de la cour du roi.
   ____
2. Toronto fait partie du Québec.
   ____
3. Bonhomme Carnaval est la mascotte du carnaval d'hiver de la ville de Québec.
   ____
4. Le mouvement souverainiste n'existe plus au Québec aujourd'hui.
   ____
5. Montréal est la deuxième ville francophone du monde après Paris.
   ____
6. Montréal est située sur un rocher au bord du fleuve Saint-Laurent.
   ____
7. Le français est la langue maternelle de 68% des Montréalais.
   ____
8. La ville de Québec est la seule ville d'Amérique du Nord à avoir conservé ses fortifications.
   ____

5 **Les mots en désordre** Unscramble the words according to the cues.

1. RISITIVORSÈRE- ____________________
   (C'est le nom d'une des trois grandes villes du Québec.)
2. NOIVAUSTEIRES ____________________
   (C'est l'autre nom du mouvement indépendantiste du Québec.)
3. GLEIBUIN ____________________
   (C'est la particularité de 57% de la population montréalaise.)
4. PERENILAIN ____________________
   (C'est là où les concerts gratuits du festival de jazz de Montréal ont lieu.)
5. TACFROITOISNIF ____________________
   (Québec est la seule ville d'Amérique du Nord à les avoir conservées.)
6. SLEIRTTANNAU- ____________________
   (C'est le nom du célèbre fleuve québécois.)
7. AHÂUCETTANCRONEF ____________________
   (C'est le nom du célèbre hôtel de la ville de Québec.)
8. MAARHAB ____________________
   (C'est le nom d'une plaine où une bataille importante dans l'histoire du Québec a eu lieu.)

Nom ______________________ Date ______________________

Unité 12

PANORAMA

Savoir-faire

Workbook

1 **Le Maghreb** Answer these questions on the Maghreb in complete sentences.

1. Dans quelle partie de l'Afrique se trouve le Maghreb?
   ____
2. De quels pays le Maghreb se compose-t-il?
   ____
3. À quelle époque les Arabes se sont-ils installés au Maghreb?
   ____
4. En quelle année les pays du Maghreb ont-ils retrouvé leur indépendance?
   ____
5. Avant de gagner leur indépendance, les pays du Maghreb étaient des colonies de quel pays?
   ____
6. La population du Maghreb se compose de quels groupes ethniques?
   ____
7. Qui étaient les premiers résidents du Maghreb?
   ____
8. Comment s'appelle l'union politique et économique du Grand Maghreb?
   ____

2 **Nommez-en quatre** Name four examples for each category.

Des villes du Maghreb:	Des industries du Maghreb:	Des traditions maghrébines:
1. ________	1. ________	1. ________
2. ________	2. ________	2. ________
3. ________	3. ________	3. ________
4. ________	4. ________	4. ________

3 **Vrai ou faux?** Indicate whether each of these statements about the Maghreb is **vrai** or **faux**.

	Vrai	Faux
1. Les langues officielles de la région sont l'espagnol et l'arabe.	❍	❍
2. Assia Djebar a écrit un roman qui s'appelle *La Soif*.	❍	❍
3. Les hammams sont des bains privés (*private*), où l'on peut être seul (*alone*).	❍	❍
4. Le Maroc est un pays qui n'est pas très loin de l'Espagne.	❍	❍
5. Il y a des sources d'eau en dessous du sable du Sahara.	❍	❍
6. Casablanca est une ville d'Algérie.	❍	❍
7. Ce sont les Romains qui ont inventé le «bain turc», ou hammam.	❍	❍
8. L'océan Pacifique se trouve au nord des pays maghrébins.	❍	❍

Workbook

4 **Sélectionnez les légendes** Select an appropriate caption for each photo.

a. 

b. 

c. 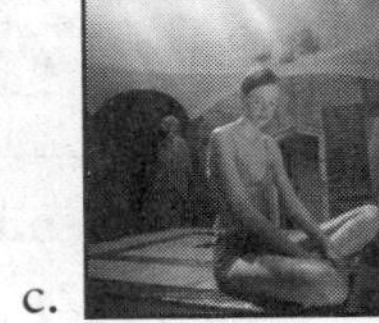

d. 

e. 

_______ 1. On vend de tout sur ce marché à Douz, en Tunisie.

_______ 2. La Mosquée Hassan II se trouve à Casablanca, au Maroc.

_______ 3. On apprécie beaucoup les terrasses de café, en Algérie.

_______ 4. Les habitants du Sahara ont développé un système d'irrigation qui leur permet de cultiver des tomates, des abricots et des oranges en plein désert.

_______ 5. Les hammams sont des lieux de rencontre pour les Maghrébins.

5 **Choisissez** Choose the name of the famous North African whom each statement describes.

_______ 1. C'est un chanteur algérien.
a. Saïd Aouita b. Khaled c. Assia Djebar d. Juliette Smája-Zerah

_______ 2. C'est une femme écrivain et cinéaste qui donne le point de vue des Algériennes dans ses œuvres.
a. Saïd Aouita b. Khaled c. Assia Djebar d. Juliette Smája-Zerah

_______ 3. Elle est devenue la première avocate de Tunisie.
a. Saïd Aouita b. Khaled c. Assia Djebar d. Juliette Smája-Zerah

_______ 4. C'est un coureur de fond marocain.
a. Saïd Aouita b. Khaled c. Assia Djebar d. Juliette Smája-Zerah

6 **La ville de Marrakech** Complete this passage about Marrakech with appropriate expressions.

La ville de Marrakech est reconnue avant tout comme un bel exemple de l'architecture médiévale du (1) _______________. C'est surtout dans la vieille ville, ou (2) _______________, que les amateurs d'architecture peuvent apprécier le caractère médiéval de cette ville fondée en (3) _______________. Dans la vieille ville, on trouve (4) _______________ et (5) _______________. La mosquée est un joyau (*jewel*) de l'architecture, et sur la place Djema'a el-Fna on peut voir des (6) _______________ et des vendeurs. Elle contient un grand marché couvert, ou (7) _______________, où on peut sentir des odeurs de (8) _______________, d'épices et de pâtisseries au miel. Le vieux centre de la ville est entouré de (9) _______________ et il est fermé aux (10) _______________.

Unité 13

CONTEXTES

Leçon 13A

1 **Cherchez** Find eleven more environmentally related words listed in the grid, looking backward, forward, vertically, horizontally, and diagonally.

- abolir
- améliorer
- catastrophe
- covoiturage
- déchets toxiques
- écologique
- effet de serre
- en plein air
- environnement
- gaspillage
- pluie acide
- protection

D	R	R	S	A	U	V	O	N	A	S	E	C	P	L
A	É	I	E	P	L	A	N	B	E	R	G	A	L	T
E	E	C	A	R	J	I	O	J	R	O	A	T	U	F
E	G	F	H	N	O	L	B	E	V	E	R	A	I	W
É	P	A	M	E	I	I	S	M	L	L	U	S	E	Y
C	C	R	L	R	T	E	L	X	S	S	T	T	A	X
J	T	O	O	L	D	S	L	É	N	N	I	R	C	I
V	Y	I	L	T	I	W	T	P	M	L	O	O	I	Q
A	C	F	E	O	E	P	E	O	N	A	V	P	D	D
M	U	F	H	G	G	C	S	X	X	E	O	H	E	V
L	F	E	L	T	I	I	T	A	Y	I	C	E	G	L
E	H	H	U	F	W	W	Q	I	G	I	Q	E	P	N
G	Z	T	Q	O	J	R	J	U	O	U	Q	U	I	J
B	F	U	R	J	X	I	U	F	E	N	Y	N	E	D
E	N	V	I	R	O	N	N	E	M	E	N	T	K	S

2 **Que recyclent-ils?** Look at this illustration and write a complete sentence to tell what each person is recycling.

1. ____
2. ____
3. ____

3 **Chassez l'intrus** Circle the word that does not belong in each group.

1. améliorer, gaspiller, préserver, sauver
2. une catastrophe, l'effet de serre, un glissement de terrain, le recyclage
3. l'écologie, une centrale nucléaire, la surpopulation, des déchets toxiques
4. la pluie acide, le recyclage, le ramassage des ordures, un emballage
5. écologique, propre, sale, pur
6. le gaspillage, la pollution, une solution, la surpopulation
7. un trou dans la couche d'ozone, un nuage de pollution, un glissement de terrain, l'effet de serre
8. l'écologie, la protection, une solution, polluer

Nom ______________________ Date ______________________

4 **À chaque problème sa solution** Match each problem with its solution creating complete sentences.

les problèmes	les solutions
la pollution de l'air	prévenir les incendies de forêts
les glissements de terrain	recycler plus
les déchets toxiques	développer des emballages écologiques
la surpopulation	donner une amende aux pollueurs
le gaspillage	faire du covoiturage
la pollution	éviter une population croissante

Modèle

l'effet de serre / interdire la pollution de l'air

Pour trouver une solution au problème de l'effet de serre, on doit commencer par interdire la pollution de l'air.

1. ______________________

2. ______________________

3. ______________________

4. ______________________

5. ______________________

6. ______________________

5 **En 2050** A new scientific study has revealed some of the problems that we will face in the future. Fill in each blank with a word or expression from the list. Make all the necessary changes and agreements. Note that not all the words will be used.

abolir	énergie	gouvernement	réchauffement
catastrophe	environnement	population croissante	sauver
effet de serre	espace	protection	solution

Le (1) ______________ de la Terre peut conduire à une véritable (2) ______________ d'ici 2050. Si (3) ______________ ne développent pas une politique de (4) ______________ de l'environnement, nous ne sauverons pas la planète.

L'(5) ______________ est un des principaux problèmes. Nous devons avoir plus d' (6) ______________ propres comme l'énergie solaire. Ce problème est lié à (*linked to*) une (7) ______________: elle a été multipliée par 2,5 en 50 ans.

On doit rapidement penser à une (8) ______________ si nous voulons (9) ______________ la planète. L'(10) ______________ nous concerne tous.

STRUCTURES

13A.1 The interrogative pronoun **lequel** and demonstrative pronouns

1 **Choisissez** Match each image to an appropriate caption. Pay attention to the gender and number.

a. 
b. 
c. 
d. 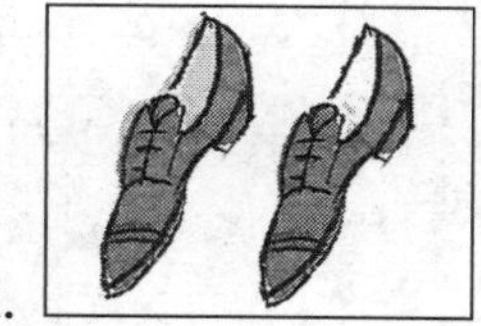
e. 
f. 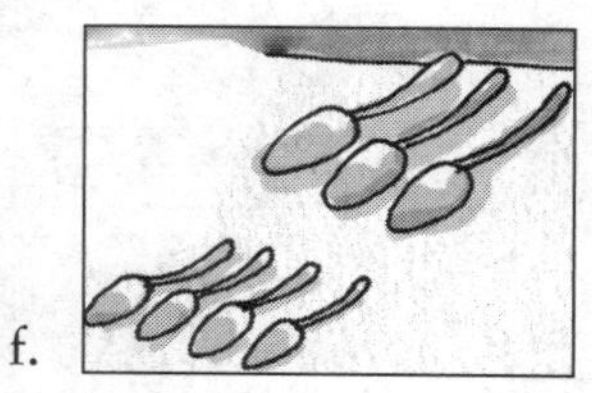
g. 
h. 

_______ 1. Lequel est ton cousin?

_______ 2. Laquelle avez-vous écrite, M. Lemeur?

_______ 3. Lesquels sont pour la poste aérienne (*air mail*)?

_______ 4. Lesquelles vont avec ces chaussettes?

_______ 5. Lequel est-ce que tu vas prendre?

_______ 6. Laquelle est la meilleure de l'équipe?

_______ 7. Lesquels est-ce que tu vas lire ce semestre?

_______ 8. Lesquelles sont pour la soupe?

2 **Évitez la répétition** Make these sentences less repetitive by replacing the underlined words with forms of **lequel** or a contraction of **à** or **de** with a form of **lequel**.

Modèle

Il y a deux profs dans le couloir. <u>Quel prof</u> est ton prof de français?
Lequel

1. Tu as vu deux films aujourd'hui. <u>Quel film</u> as-tu préféré? ____________
2. Vous aimeriez habiter dans d'autres villes? Dans <u>quelles villes</u> aimeriez-vous habiter? ____________
3. Des étudiants sont arrivés en retard. <u>Quels étudiants</u> sont arrivés après 9h00? ____________
4. Il y a trois adresses écrites sur ce papier. <u>Quelle adresse</u> est la tienne (*yours*)? ____________
5. Tu as peur d'un des chiens du voisin? <u>De quel chien</u> as-tu peur? ____________
6. Ils vont écrire des cartes postales à leurs amis? <u>À quels amis</u> vont-ils d'abord écrire? ____________

3 **Lequel?** You have just come back from your semester abroad, and you need to do some catching up with your roommate about what has been going on in your absence. Choose the appropriate demonstrative pronoun in each sentence.

1. Ce bâtiment, c'est ____________ (celui de / celui que / celui qui) avait été détruit par le feu.
2. Les examens, ____________ (celles de / ceux de / ceux que) décembre, étaient très difficiles.
3. Le professeur de physique, ____________ (celui qui / celle qui / celle-ci) a reçu un prix, va être mon prof le semestre prochain.
4. Les soirées de la maison française sont ____________ (celles qui / celles que / celles de) j'ai le plus fréquentées.
5. L'étudiant sénégalais, ____________ (celui en / celui qui / celui de) l'étage du dessous, est parti pour un semestre en Argentine.
6. J'ai perdu mon portefeuille (*wallet*) en cuir, ____________ (celui de / celui que / celui-là) tu m'as donné pour mon anniversaire.
7. J'ai lu deux romans d'Émile Zola, ____________ (celui qui / ceux dont / ceux que) tu m'as tant parlé.
8. La nouvelle directrice du département de français est d'origine canadienne. Elle est très différente de ____________ (celle-là / celle qu' / celle d') avant.

4 **Au café** Complete the conversation from a café terrace with the appropriate demonstrative pronouns and any other necessary elements.

SYLVIE Dis, tu connais cet étudiant?

DAMIEN Lequel? (1) ____________ avec le pull rouge ou (2) ____________ avec la veste noire?

SYLVIE Mais non, (3) ____________, à l'entrée de la librairie.

DAMIEN Non, désolé. Est-ce que tu as lu les livres pour la classe de français?

SYLVIE J'ai lu (4) ____________ Victor Hugo, mais pas (5) ____________ George Sand a écrit en 1846.

MALIKA Moi, j'ai aimé la nouvelle (*short novel*). Tu sais, (6) ____________ est intitulée *La fille aux yeux d'or*.

DAMIEN Ah oui, c'est de Maupassant.

MALIKA Mais non, (7) ____________, elle est de Balzac.

SYLVIE Moi, je n'aime pas les livres qu'on nous a demandé de lire. Je préfère (8) ____________ je choisis.

13A.2 The subjunctive (Part 1)

1 **Les obligations** Your friend Patrice is planning a party. Complete each sentence with the subjunctive form of the verbs in parentheses.

1. Farida ne peut pas venir parce qu'il est indispensable qu'elle ______________ (finir) son devoir de français.
2. Il faut que Michel me ______________ (dire) à quelle heure il peut venir.
3. Il faut que j'______________ (attendre) la réponse de Karim.
4. Il est possible que les invités ______________ (apporter) de la nourriture.
5. Il est dommage que Mariam ne ______________ (prendre) pas un train plus tôt.
6. Il est nécessaire que j'______________ (acheter) des boissons.
7. Il est essentiel que nous ______________ (recycler) les verres en plastique.

2 **Avant les vacances** You and your housemates are about to go on spring break, but there are still a few things that you need to do before leaving. Write complete sentences with the elements provided to tell who has to do what.

1. il / être / important / Mathilde / parler / au professeur de français

   ____
2. il / être / nécessaire / Florence / et / son petit ami / acheter / leurs billets d'avion

   ____
3. il / être / bon / je / partir / mercredi matin / au plus tard

   ____
4. il / être / essentiel / tu / vendre / ta vieille voiture

   ____
5. il / falloir / nous / nettoyer / la maison

   ____
6. il / valoir mieux / vous / appeler / le propriétaire

   ____
7. il / être / important / Farid / enlever / son vélo / du garage

   ____
8. il / être / essentiel / je / obtenir / un visa / pour la Tunisie

   ____

Nom ______________________ Date ______________________

Workbook

3 **Les résolutions** The student committee for the environment on campus has written a pledge. It asks students to follow certain rules to help preserve the environment. Complete the sentences with the present subjunctive of the verbs from the list.

comprendre	éviter	partager	préserver	ne pas réduire
éteindre	ne pas interdire	prendre	recycler	remplir

Il est maintenant essentiel que les étudiants (1) ______________ l'environnement. Si nous voulons sauver la planète, il faut que nous (2) ______________ le gaspillage et que nous (3) ______________ le papier et les emballages en plastique. Il est nécessaire que nous (4) ______________ mieux les mécanismes du réchauffement de la Terre si nous voulons changer les choses. La conférence sur le climat de Montréal a montré qu'il vaut mieux qu'on (5) ______________ les transports en commun ou que nous (6) ______________ notre voiture. Il est également bon que chacun (7) ______________ la lumière quand il n'y a personne dans une pièce.

Ici, à l'université, nous pensons qu'il est dommage que le président de l'université (8) ______________ l'utilisation des voitures sur le campus et que l'université (9) ______________ sa consommation d'eau. Il est essentiel que l'université (10) ______________ les conditions de la charte que nous proposons.

4 **Une lettre** Write a letter for the next meeting of the environmental committee using the words and phrases from the list.

améliorer	développer	il est important que	polluer
une catastrophe	écologique	il est nécessaire que	la protection
un danger	un emballage	il faut que	le recyclage

____

____

____

____

____

____

____

____

____

____

____

____

____

____

Nom ______________________ Date ______________________

Unité 13

CONTEXTES

Leçon 13B

1 **Chassez l'intrus** Circle the word that does not belong in each group.

1. un écureuil, un lapin, un sentier, un serpent
2. un fleuve, une plante, l'herbe, une fleur
3. une côte, un fleuve, une falaise, un lac
4. un lapin, une vache, un écureuil, un serpent
5. une étoile, le ciel, une région, la Lune
6. un arbre, un bois, une pierre, l'herbe
7. la chasse, détruire, un écotourisme, jeter
8. la préservation, une espèce menacée, une extinction, un lac

2 **Classez** List these words under the appropriate headings.

	le ciel	la terre	l'eau
1. une côte **2. une étoile** **3. une falaise** **4. un fleuve** **5. un lac** **6. la Lune** **7. une pierre** **8. une rivière** **9. une vallée** **10. un volcan**	______ ______ ______ ______ ______ ______ ______ ______ ______ ______	______ ______ ______ ______ ______ ______ ______ ______ ______ ______	______ ______ ______ ______ ______ ______ ______ ______ ______ ______

3 **La randonnée** Read this letter from your friend Camille about her walk in the **Parc naturel de la** Chartreuse. Fill in each blank with an appropriate word or expression. Notice that not all the words will be used. Make all the necessary changes and agreements.

le ciel	une falaise	un lac	une plante	un sentier
détruire	une forêt	la nature	une région	une vallée
un écureuil	jeter	un pique-nique	une rivière	

Le week-end dernier, j'ai fait une randonnée dans le Parc naturel de la Chartreuse. C'est une réserve naturelle dans (1) ______________ de Grenoble. Là, la protection de (2) ______________, c'est une chose sérieuse. Il faut marcher sur (3) ______________ pour ne pas (4) ______________ les (5) ______________. Il est bien sûr interdit de (6) ______________ des ordures par terre. Alors, quand on a fait (7) ______________ à midi, nous avons gardé nos déchets.

On a traversé (8) ______________ de pins. Je voulais voir des (9) ______________ mais, ici, il est difficile de les voir. Ce sont des animaux sauvages. Néanmoins (*Nevertheless*), la vue sur (10) ______________ est magnifique. Ensuite, nous avons dû traverser (11) ______________ sur un tronc d'arbre, mais je n'ai pas perdu l'équilibre. Nous avons fini la randonnée au (12) ______________ de Paladru où nous avons un peu nagé.

Nom ______________________ Date ______________________

4 **Le mot mystère** Using these definitions, fill in the corresponding spaces in the grid to find out the mystery word.

1. C'est l'endroit où Tarzan habite.
2. C'est un endroit où il n'y a pas beaucoup de plantes et où il pleut très peu.
3. C'est un petit animal qui vit (*lives*) dans les arbres.
4. C'est l'action de protéger la nature et les ressources naturelles.
5. On en parle quand une espèce est menacée.
6. Il y en a 22 en France, par exemple, la Normandie et l'Alsace.
7. C'est un synonyme du mot «environnement».
8. C'est quand on tue (*kills*) les animaux pour le sport ou pour les manger.
9. C'est le côté d'une haute montagne près de la mer ou de l'océan.
10. Il y en a des milliers pour les animaux et les plantes.
11. C'est l'action de couper les arbres de la forêt.
12. C'est un synonyme du mot «chemin».

Le mot mystère, c'est le nom d'une forme de vacances qui ne détruit pas la nature. ______________

5 **Décrivez** Describe these photos, giving as many details as possible.

1. ______________________

2. ______________________

3. ______________________

4. ______________________

STRUCTURES

13A.1 The subjunctive (Part 2)

1 **La réunion** You are reading the minutes from last week's student meeting on student activities. Complete each sentence with the subjunctive of the verb in parentheses.

1. Solange suggère qu'on ______________ (organiser) plus de randonnées en montagne.
2. Damien désire que plus d'étudiants ______________ (venir) aux réunions.
3. Isabelle souhaite que les sorties ______________ (être) plus fréquentes.
4. Thao recommande que nous ______________ (visiter) les grottes (*caves*) qui sont près d'ici.
5. Sophie veut que l'association ______________ (faire) plus de publicité (*advertisement*).
6. Pavel propose que nous ______________ (être) plus actifs.

2 **Le film** You are writing a movie review for the college newspaper on the latest French movie released at your local movie theater. You have interviewed people at the end of the movie. Use these cues to write complete sentences using the subjunctive.

Modèle

Je / aimer / le film / finir / bien

J'aime que le film finisse bien.

1. Je / regretter / les acteurs / ne pas être / plus connus

   ____

2. Nous / être heureux / un film français / venir / dans notre ville

   ____

3. Elles / être triste / les acteurs / ne pas discuter du film / avec le public

   ____

4. Il / être désolé / il / ne pas y avoir / de sous-titres (*subtitles*)

   ____

5. Elle / avoir peur / les gens / ne pas comprendre / toutes les références culturelles

   ____

6. Ils / être content / l'histoire / faire / rire

   ____

Nom ______________________ Date ______________________

Workbook

3 **Les nouvelles** You have just received your former high school's newsletter. Express your emotions about the news, using the cues provided.

Modèle

Martine part vivre en France. (surpris) ***Je suis surpris(e) que Martine parte vivre en France.***

1. Catherine a un bébé de deux mois. (content)
____
2. Sylvain est prof de maths. (heureux)
____
3. Marie fait des compétitions de ski. (surpris)
____
4. Notre professeur de français n'est plus là. (regretter)
____
5. La directrice travaille maintenant au Japon. (triste)
____
6. L'équipe de foot perd le championnat. (furieux)
____

4 **Qui est-ce?** You are talking to some friends, but you keep on mixing up their names. Write new sentences, using the new subject given in parentheses for the underlined verb to find who actually does what or how people feel. Be careful! Not all sentences will use the subjunctive.

Modèle

Isabelle souhaite faire un pique-nique. (nous)
Isabelle souhaite que nous fassions un pique-nique.

Jacques souhaite qu'ils aillent au parc. (Jacques)
Jacques souhaite aller au parc.

1. Je suis heureux de faire quelque chose pour l'environnement. (vous)
____
2. Ils veulent que je fasse une randonnée en montagne. (ils)
____
3. Vous désirez prévenir les incendies. (elle)
____
4. Vous êtes contents qu'ils recyclent plus d'emballages. (vous)
____
5. Elles préfèrent interdire les voitures sur le campus. (le président de l'université)
____
6. Tu veux abolir l'énergie nucléaire. (le gouvernement)
____
7. Nous n'aimons pas que les gens aient des animaux domestiques. (nous)
____
8. Il est surpris de ne pas être contre le déboisement. (vous)
____

Nom ______________________ Date ______________________

Workbook

13A.2 The subjunctive (Part 3)

1 **Le séjour** Your friend Elizabeth is planning to spend some time in France, but she is asking herself a lot of questions. Combine elements from column A with elements from column B to know exactly what she is thinking.

A

_____ 1. Comme mon français n'est pas très bon, il n'est pas sûr...

_____ 2. Je vais visiter les principaux monuments; je ne crois pas...

_____ 3. Mon français va s'améliorer, parce qu'il est vrai...

_____ 4. Je compte faire les magasins, mais je sais...

_____ 5. Je voudrais aller au Maroc aussi, mais je doute...

_____ 6. Mon petit ami va rester ici. Je ne pense pas...

_____ 7. Comme je veux goûter aux spécialités locales, il est clair...

_____ 8. Avant de revenir, il est douteux...

B

a. que je dois voyager dans différentes régions de France.

b. que je fais un effort pour parler uniquement en français.

c. que mon séjour soit assez long pour ça.

d. que je puisse communiquer facilement.

e. que j'aie le temps d'acheter des cadeaux pour tout le monde.

f. qu'ils soient fermés.

g. qu'il puisse venir avec moi.

h. qu'ils sont trop chers.

2 **Le pessimiste** Your friend Marc has a very pessimistic outlook on life. He has many academic and social pressures. Plus, he is organizing a party. Complete each sentence with the present subjunctive or indicative form of the verbs in parentheses to know exactly what he thinks.

1. Il doute que nous ____________ (réussir) notre examen final.
2. Il croit que je ____________ (ne pas pouvoir) partir en France l'été prochain.
3. Il ne pense pas qu'elles ____________ (vouloir) venir à notre fête.
4. Pour Marc, il est douteux que les professeurs lui ____________ (donner) de bonnes notes.
5. Pour lui, il est évident que nous ____________ (aller) avoir des difficultés.
6. Marc doute que ses amis ____________ (venir) nombreux.
7. Pour Marc, il est sûr que la fête ____________ (être) un désastre.
8. Il n'est pas certain que les étudiants ____________ (savoir) comment aller chez lui.

Nom ______________________ Date ______________________

Workbook

3 **Le Nouvel An** You are at a New Year's party. Many of your friends are making resolutions and wishes for the New Year. Write complete sentences using the cues provided and the subjunctive or the future tense to know the opinion of other people on those resolutions.

Modèle

Nadja souhaite pouvoir aller en vacances à la Martinique. (Martin / penser)
Martin pense que Nadja pourra aller en vacances à la Martinique.

1. Je souhaite aller en Côte d'Ivoire pendant un semestre. (Il / ne pas être sûr)
____
2. Malika souhaite partir au Maroc. (Il / être évident)
____
3. Nous souhaitons savoir parler couramment français en juin. (Tarik / douter)
____
4. Vous voulez faire un régime. (Je / ne pas croire)
____
5. Ils veulent pouvoir travailler à Montréal pendant l'été. (Nous / ne pas croire)
____
6. Tu souhaites avoir un nouveau camarade de chambre. (Il / être douteux)
____
7. Stéphanie et Martine souhaitent venir aux soirées de la Maison française. (Il / ne pas être vrai)
____
8. Martin veut acheter un nouvel ordinateur. (Il / être sûr)
____

4 **Le concours** Your younger sister wants to be a singer and she is eager to participate in a local contest. Complete this paragraph with the most appropriate verbs from the list. There may be more than one possibility.

aller	être	finir	pouvoir	venir
avoir	faire	gagner	savoir	vouloir

Ma sœur veut être chanteuse. Je sais que c'(1) ______________ difficile et qu'il faut qu'elle (2) ______________ de la chance.

Elle souhaite que nous (3) ______________ à un concours pour jeunes talents. Je doute qu'elle (4) ______________ vraiment combien de personnes vont venir, mais je pense qu'elle (5) ______________ y aller quand même (*anyway*). Il est sûr que certaines personnes (6) ______________ gagner ce concours facilement et qu'elles (7) ______________ tout pour gagner.

Il n'est pas certain que ma petite sœur (8) ______________ rivaliser (*compete*) avec elles. Je ne crois pas qu'elle (9) ______________ parmi les finalistes, mais il est vrai qu'elle (10) ______________ juste d'avoir la grippe. Enfin, on verra bien. Que le meilleur gagne!

Nom ______________________ Date ______________________

Unité 13

PANORAMA

Savoir-faire

Workbook

1 **La carte** Label the map of West Africa. Write the name of the country and its capital city.

1. ______________________
   ____
2. ______________________
   ____
3. ______________________
   ____
4. ______________________
   ____
5. ______________________
   ____

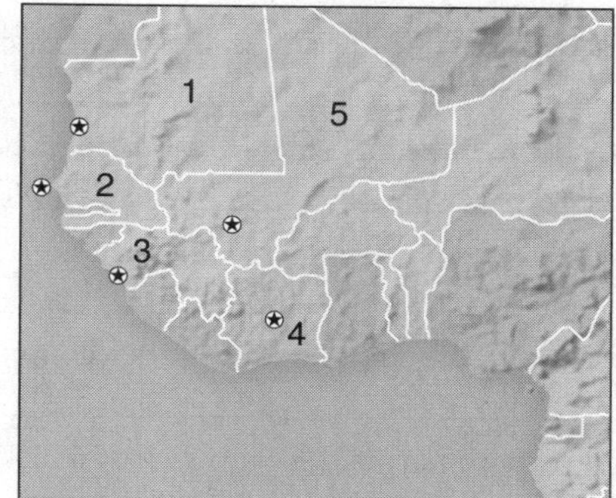

2 **L'Afrique centrale** Write the name of the capital of each country. Note that not all words will be used.

Bangui	Bujumbura	Kigali	Libreville	Port-Gentil
Brazzaville	Douala	Kinshasa	N'Djamena	Yaoundé

1. le Burundi: ______________________
2. le Cameroun: ______________________
3. le Congo: ______________________
4. le Gabon: ______________________
5. la République centrafricaine: ______________________
6. la République démocratique du Congo: ______________________
7. le Rwanda: ______________________
8. le Tchad: ______________________

3 **Complétez** Complete these sentences with a word or expression from the section **Panorama**.

1. Françoise Mbango-Etone est née au ______________________.
2. L'exploitation du ______________________, qui est utilisé dans la fabrication des portables, met en danger ______________________.
3. Léopold Sédar Senghor est un des fondateurs du mouvement littéraire de ______________________.
4. Léopold Sédar Senghor a été élu ______________________ en 1983.
5. ______________________ est le plus célèbre des chanteurs ivoiriens de reggae.
6. Le reggae ivoirien est chanté en anglais, en français et ______________________.
7. ______________________ est une des plus anciennes forêts tropicales humides du monde.
8. Le FESPACO a été créé en ______________________.

Workbook

4 **Vrai ou faux?** Indicate whether these statements are **vrai** or **faux**. Correct the statements that are **faux**.

1. Le coltan est utilisé dans la fabrication des ordinateurs portables.
____
2. Léopold Sédar Senghor a été le premier président de la Côte d'Ivoire.
____
3. La Négritude est un mouvement littéraire qui examine et valorise l'identité culturelle des Africains et des Antillais.
____
4. Léopold Sédar Senghor est docteur honoris causa de l'Académie française.
____
5. Le reggae africain est identique au reggae jamaïcain.
____
6. Alpha Blondy fait souvent des commentaires sociopolitiques dans sa musique.
____
7. Le parc national Korup se trouve à l'est de la République démocratique du Congo.
____
8. Le FESPACO est le Festival Panafricain du Cinéma et de la télévision de Ouagadougou.
____

5 **Les mots en désordre** Unscramble the words according to the cues.

1. ETUAMIANRI ______________________________
(C'est le nom d'un pays d'Afrique de l'Ouest.)
2. ÉNTAK ______________________________
(C'est le nom de famille d'un chanteur africain.)
3. ABGIEHIAKZU- ______________________________
(C'est le nom d'un parc national.)
4. NORESONB ______________________________
(C'est le nom d'une des universités qui a honoré un écrivain sénégalais.)
5. URSIODANSE ______________________________
(C'est l'espèce animale dont on a découvert des empreintes.)
6. UVEUTORRE ______________________________
(C'est la cérémonie qui réunit 40.000 spectateurs.)
7. KRADA ______________________________
(C'est le lieu du premier Festival mondial des arts nègres.)
8. UDOYNAÉ ______________________________
(C'est la capitale d'un pays d'Afrique centrale.)

Nom ____________________ Date ____________________

Unité 13

PANORAMA

Savoir-faire

1 **La carte** Label the map from **les Antilles.** Write the name of each numbered place.

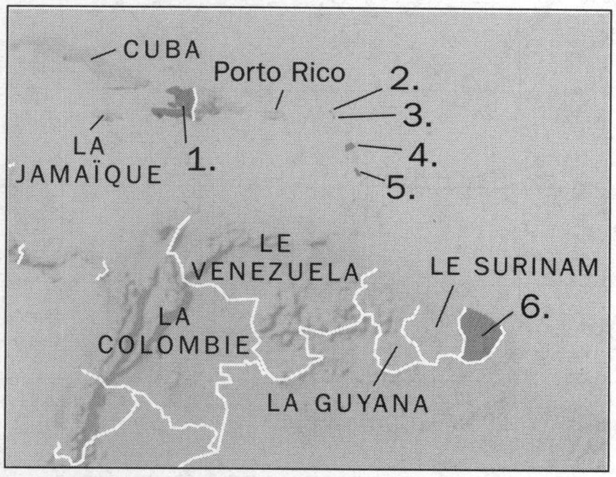

CUBA
Porto Rico
LA JAMAÏQUE
LE VENEZUELA
LE SURINAM
LA COLOMBIE
LA GUYANA

1. ____________________
2. ____________________
3. ____________________
4. ____________________
5. ____________________
6. ____________________

2 **Les chiffres et les dates** Complete these sentences with the appropriate date or number from **Panorama.**

1. La montagne Pelée est entrée en éruption en ____________.
2. L'éruption de la montagne Pelée a laissé ____________ survivants.
3. Paul Gauguin a déménagé à Tahiti en ____________.
4. Paul Gauguin est mort en ____________.
5. Toussaint Louverture a mené une rébellion en ____________.
6. Haïti gagne son indépendance en ____________.
7. Maryse Condé a commencé sa carrière d'écrivain en ____________.
8. On trouve une perle noire dans une huître sur ____________.

3 **L'agence de voyages** Complete this conversation you overheard at a travel agency with words or expressions from the section **Panorama.**

AGENT DE VOYAGES Si vous allez en Polynésie, vous pouvez voir des courses (1) ____________.

CLIENT Et où est-ce que je peux voir les paysages que (2) ____________ a peints?

AGENT DE VOYAGES Ça, c'est à Tahiti. Vous savez que vous pouvez aussi faire du wakeboard dans les îles de la (3) ____________ et peut-être même rencontrer (4) ____________.

CLIENT Fantastique!

AGENT DE VOYAGES Si vous vous intéressez à (5) ____________, vous pourrez acheter des perles noires à Tahiti. Vous savez que (6) ____________ est un grand centre de la perliculture.

CLIENT Et la Martinique?

AGENT DE VOYAGES C'est magnifique. Vous pouvez explorer (7) ____________.

CLIENT Ce n'est pas dangereux?

AGENT DE VOYAGES Non, les éruptions sont rares, même si (8) ____________ a été dévastée en 1902.

Nom ______________________ Date ______________________

4 **Vrai ou faux?** Indicate whether these statements are **vrai** or **faux**. Correct the false statements.

1. L'île de Saint-Martin est entièrement française.
____
2. Les historiens doutent de l'authenticité de l'histoire d'un homme qui dit que la prison l'a protégé de l'éruption de la montagne Pelée.
____
3. Gauguin a fini sa vie en Polynésie française.
____
4. Gauguin est inspiré par la vie et la science modernes.
____
5. Les îles Marquises font partie de l'archipel des Antilles.
____
6. Toussaint Louverture est élu gouverneur d'Haïti et de Saint-Domingue.
____
7. Haïti est la première République noire du monde.
____
8. L'industrie perlière a poussé des gens à abandonner certains endroits ruraux pour aller en ville.
____

5 **Les personnalités** Fill in the crossword puzzle with the names of famous people from **les Antilles** and **la Polynésie française**.

1. C'est le nom d'un ancien esclave qui a mené une rébellion pour l'abolition de l'esclavage.
2. Elle a écrit le roman *Moi, Tituba Sorcière*.
3. C'est le nom d'un chanteur de rap.
4. C'est le nom de la personne qui a proclamé l'indépendance d'Haïti.
5. C'est le nom d'un grand poète des Antilles.
6. Ce peintre est connu pour ses peintures de femmes.
7. Cette actrice est également célèbre aux États-Unis.
8. C'est le nom d'un écrivain martiniquais.

Nom ______________________ Date ______________________

Unité 1, Leçon A

Roman-photo

AU CAFÉ

Avant de regarder

1 **Qu'est-ce qui se passe?** Look at the photo and guess what these people might be saying to one another.

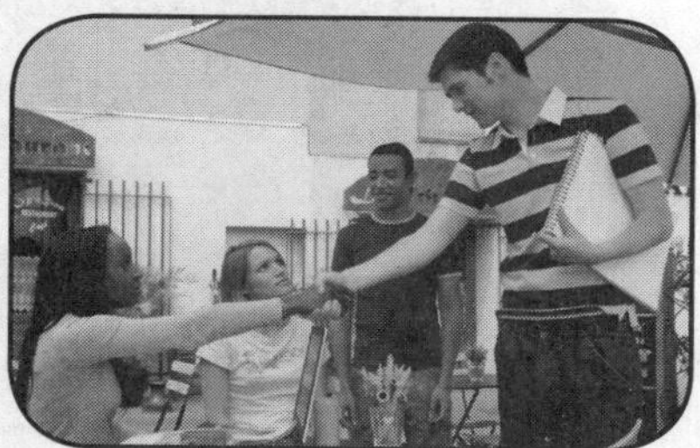

____

____

____

____

____

En regardant la vidéo

2 **Identifiez-les!** Match these characters with their names.

1. ______

2. ______

3. ______

4. ______

5. ______

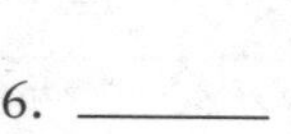

6. ______

7. ______

a. Amina
b. David
c. Sandrine
d. Stéphane
e. Rachid
f. Michèle
g. Madame Forestier

3 **Qui...?** Watch the scene on the terrace and indicate which character says each of these lines. Write **R** for Rachid, **A** for Amina, **S** for Sandrine, or **D** for David.

______ 1. Ben... ça va. Et toi?

______ 2. Je vous présente un ami.

______ 3. Enchanté.

______ 4. Bienvenue à Aix-en-Provence.

______ 5. Bon... à tout à l'heure.

______ 6. À bientôt, David.

Video Manual: *Roman-photo*

4 **Complétez** Watch as Valérie takes a phone call from her son's school, and complete the conversation with the missing words from the list.

au revoir	bonjour	problème
beaucoup	Madame	

1. Allô. Oui. ______________, Madame Richard.
2. Il y a un ______________ au lycée?
3. Oui, merci, merci, ______________ Richard.
4. Merci ______________!
5. De rien, ______________!

Après la vidéo

5 **Vrai ou faux?** Indicate whether these statements are **vrai** or **faux**.

	Vrai	Faux
1. David is a university student.	❍	❍
2. David is Canadian.	❍	❍
3. Madame Richard is a political science teacher.	❍	❍
4. Stéphane is a college student.	❍	❍
5. Rachid rushes off to his French class.	❍	❍

6 **Expliquez** In English, explain what is happening in this photo.

7 **À vous!** Imagine that Rachid is introducing you to one of his friends. Write a short dialogue in French in which you greet one another, exchange names, and talk briefly before saying good-bye.

Unité 1, Leçon B

LES COPAINS

Roman-photo

Avant de regarder

1 **Qu'est-ce qui se passe?** In this video module, David asks about the people he has just met. In preparation for watching the video, make a list of adjectives you might hear.

____
____
____
____
____
____

En regardant la vidéo

2 **Mettez-les en ordre!** Watch the first scene and number these nationalities in the order in which they are mentioned.

_____ a. anglais
_____ b. américain
_____ c. canadien
_____ d. français
_____ e. italien

3 **Oui, maman!** Watch the scene between Stéphane and his mother, and complete the paragraph with the missing words.

brillant	classe	filles	livre
cahier	fenêtres	intelligent	professeur

Stéphane! Tu es (1) ______________, mais tu n'es pas (2) ______________! En (3) ______________, on fait attention au (4) ______________, au (5) ______________ et au (6) ______________! Pas aux (7) ______________. Et pas aux (8) ______________!

4 **Qui...?** Watch the scene as Amina and David chat on the terrace, and indicate which character says each of these lines. Write **A** for Amina, **D** for David, or **V** for Valérie.

_______ 1. Bon, elle est chanteuse, alors, elle est un peu égoïste.

_______ 2. Et Rachid, mon colocataire? Comment est-il?

_______ 3. Michèle! Un stylo, s'il vous plaît! Vite!

_______ 4. Tu es de quelle origine?

_______ 5. Oh! Rachid! C'est un ange!

_______ 6. D'origine sénégalaise.

Après la vidéo

5 **Identifiez-les!** According to the video, which characters do these statements describe? Each description may fit more than one character.

1. Il/Elle est agréable. _______________
2. Il/Elle est d'origine sénégalaise. _______________
3. Il/Elle est sociable. _______________
4. Il/Elle est patient(e). _______________
5. Il/Elle est américain(e). _______________
6. Il/Elle est d'origine algérienne. _______________
7. Il/Elle est égoïste. _______________
8. Il/Elle est modeste. _______________
9. Il/Elle est français(e). _______________
10. Il/Elle est réservé(e). _______________

6 **Vrai ou faux?** Indicate whether these statements are vrai or faux.

	Vrai	Faux
1. Rachid est un excellent camarade de chambre.	❍	❍
2. Stéphane est brillant.	❍	❍
3. Sandrine est chanteuse.	❍	❍
4. Madame Forestier est calme.	❍	❍
5. Michèle est optimiste.	❍	❍
6. Il y a un touriste américain.	❍	❍

7 **À vous!** In this episode, you see the contents of Stéphane's backpack. In French, list as many items as you can that you carry in your backpack.

Dans mon sac à dos, il y a... _______________

____

____

____

____

____

Nom ______________________ Date ______________________

Unité 2, Leçon A

TROP DE DEVOIRS!

Roman-photo

Avant de regarder

1 **Qu'est-ce qui se passe?** In this video, the characters talk about their classes and what they think about them. What words and expressions do you think they might use?

____

____

____

____

____

En regardant la vidéo

2 **Qui...?** Watch the first scene and indicate which character says each of these lines. Write **An** for Antoine, **R** for Rachid, or **D** for David.

_______ 1. Les études, c'est dans la tête.

_______ 2. Est-ce que tu oublies ton coloc?

_______ 3. On a rendez-vous avec Amina et Sandrine.

_______ 4. Je déteste le cours de sciences po.

_______ 5. Le P'tit Bistrot? Sympa.

_______ 6. Je n'aime pas tellement le prof, Monsieur Dupré, mais c'est un cours intéressant et utile.

_______ 7. Ah oui? Bon, ben, salut, Antoine!

_______ 8. Moi, je pense que c'est très difficile, et il y a beaucoup de devoirs.

3 **Finissez-les!** Watch the scene as the four friends discuss their day. Match the first half of these sentences with their completions according to what you hear.

_______ 1. Je suis chanteuse, ...

_______ 2. C'est cool, ...

_______ 3. Donne-moi...

_______ 4. Comme j'adore...

_______ 5. C'est différent de l'université américaine, ...

_______ 6. J'aime bien les cours...

_______ 7. Bon, Pascal, ...

_______ 8. Demain, on étudie...

a. j'adore Dumas.

b. au revoir, chéri.

c. *Les Trois Mousquetaires* d'Alexandre Dumas.

d. de littérature et d'histoire françaises.

e. mais c'est intéressant.

f. mais j'adore les classiques de la littérature.

g. penser à toi!

h. le sac à dos, Sandrine.

Nom ______________________ Date ______________________

4 **Les matières** Place check marks next to the subjects Stéphane is studying.

- ❑ 1. les maths
- ❑ 2. la physique
- ❑ 3. l'anglais
- ❑ 4. le droit
- ❑ 5. le français
- ❑ 6. le stylisme
- ❑ 7. l'histoire-géo
- ❑ 8. les sciences politiques
- ❑ 9. la chimie
- ❑ 10. la psychologie

Après la vidéo

5 **Vrai ou faux?** Indicate whether these statements are **vrai** or **faux**.

	Vrai	Faux
1. Rachid déteste le cours de sciences po.	❍	❍
2. Rachid et Antoine partagent un des appartements du P'tit Bistrot.	❍	❍
3. Rachid n'aime pas Monsieur Dupré.	❍	❍
4. Rachid pense que le cours de sciences po est très difficile.	❍	❍
5. Rachid pense que le cours de sciences po est utile.	❍	❍
6. Stéphane n'étudie pas l'anglais.	❍	❍
7. Stéphane déteste les maths.	❍	❍
8. Stéphane pense que Madame Richard donne trop de devoirs.	❍	❍
9. Stéphane adore l'histoire-géo.	❍	❍
10. Stéphane n'aime pas Monsieur Dupré.	❍	❍

6 **Expliquez** What is happening in this photo? In English, describe the events leading up to this moment.

____

____

____

____

____

____

____

____

____

7 **À vous!** Give your opinion about four of your classes. Use a variety of adjectives to describe them.

1. Mon cours de/d'______________________, c'est ______________________.
2. Mon cours de/d'______________________, c'est ______________________.
3. Mon cours de/d'______________________, c'est ______________________.
4. Mon cours de/d'______________________, c'est ______________________.

Nom ______________________ Date ______________________

Unité 2, Leçon B

ON TROUVE UNE SOLUTION

Roman-photo

Avant de regarder

1 **Qu'est-ce qui se passe?** Look at the title of this episode and the photo below. What problem do you think Rachid and Stéphane are discussing? What solution might they find?

____

En regardant la vidéo

2 **Qui...?** Indicate which character says each of these lines. Write **R** for Rachid, **As** for Astrid, **S** for Sandrine, **D** for David, or **St** for Stéphane.

______ 1. Quel jour sommes-nous?

______ 2. Alors, cette année, tu as des cours difficiles, n'est-ce pas?

______ 3. C'est un examen très important.

______ 4. C'est difficile, mais ce n'est pas impossible.

______ 5. Euh, n'oublie pas, je suis de famille française.

______ 6. Mais le sport, c'est la dernière des priorités.

______ 7. Tu as tort, j'ai très peur du bac!

______ 8. Il n'est pas tard pour commencer à travailler pour être reçu au bac.

3 **Complétez** Watch the conversation between Astrid and Stéphane, and complete the segment below with the words from the list.

copains	envie	oublient
d'accord	livres	passer

Je suis (1) ______________ avec toi, Stéphane! Moi non plus, je n'aime pas (2) ______________ mes journées et mes week-ends avec des (3) ______________.

J'ai (4) ______________ de passer les week-ends avec mes (5) ______________... des copains qui n'(6) ______________ pas les rendez-vous!

Video Manual: *Roman-photo*

4 **Mettez-les en ordre!** Number these events in the order in which they occur in the video.

_______ a. Astrid et Rachid parlent du bac.
_______ b. Stéphane parle de ses problèmes.
_______ c. Rachid présente David à Astrid.
_______ d. Rachid propose une solution.
_______ e. Astrid et Rachid trouvent Stéphane au parc.

Après la vidéo

5 **Qui est-ce?** Select the person each statement describes.

_______ 1. Il/Elle a cours de stylisme.
a. Sandrine b. Amina c. Astrid d. Rachid e. Stéphane

_______ 2. Il/Elle ne fait pas ses devoirs.
a. Sandrine b. Amina c. Astrid d. Rachid e. Stéphane

_______ 3. Il/Elle a cours de chant.
a. Sandrine b. Amina c. Astrid d. Rachid e. Stéphane

_______ 4. Il/Elle n'écoute pas les profs.
a. Sandrine b. Amina c. Astrid d. Rachid e. Stéphane

_______ 5. Il/Elle travaille avec Stéphane le mercredi.
a. Sandrine b. Amina c. Astrid d. Rachid e. Stéphane

6 **Vrai ou faux?** Indicate whether these statements are **vrai** or **faux**.

	Vrai	Faux
1. Le cours de stylisme est à quatre heures vingt.	❍	❍
2. Aujourd'hui, c'est mercredi.	❍	❍
3. On a rendez-vous avec David demain à cinq heures.	❍	❍
4. Le cours de chant est le mardi et le jeudi.	❍	❍
5. Stéphane n'assiste pas au cours.	❍	❍
6. Stéphane a rendez-vous avec Rachid dimanche.	❍	❍

7 **À vous!** In this episode, you heard the characters discuss their classes and when they have them. Complete these sentences to say what days you have classes. Use the words listed and any other words you know.

anglais	maths
français	sciences
histoire	

lundi	jeudi
mardi	vendredi
mercredi	samedi

Modèle
J'ai cours de physique le lundi et le mercredi.

1. J'ai cours de/d' ______________ le ______________________________.
2. J'ai cours de/d' ______________ le ______________________________.
3. J'ai cours de/d' ______________ le ______________________________.
4. J'ai cours de/d' ______________ le ______________________________.

Video Manual: *Roman-photo*

Nom ______________________ Date ______________________

Unité 3, Leçon A

L'ALBUM DE PHOTOS

Roman-photo

Avant de regarder

1 **Examinez le titre** Look at the title of the video module. Based on the title and the video still below, what do you think you will see in this episode? Use your imagination and answer in French.

____

____

____

____

____

En regardant la vidéo

2 **Les photos de tante Françoise** As the characters look at the family photos, check off each family member you see or hear described.

- ❑ 1. Stéphane's younger cousin, Bernard
- ❑ 2. Valérie's older brother, Henri
- ❑ 3. Valérie's sister-in-law
- ❑ 4. Valérie's sister
- ❑ 5. Stéphane's least favorite cousin, Charles
- ❑ 6. Stéphane's dog, Socrate
- ❑ 7. Charles' dog, Socrate
- ❑ 8. Françoise's daughter, Sophie
- ❑ 9. Sophie's brother, Bernard
- ❑ 10. Henri's oldest son, Charles

3 **Associez** Match each person with the adjective(s) used to describe him or her in this video segment. Some adjectives may be used for more than one person.

a. heureux/heureuse
b. sérieux/sérieuse
c. brillant(e)
d. intelligent(e)
e. timide
f. sociable
g. joli(e)
h. curieux/curieuse

_______ 1. Amina
_______ 2. Michèle
_______ 3. Henri
_______ 4. Charles
_______ 5. Sophie
_______ 6. Françoise
_______ 7. Rachid
_______ 8. Stéphane

4 **Vrai ou faux?** Indicate whether each statement is **vrai** or **faux**.

	Vrai	Faux
1. Amina connaît (*knows*) bien Cyberhomme.	❍	❍
2. Michèle et Amina sont amies.	❍	❍
3. Valérie pense que Stéphane doit (*should*) étudier davantage (*more*).	❍	❍
4. Stéphane pense qu'il étudie beaucoup.	❍	❍
5. Stéphane ne comprend (*understand*) pas comment utiliser un CD-ROM.	❍	❍
6. Stéphane et Valérie regardent des photos sur l'ordinateur d'Amina.	❍	❍
7. Michèle est une amie de Sophie.	❍	❍
8. Stéphane n'aime pas Socrate.	❍	❍
9. Valérie pense que Rachid est un bon (*good*) étudiant.	❍	❍
10. Amina pense que préparer le bac avec Rachid est une mauvaise idée.	❍	❍

Nom ______________________ Date ______________________

Après la vidéo

5 **Corrigez** Each statement below contains one incorrect piece of information. Underline the incorrect word(s), and write the correct one(s) in the space provided.

1. Cyberhomme est le cousin d'Amina. ____________
2. Michèle est timide. ____________
3. Stéphane a vingt-quatre ans. ____________
4. Stéphane adore ses cours. ____________
5. Stéphane a un dictionnaire espagnol-français. ____________
6. Il a aussi un cahier pour le cours de littérature. ____________
7. Henri a quarante-sept ans. ____________
8. Henri est célibataire. ____________
9. Il y a un chat sur la photo. ____________
10. Amina aime l'idée de Stéphane; elle est pessimiste. ____________

6 **Répondez** Answer these questions in complete sentences.

1. Amina mange-t-elle?
____
2. Qu'est-ce qu'Amina a besoin de faire (*do*)?
____
3. Qu'est-ce qu'il y a dans le sac à dos de Stéphane?
____
4. Quel (*Which*) cousin est-ce que Stéphane n'aime pas?
____
5. Combien d'enfants Henri et Françoise ont-ils?
____
6. Pourquoi est-ce une idée géniale de préparer le bac avec Rachid?
____

7 **À vous!** In your own words, describe the people in the family photo according to what you heard in the video episode. Give their names, explain how they are related to one another, and add any other details you remember, such as age, appearance, or personality.

____
____
____
____
____
____
____
____

Nom ______________________ Date ______________________

Unité 3, Leçon B

Roman-photo

ON TRAVAILLE CHEZ MOI!

Avant de regarder

1 **La famille de Rachid** Look at this photo and use your imagination to write a brief description of Rachid's family. Who are the people? What do they look like? What are their personalities like? What are their professions?

____
____
____
____
____

En regardant la vidéo

2 **Qui...?** As you watch this episode, indicate which person says each statement. Write A for Amina, R for Rachid, D for David, S for Sandrine, and St for Stéphane.

_______ 1. Il n'est pas dans ton sac à dos?
_______ 2. Mais non! La table à côté de la porte.
_______ 3. Numéro de téléphone 06.62.70.94.87. Mais qui est-ce?
_______ 4. Tu n'es pas drôle!
_______ 5. On travaille chez moi!
_______ 6. Sandrine est tellement pénible.
_______ 7. J'ai besoin d'un bon café.
_______ 8. Allez, si *x* égale 83 et *y* égale 90, la réponse c'est...

3 **Les professions** Match the professions in the right column to the people in the left column. There are more professions listed than you will need.

_______ 1. Stéphane
_______ 2. Valérie
_______ 3. le père de Rachid
_______ 4. la mère de Rachid

a. coiffeur
b. propriétaire
c. avocate
d. journaliste
e. architecte
f. médecin

4 **Ce n'est pas vrai!** Place check marks beside the actions that do *not* occur in each scene.

Au café...

❑ 1. Rachid aide Sandrine à trouver son téléphone.
❑ 2. Stéphane va (*goes*) étudier chez Rachid.
❑ 3. Sandrine parle avec Pascal.
❑ 4. Sandrine demande où est David.
❑ 5. Un téléphone sonne (*rings*).

Chez David et Rachid...

❑ 6. David demande où est Sandrine.
❑ 7. David dit (*says*) qu'il a envie de manger quelque chose.
❑ 8. David va au café.
❑ 9. Rachid parle avec sa famille.
❑ 10. Stéphane donne la bonne réponse.

Video Manual: *Roman-photo*

Nom ______________________ Date ______________________

Après la vidéo

5 **Choisissez** Select the option that best completes each statement.

1. Sandrine ne trouve pas ____________.
   a. sa montre b. son téléphone c. son sac à dos
2. Stéphane pense que Sandrine est ____________.
   a. pénible b. belle c. naïve
3. David a envie d'aller (*to go*) au café parce que ____________ y (*there*) est.
   a. Amina b. Valérie c. Sandrine
4. Rachid pense que ____________ est pénible.
   a. Stéphane b. David c. Valérie
5. Les ____________ de Rachid habitent en Algérie.
   a. parents b. sœurs c. grands-parents
6. Ses ____________ habitent à Marseille.
   a. cousins b. parents c. deux frères
7. Le père de Rachid est ____________.
   a. travailleur b. occupé c. nerveux
8. La mère de Rachid est ____________.
   a. vieille b. agréable c. active

6 **Répondez** Answer these questions in complete sentences.

1. Quand Sandrine cherche son téléphone, où est-il?
2. Qui appelle (*is calling*) Sandrine au téléphone?
3. Pourquoi est-ce que Stéphane pense que Sandrine est pénible?
4. Comment est la famille de Rachid?
5. Pourquoi est-ce que Stéphane et Rachid préparent le bac?

7 **À vous!** In your own words, make a list of what happens in this episode in chronological order. Include as many details as you can. Your list should include at least six entries.

Nom ____________________ Date ____________________

Unité 4, Leçon A

STAR DU CINÉMA

Roman-photo

Avant de regarder

1 **Examinez le titre** Look at the title of the video module. Based on the title and the video still below, what do you think Sandrine, Amina, and David are saying? Use your imagination.

____

____

____

____

____

En regardant la vidéo

2 **Qui...?** Indicate which character says each of these lines. Write **D** for David, **A** for Amina, **S** for Sandrine, or **P** for Pascal.

_______ 1. Et quand est-ce que tu vas rentrer?

_______ 2. Je vais passer chez Amina pour bavarder avec elle.

_______ 3. Bon, moi, je vais continuer à penser à toi jour et nuit.

_______ 4. Elle est là, elle est là!

_______ 5. C'est une de mes actrices préférées!

_______ 6. Mais elle est où, cette épicerie?

_______ 7. Il n'y a pas d'église en face du parc!

_______ 8. Oh, elle est belle!

_______ 9. Elle est vieille?!

_______ 10. Tu es complètement fou!

3 **Qu'est-ce qu'elle va faire?** Watch the telephone conversation between Pascal and Sandrine. Then place check marks beside the activities Sandrine mentions.

❑ 1. étudier
❑ 2. déjeuner
❑ 3. passer chez Amina
❑ 4. aller au cinéma
❑ 5. penser à Pascal jour et nuit
❑ 6. bavarder avec Amina
❑ 7. aller danser
❑ 8. dépenser de l'argent

Video Manual: *Roman-photo*

4 **Complétez** Complete these sentences with the missing words you hear in this video segment.

1. Mais, ______________________ est là?
2. ______________________?!? Qui?!? Où?!?
3. Mais elle est ______________________, cette épicerie?
4. Elle est à l'épicerie ______________________ l'église, ______________________ du parc.
5. Et ______________________ d'églises est-ce qu'il y a à Aix?
6. Bon, ben, l'église ______________________ la place.
7. Elle est ici au ______________________ ou en ______________________?
8. ______________________ est-ce qu'elle ne fréquente pas le P'tit Bistrot?

Après la vidéo

5 **Une vraie star!** For items 1–7, fill in the missing letters in each word. Unscramble the letters in the boxes to find the answer to item 8.

1. Pascal adore b __ __ __ ☐ __ __ __ au téléphone.
2. Sandrine va déjeuner au c __ __ ☐ __ __-__ __ __ __ __.
3. Pascal est le p __ __ __ __ ☐ __ __ de Sandrine.
4. David pense que Juliette Binoche est à une é __ __ ☐ __ __ __ __ à Aix-en-Provence.
5. Il n'y a pas d'é __ __ ☐ __ __ en face du parc.
6. Amina pense que Juliette Binoche est c __ __ ☐.
7. Sandrine pense que Juliette Binoche est j __ __ __ ☐.
8. Juliette Binoche est ______________.

6 **Mettez-les en ordre!** Number these events in the order in which they occur.

_______ a. David pense qu'il voit (*sees*) Juliette Binoche.
_______ b. Amina, Sandrine et David découvrent (*discover*) que la femme à l'épicerie n'est pas Juliette Binoche.
_______ c. Amina, Sandrine et David trouvent l'épicerie.
_______ d. Sandrine et Pascal parlent au téléphone.
_______ e. Amina, Sandrine et David cherchent Juliette Binoche.

7 **À vous!** Complete the chart with activities you plan to do this week. Then indicate when and where you will do each activity.

Activité	Quand?	Où?

Nom ______________________ Date ______________________

Unité 4, Leçon B

Roman-photo

L'HEURE DU DÉJEUNER

Avant de regarder

1 **Au café** What kinds of things do you say and do when you have lunch in a café?

____

____

____

____

____

En regardant la vidéo

2 **Qui...?** Watch this segment and indicate who these statements describe. Write **A** for Amina, **D** for David, **R** for Rachid, and **S** for Sandrine.

1. ______ et ______ ont envie de manger un sandwich.
2. ______ a envie d'une bonne boisson.
3. ______ a envie de dessiner un peu.
4. ______ a un examen de sciences po.
5. ______ et ______ vont au café.
6. ______ et ______ rentrent.

3 **Qu'est-ce qu'elles commandent?** Watch this video segment and check the boxes to indicate whether Sandrine, Amina, or no one (**personne**) is having these foods and beverages.

	Sandrine	Amina	personne
1. la soupe de poisson			
2. un éclair			
3. de l'eau minérale			
4. un sandwich au fromage			
5. du pain			
6. un sandwich jambon-fromage			
7. une limonade			
8. des frites			

4 **Qu'est-ce qui se passe?** Match the actions in the left column with the people who do them. Some actions apply to more than one person.

_______ 1. prendre un sandwich		a. Valérie
_______ 2. ne pas comprendre l'addition		b. Michèle
_______ 3. commander un café et des croissants		c. Sandrine
_______ 4. faire (*commit*) une erreur		d. Amina
_______ 5. ne pas boire de limonade		e. les clients de la table 7
_______ 6. prendre du jus d'orange uniquement le matin		f. les clients de la table 8

Après la vidéo

5 **Corrigez** Each statement below contains one piece of false information. Underline the incorrect word(s), and write the correct one(s) in the space provided.

1. Amina a envie de manger un croissant. ______
2. David et Sandrine vont au café. ______
3. Rachid a un examen d'histoire. ______
4. Valérie sert (*serves*) une soupe de fromage. ______
5. Amina et Sandrine boivent du coca. ______
6. Valérie explique l'erreur de l'addition aux clients. ______

6 **Sélectionner** Select the expression that correctly completes each statement.

1. Sandrine a ______.
   a. froid b. soif c. peur
2. David a envie ______.
   a. d'étudier b. de dessiner c. d'aller au cinéma
3. Sandrine voudrait (*would like to*) apprendre à préparer ______.
   a. des éclairs b. des frites c. des croissants
4. La boisson gazeuse de la table huit coûte ______.
   a. 1,25 € b. 1,50 € c. 1,75 €
5. Les clients de la table sept commandent ______.
   a. un thé b. une limonade c. une bouteille d'eau minérale

7 **À vous!** What might you order to eat and drink in a café? Complete these statements according to the situations described.

1. **Vous avez très faim:** Moi, je vais prendre ______ et ______.
2. **Vous avez froid:** Je vais manger ______. Comme boisson, je vais prendre ______.
3. **Vous n'avez pas très faim:** Je vais prendre ______ ou peut-être ______.
4. **Vous avez soif:** Comme boisson, je vais prendre ______.
5. **Vous avez sommeil:** Comme boisson, je vais prendre ______.
6. **Vous avez chaud:** Je vais boire ______. Je ne vais pas prendre ______.

Nom ______________________ Date ______________________

Unité 5, Leçon A

Roman-photo

AU PARC

Avant de regarder

1 **Les loisirs** Look at the photo and consider the title of this video episode. What do you think this episode will be about?

En regardant la vidéo

2 **Qui...?** Watch the first scene and indicate which character says each of these lines. Write D for David, R for Rachid, or S for Sandrine.

_______ 1. Oh, là, là... On fait du sport aujourd'hui!

_______ 2. Je joue au foot très souvent et j'adore!

_______ 3. Mon passe-temps favori, c'est de dessiner la nature.

_______ 4. Oh, quelle belle journée! Faisons une promenade!

_______ 5. Je n'ai pas beaucoup de temps libre avec mes études.

_______ 6. J'ai besoin d'être sérieux.

3 **Les activités** Check off the activities that are mentioned in the video.

❑ 1. faire du vélo
❑ 2. jouer au football
❑ 3. aller à la pêche
❑ 4. dessiner
❑ 5. jouer au volleyball
❑ 6. jouer aux échecs
❑ 7. sortir
❑ 8. faire du ski
❑ 9. jouer au baseball
❑ 10. jouer aux cartes
❑ 11. faire de la planche à voile
❑ 12. jouer au basket
❑ 13. jouer au football américain
❑ 14. jouer au tennis

4 **Complétez** Watch the segment with Rachid and Stéphane, and complete these sentences with the missing words.

STÉPHANE Pfft! Je n'aime pas (1) ________________.

RACHID Mais, qu'est-ce que tu aimes, à part (2) ________________?

STÉPHANE Moi? J'aime presque tous (3) ________________. Je fais (4) ________________, (5) ________________, du vélo… et j'adore (6) ________________.

5 **David et Sandrine** Watch the conversation between David and Sandrine, then choose the best endings for these sentences.

1. Selon David, les sports favoris des Américains sont ____________.
   a. le baseball et le basket b. le football et le volley-ball c. le football et le tennis
2. Les Américains adorent regarder ____________ à la télé.
   a. le basket b. le football américain c. le baseball
3. Sandrine aime bien ____________ le week-end.
   a. faire du sport b. dessiner c. sortir
4. Sandrine aime ____________.
   a. aller au cinéma b. aller à des concerts c. aller au cinéma et à des concerts
5. Sandrine adore ____________.
   a. danser b. regarder des films c. chanter
6. David aime ____________.
   a. jouer au basket b. dessiner c. bricoler

Après la vidéo

6 **J'aime…** Complete the chart with the activities, pastimes, or sports that you enjoy participating in. Also, indicate when and where you do each activity.

Mes loisirs préférés	Quand?	Où?

7 **À vous!** Answer these questions in French.

1. Est-ce que vos amis sont sportifs? Quels sont leurs sports préférés?

2. Qu'est-ce que vous aimez faire avec vos amis quand vous avez du temps libre?

3. Qu'est-ce que vous allez faire ce week-end? Mentionnez au moins trois choses.

Nom ______________________ Date ______________________

Unité 5, Leçon B

QUEL TEMPS!

Roman-photo

Avant de regarder

1 **Le temps** In this video episode, the characters talk about seasons, the date, and the weather. What kinds of expressions do you think they might use?

____
____
____
____
____

En regardant la vidéo

2 **Les mois de l'année** Which months are mentioned in this video episode?

- ❑ 1. janvier
- ❑ 2. février
- ❑ 3. mars
- ❑ 4. avril
- ❑ 5. mai
- ❑ 6. juin
- ❑ 7. juillet
- ❑ 8. août
- ❑ 9. septembre
- ❑ 10. octobre
- ❑ 11. novembre
- ❑ 12. décembre

3 **Quel temps fait-il?** In what order are these weather conditions mentioned in the video?

_______ a. Il fait bon.
_______ b. Il pleut.
_______ c. Il fait chaud.
_______ d. Il fait beau.
_______ e. Il neige.
_______ f. Il fait froid.

4 **Qui...?** Watch the scene in Rachid and David's apartment, and indicate which character says these lines. Write **D** for David, **R** for Rachid, or **S** for Sandrine.

_______ 1. Je sors même quand il fait très froid.
_______ 2. Je déteste la pluie. C'est pénible.
_______ 3. Cette année, je fête mes vingt et un ans.
_______ 4. Oh là là! J'ai soif.
_______ 5. C'est vrai, David, tu as vraiment du talent.
_______ 6. Mais... qu'est-ce que vous faites, tous les deux?

Nom ______________________ Date ______________________

5 **Descriptions** Indicate which person each statement describes.

1. _______ Il/Elle étudie Napoléon.
   a. Rachid b. David c. Stéphane d. Sandrine
2. _______ Son anniversaire, c'est le 15 janvier.
   a. Rachid b. David c. Stéphane d. Sandrine
3. _______ Il/Elle préfère l'été.
   a. Rachid b. David c. Stéphane d. Sandrine
4. _______ Il/Elle aime regarder les sports à la télé.
   a. Rachid b. David c. Stéphane d. Sandrine
5. _______ Il/Elle célèbre ses dix-huit ans samedi prochain.
   a. Rachid b. David c. Stéphane d. Sandrine

Après la vidéo

6 **Vrai ou faux?** Indicate whether these statements are **vrai** or **faux**.

	Vrai	Faux
1. À Washington, il pleut souvent à l'automne et en hiver.	❍	❍
2. Stéphane a dix-neuf ans.	❍	❍
3. Le Tour de France commence au mois d'août.	❍	❍
4. L'anniversaire de Sandrine est le 20 juillet.	❍	❍
5. Sandrine va préparer une omelette pour David et Rachid.	❍	❍
6. Pour célébrer son anniversaire, Sandrine invite ses amis au restaurant.	❍	❍

7 **À vous!** Answer these questions in French.

1. C'est quand, votre anniversaire?

   ____

   ____

   ____

2. Quelle est votre saison préférée? Pourquoi? ______________________

   ____

   ____

   ____

3. Qu'est-ce que vous aimez faire quand il fait beau? ______________________

   ____

   ____

   ____

4. Qu'est-ce que vous aimez faire quand il pleut? ______________________

   ____

   ____

   ____

Video Manual: *Roman-photo*

Nom ______________________ Date ______________________

Unité 6, Leçon A

LES CADEAUX

Roman-photo

Avant de regarder

1 **Qu'est-ce qui se passe?** Look at the video still. What are the people doing? Consider the title and the photo, and guess what will happen in this episode.

____

____

____

____

____

En regardant la vidéo

2 **Les desserts** Watch the scene in which Sandrine talks on the phone and place a check mark next to the desserts Sandrine mentions to Pascal.

- ❑ 1. de la glace
- ❑ 2. une mousse au chocolat
- ❑ 3. un gâteau d'anniversaire
- ❑ 4. une tarte aux pommes
- ❑ 5. des biscuits
- ❑ 6. des éclairs
- ❑ 7. des bonbons

3 **Qui...?** Indicate which character says each of these lines. Write S for Sandrine or V for Valérie.

_______ 1. On organise une fête surprise au P'tit Bistrot.

_______ 2. Mais non, il n'est pas marié.

_______ 3. Stéphane va bientôt arriver.

_______ 4. Oh là là! Tu as fait tout ça pour Stéphane?

_______ 5. Tu es un ange!

_______ 6. J'adore faire la cuisine.

_______ 7. Je t'aide à apporter ces desserts?

_______ 8. Désolée, je n'ai pas le temps de discuter.

Nom ______________________ Date ______________________

4 **À la boutique** Choose the option that correctly completes each sentence.

1. Astrid a acheté ____________ comme cadeau pour Stéphane.
   a. un stylo   b. un gâteau   c. une calculatrice
2. Astrid a aussi acheté ____________ pour Stéphane.
   a. des livres   b. des bonbons   c. des bandes dessinées
3. Ces cadeaux sont ____________.
   a. de vrais cadeaux   b. une blague (*joke*)   c. très chers
4. La montre que Rachid et Astrid achètent coûte ____________.
   a. 40 €   b. 50 €   c. 100 €
5. La vendeuse fait ____________.
   a. un paquet-cadeau   b. la fête   c. une erreur d'addition

Après la vidéo

5 **Vrai ou faux?** Indicate whether each of these statements is **vrai** or **faux**.

	Vrai	Faux
1. Stéphane a 18 ans.	❍	❍
2. Rachid a l'idée d'acheter une montre pour Stéphane.	❍	❍
3. Amina apporte de la glace au chocolat à la fête.	❍	❍
4. Stéphane pense qu'il va jouer au foot avec Rachid.	❍	❍
5. Astrid et Amina aident à décorer.	❍	❍
6. Stéphane va aimer tous ses cadeaux.	❍	❍

6 **Sommaire** Briefly describe the events in this episode from the perspectives of the people listed below. Write at least two sentences for each one.

Sandrine: ______________________________

____

____

Valérie: ______________________________

____

____

Astrid: ______________________________

____

____

7 **À vous!** Make a list of things you do to throw a party. Mention at least six different activities.
Pour préparer une fête, ...

____

____

____

____

____

____

Nom ______________________ Date ______________________

Unité 6, Leçon B

L'ANNIVERSAIRE

Roman-photo

Avant de regarder

1 **À la fête** List the kinds of things people might do and say at a birthday party.

____

____

____

____

____

En regardant la vidéo

2 **Complétez** Watch this video segment and complete these sentences with words from the list.

Aix-en-Provence	jupe	robe	soie
coton	Paris	Sandrine	Washington

1. C'est ______________ qui a presque tout préparé pour la fête.
2. David n'est pas à la fête parce qu'il visite ______________ avec ses parents.
3. Les parents de David sont de ______________.
4. Amina va emprunter la ______________ de Sandrine.
5. Sandrine va emprunter la ______________ d'Amina.
6. La jupe d'Amina est en ______________.

3 **Qui...?** Indicate which character says each of these lines. Write **A** for Amina, **As** for Astrid, **R** for Rachid, **S** for Sandrine, **St** for Stéphane, or **V** for Valérie.

_______ 1. Alors là, je suis agréablement surpris!
_______ 2. Bon anniversaire, mon chéri!
_______ 3. On a organisé cette surprise ensemble.
_______ 4. Alors cette année, tu travailles sérieusement, c'est promis?
_______ 5. Dix-huit ans, c'est une étape (*stage*) importante dans la vie!
_______ 6. Et en plus, vous m'avez apporté des cadeaux!
_______ 7. David est désolé de ne pas être là.
_______ 8. Cet ensemble, c'est une de tes créations, n'est-ce pas?
_______ 9. Ces gants vont très bien avec le blouson! Très à la mode!
_______ 10. La littérature, c'est important pour la culture générale!
_______ 11. Une calculatrice? Rose? Pour moi?
_______ 12. C'est pour t'aider à répondre à toutes les questions en maths.
_______ 13. Tu as aimé notre petite blague?
_______ 14. Vous deux, ce que vous êtes drôles!

Nom ______________________ Date ______________________

4 **De quelle couleur?** What color are these objects from the video?

1. Les gants de Stéphane sont ______________.
2. Le tee-shirt d'Amina est ______________.
3. La robe de Sandrine est ______________.
4. Le blouson de Stéphane est ______________.
5. Le chemisier de Valérie est ______________.
6. La jupe d'Amina est ______________.
7. La calculatrice de Stéphane est ______________.
8. Les ballons sont ______________.

Après la vidéo

5 **Mettez-les en ordre!** Number these events in the order in which they occur in the video.

_______ a. On souhaite à Stéphane un joyeux anniversaire.
_______ b. Stéphane ouvre ses cadeaux.
_______ c. Amina admire la robe de Sandrine.
_______ d. Stéphane arrive au P'tit Bistrot.
_______ e. On coupe le gâteau d'anniversaire.

6 **Que font-ils?** What do these people give to Stéphane or do for him for his birthday?

1. Sandrine: ______________________________
2. Valérie: ______________________________
3. Rachid et Astrid: ______________________________

7 **À vous!** Write a description of a birthday party you've had or that you've attended. Describe the people who were there and what they did. What foods were served? What did people wear? What gifts were given?

____

Video Manual: *Roman-photo*

Nom ______________________ Date ______________________

Unité 7, Leçon A

Roman-photo

DE RETOUR AU P'TIT BISTROT

Avant de regarder

1 **À Paris** In this video episode, David has just returned from a vacation in Paris. What do you think he might have seen and done there?

____

____

____

____

____

En regardant la vidéo

2 **Les vacances à Paris** Watch this video segment and place check marks beside the activities David says he did in Paris.

David ...

- ❑ 1. est allé (*went*) à la tour Eiffel.
- ❑ 2. a pris un bateau-mouche (*tour boat*) sur la Seine.
- ❑ 3. a visité la cathédrale de Notre-Dame.
- ❑ 4. a pris un taxi.
- ❑ 5. a visité le musée du Louvre.
- ❑ 6. est allé à Montmartre.
- ❑ 7. a visité la ville en voiture.
- ❑ 8. est allé aux Galeries Lafayette.
- ❑ 9. a dîné dans une brasserie.
- ❑ 10. a visité le musée d'Orsay.
- ❑ 11. a pris le métro.
- ❑ 12. a visité les monuments.

3 **Vrai ou faux?** Indicate whether each of these statements is **vrai** or **faux**.

	Vrai	Faux
1. David pense que Paris est la plus belle ville du monde.	❍	❍
2. David n'a pas oublié l'anniversaire de Stéphane.	❍	❍
3. Les parents de David n'aiment pas conduire.	❍	❍
4. David a acheté des vêtements à Paris.	❍	❍
5. David n'a pas passé de bonnes vacances.	❍	❍
6. Stéphane n'a pas aimé ses cadeaux d'anniversaire.	❍	❍
7. Sandrine a l'intention de passer ses vacances d'hiver à Albertville.	❍	❍
8. David ne fait pas de ski.	❍	❍

4 **Les vacances** For items 1–5, fill in the missing letters in each word. Unscramble the letters in the boxes to find the answer to item 6.

1. David est parti pour Paris avec une v ☐ __ __ __ __.
2. Les p __ __ __ __ __ ☐ de David sont arrivés des États-Unis.
3. Ils ont pris une c __ __ __ __ ☐ __ dans un bel hôtel.
4. Ils sont venus chercher David à la gare v__ __ __ __ __ __ ☐ soir.
5. Ils aiment conduire à la c __ __ ☐ __ __ __ __, mais pas en ville.
6. Où est-ce que David aime passer ses vacances? ______________

Video Manual: *Roman-photo*

5 **Mettez-les en ordre!** Number these events in the order in which they occur.

_______ a. David raconte ses vacances à Rachid.
_______ b. David arrive à la gare d'Aix-en-Provence.
_______ c. Sandrine demande à David de revenir au café demain.
_______ d. David raconte ses vacances à Stéphane.
_______ e. David surprend Sandrine au café.
_______ f. Stéphane raconte sa fête à David.

Après la vidéo

6 **Répondez** Answer these questions in French. Use complete sentences.

1. Quand est-ce que les parents de David sont arrivés (*arrived*) des États-Unis?
____
2. Combien de temps est-ce que David a passé à Paris?
____
3. Pour Stéphane, quelles sont les vacances idéales?
____
4. Qu'est-ce que David a donné à Stéphane?
____
5. Que pense David de Sandrine?
____
6. Pourquoi est-ce que Sandrine doit (*must*) partir sans boire son café?
____

7 **À vous!** List four places you'd like to go on vacation. Then list two activities you might do in each place. Mention eight different activities.

Lieu de vacances	Activité	Activité
1. ________	________	________
2. ________	________	________
3. ________	________	________
4. ________	________	________

Video Manual: *Roman-photo*

Nom ______________________ Date ______________________

Unité 7, Leçon B

Roman-photo

LA RÉSERVATION D'HÔTEL

Avant de regarder

1 **À l'agence de voyages** What might you say at a travel agency? When making travel arrangements, what information might a travel agent need from you?

____

____

____

____

____

En regardant la vidéo

2 **Complétez** Choose the words that complete the sentences below according to what Sandrine says in the video.

1. J'ai besoin d'une ______________ d'hôtel, s'il vous plaît.
   a. réservation b. chambre c. auberge
2. Nous allons ______________.
   a. en Suisse b. à Paris c. à Albertville
3. Il nous faut ______________ chambre(s) individuelle(s).
   a. une b. deux c. trois
4. Disons du ______________ décembre au 2 janvier
   a. 24 b. 25 c. 26
5. C'est vraiment trop ______________.
   a. loin b. gentil c. cher

3 **Les prix des hôtels** What are the prices for a single room at these hotels?

1. l'hôtel le Vieux Moulin: ______________
2. l'hôtel le Mont-Blanc: ______________
3. l'auberge de la Costaroche: ______________

4 **Qui?** Whom do these statements describe? Write **S** for Sandrine or **A** for Amina.

_______ 1. Elle fête Noël en famille.

_______ 2. Elle ne réussit (*succeed*) pas à faire une réservation.

_______ 3. Elle correspond avec Cyberhomme.

_______ 4. Elle trouve un hôtel pas cher à Albertville.

_______ 5. Elle cherche un Cyberhomme.

Video Manual: *Roman-photo*

5 **Cyberhomme** Choose the best answer for these questions.

1. Qui est Cyberhomme?
   a. le petit ami de Sandrine b. l'ami virtuel d'Amina c. un étudiant à l'université
2. Combien de messages électroniques est-ce qu'il a envoyés?
   a. 2 b. 10 c. 12
3. Pourquoi est-ce qu'Amina ne lit pas le message à Sandrine?
   a. c'est personnel b. c'est ennuyeux c. c'est trop long
4. Comment est Cyberhomme?
   a. petit, mais beau b. sympa, mais timide c. sportif, mais sérieux

Après la vidéo

6 **Répondez** Answer these questions in French. Write complete sentences.

1. Où est-ce que Sandrine a envie de passer ses vacances d'hiver?
   ____
2. Pourquoi est-ce que Sandrine ne fait pas de réservation à l'agence de voyages?
   ____
3. Après sa visite à l'agence de voyages, qu'est-ce que Sandrine a besoin de faire?
   ____
4. Qui fait une réservation pour Sandrine?
   ____
5. Qui téléphone à Sandrine? Pourquoi?
   ____
6. Pourquoi est-ce que Sandrine est fâchée (*angry*)?
   ____

7 **À vous!** In this episode, Pascal says **"Elle n'est pas très heureuse maintenant, mais quelle surprise en perspective!"** What surprise do you think he has planned? How do you think Sandrine will respond?

____

____

____

____

____

____

____

Nom ______________________ Date ______________________

Unité 8, Leçon A

LA VISITE SURPRISE

Roman-photo

Avant de regarder

1 **La surprise** Look at the photo and consider the title of this video episode. Who is in this picture? How do you think Sandrine will react when she sees him? What do you think will happen in this episode?

____

____

____

____

____

En regardant la vidéo

2 **Chez Sandrine** Check off the items that Sandrine has at her place.

- ❑ 1. un escalier
- ❑ 2. une chambre
- ❑ 3. une douche
- ❑ 4. un miroir
- ❑ 5. une baignoire
- ❑ 6. une cave
- ❑ 7. une cuisine
- ❑ 8. un jardin
- ❑ 9. un salon
- ❑ 10. une salle à manger
- ❑ 11. un lavabo
- ❑ 12. un sous-sol

3 **Identifiez-les** Label the rooms that are pictured.

1. ______________________

2. ______________________

3. ______________________

4. ______________________

5. ______________________

Video Manual: *Roman-photo*

4 **Qui...?** Indicate which character says each of these lines. Write **D** for David or **R** for Rachid.

_______ 1. C'est grand chez toi!
_______ 2. Heureusement, Sandrine a décidé de rester.
_______ 3. Tu as combien de pièces?
_______ 4. Dis, c'est vrai, Sandrine, ta salle de bains est vraiment grande.
_______ 5. Chez nous, on a seulement une douche.
_______ 6. Et elle a une baignoire et un beau miroir au-dessus du lavabo!

5 **Complétez** Complete these sentences with the missing words from the video.

SANDRINE Je te fais (1) ______________________?
RACHID Oui, merci.
SANDRINE Voici la (2) ______________________.
RACHID Ça, c'est une (3) ______________________ très importante pour nous, les invités.
SANDRINE Et puis, la (4) ______________________.
RACHID Une pièce très importante pour Sandrine...
DAVID Évidemment!
SANDRINE Et voici ma (5) ______________________.
RACHID Elle est (6) ______________________!
SANDRINE Oui, j'aime le vert.

Après la vidéo

6 **Une dispute** Describe what is happening in this photo. Explain the events leading up to this moment.

____
____
____
____
____

7 **À vous!** What rooms do you have in your home? Write at least five sentences describing them.

____
____
____
____
____
____
____

Video Manual: *Roman-photo*

Unité 8, Leçon B

Roman-photo

LA VIE SANS PASCAL

Avant de regarder

1 **Chez moi** In this video episode, you will hear people talking about chores. In preparation, make a list of household chores in French.

____

____

____

____

____

En regardant la vidéo

2 **Les tâches ménagères** Check off the chores mentioned or seen in the video.

- ❑ 1. faire le lit
- ❑ 2. balayer
- ❑ 3. sortir les poubelles
- ❑ 4. repasser le linge
- ❑ 5. ranger la chambre
- ❑ 6. passer l'aspirateur
- ❑ 7. mettre la table
- ❑ 8. faire la vaisselle
- ❑ 9. faire la lessive
- ❑ 10. débarrasser la table
- ❑ 11. enlever la poussière
- ❑ 12. essuyer la table

3 **Sélectionnez** Watch the scenes in the café, and choose the words that complete each sentence according to what you hear.

1. Je débarrasse ____________?
   a. la poubelle b. la lessive c. la table
2. Apporte-moi ____________, s'il te plaît.
   a. l'addition b. le thé c. le balai
3. Tu dois faire ____________ avant de sortir.
   a. la lessive b. la vaisselle c. les devoirs
4. Il faut sortir ____________ ce soir!
   a. le chien b. le balai c. les poubelles
5. Il est l'heure de préparer ____________.
   a. le dîner b. les biscuits c. le petit-déjeuner
6. Est-ce que tu as rangé ____________?
   a. le lit b. la table c. ta chambre

Nom ______________________ Date ______________________

4 **Les réponses** Watch the scene in Sandrine's apartment, and choose the response to each statement or question you hear in the video.

_______ 1. Mmmm. Qu'est-ce qui sent bon?	a. Un peu, oui.
_______ 2. Tu as soif?	b. Toi, tu as de la chance.
_______ 3. Tu vas le rencontrer un de ces jours?	c. Il y a des biscuits au chocolat dans le four.
_______ 4. Ne t'en fais pas, je comprends.	d. Oh… Je ne sais pas si c'est une bonne idée.
_______ 5. Je ne le connais pas vraiment, tu sais.	e. Comme d'habitude, tu as raison.

Après la vidéo

5 **Qui?** Who did these chores? Write **M** for Michèle, **St** for Stéphane, **V** for Valérie, or **X** if no one did it.

_______ 1. faire le lit	_______ 5. passer l'aspirateur
_______ 2. ranger sa chambre	_______ 6. repasser le linge
_______ 3. faire la lessive	_______ 7. sortir les poubelles
_______ 4. débarrasser la table	_______ 8. essuyer la table

6 **Expliquez** Answer these questions in French. Write complete sentences.

1. Pourquoi est-ce que Sandrine est de mauvaise humeur?

____

____

2. Pourquoi est-ce que Sandrine pense qu'Amina a de la chance?

____

____

3. Quand Sandrine parle d'un petit ami artistique, charmant et beau, à qui pense-t-elle? Comment est-ce que vous le savez?

____

____

7 **À vous!** Imagine that you are dividing household chores with your roommate. Write a conversation in which you discuss which chores you will each do. Talk about at least six different things.

____

____

____

____

____

____

____

____

Nom ______________________ Date ______________________

Unité 9, Leçon A

AU SUPERMARCHÉ

Roman-photo

Avant de regarder

1 **On fait les courses!** What do you think might happen in a video episode that takes place in a grocery store? What kinds of words and expressions do you expect to hear?

____

____

____

____

____

En regardant la vidéo

2 **Complétez** Watch the first exchange between David and Amina and complete these sentences with the missing words.

AMINA Mais quelle heure est-il?

DAVID Il est (1) ______________.

AMINA Sandrine devait être là à (2) ______________. On l'attend depuis (3) ______________ minutes!

DAVID Elle va arriver!

AMINA Mais pourquoi est-elle (4) ______________?

DAVID Elle vient peut-être juste (5) ______________ de la fac.

3 **La nourriture** Check off the foods that are mentioned in the video.

- ❑ 1. les bananes
- ❑ 2. le bœuf
- ❑ 3. les carottes
- ❑ 4. les fraises
- ❑ 5. les œufs
- ❑ 6. les champignons
- ❑ 7. les fruits de mer
- ❑ 8. les haricots verts
- ❑ 9. les oignons
- ❑ 10. les oranges
- ❑ 11. les pommes de terre
- ❑ 12. le porc
- ❑ 13. les poulets
- ❑ 14. le riz
- ❑ 15. les tomates

Nom ______________________ Date ______________________

4 **Qu'est-ce qu'on va manger?** Listen to Sandrine describe the recipes for the dishes she is considering. Write down the ingredients she mentions for each one.

Les crêpes

____
____
____
____
____
____

Le bœuf bourguignon

____
____
____

Le poulet à la crème

____
____
____
____

5 **Qui...?** Indicate which character says each of these lines. Write A for Amina, D for David, S for Sandrine, or St for Stéphane.

_______ 1. Qu'est-ce qu'on peut apporter?

_______ 2. Je suis vraiment pressée!

_______ 3. Tu vas nous préparer un bon petit repas ce soir.

_______ 4. Bon, on fait les courses?

_______ 5. Génial, j'adore les crêpes!

_______ 6. Voilà exactement ce qu'il me faut pour commencer!

_______ 7. Tu peux devenir chef de cuisine si tu veux!

_______ 8. C'est nous qui payons!

Après la vidéo

6 **Vrai ou faux?** Indicate whether these statements are vrai or faux.

	Vrai	Faux
1. On doit (*should*) arriver pour le repas chez Sandrine à 8h00.	❍	❍
2. Valérie va apporter une salade.	❍	❍
3. Sandrine va préparer un bœuf bourguignon.	❍	❍
4. Les provisions coûtent 165 euros.	❍	❍
5. Sandrine va préparer un repas pour six personnes.	❍	❍
6. Amina et David paient.	❍	❍

7 **À vous!** Answer these questions in French and in complete sentences.

1. Qui fait les courses chez vous?

____
____

2. Où allez-vous pour acheter de la nourriture?

____
____

3. Qu'est-ce que vous achetez normalement au supermarché? En général, combien est-ce que vous payez au supermarché?

____
____

Nom ______________________ Date ______________________

Unité 9, Leçon B

Roman-photo

LE DÎNER

Avant de regarder

1 **Un repas sympa** This video episode takes place at Sandrine's place, where she has prepared a special meal for her friends. What words and expressions do you expect to hear before and during a meal?

____

____

____

____

____

____

____

____

En regardant la vidéo

2 **Qui...?** Watch the scenes leading up to the dinner. Indicate which character says each of these lines. Write D for David, R for Rachid, or S for Sandrine.

_______ 1. Qu'est-ce que tu as fait en ville aujourd'hui?

_______ 2. Ah, tu es jaloux?

_______ 3. Il ne fallait pas, c'est très gentil!

_______ 4. J'espère qu'on n'est pas trop en retard.

_______ 5. Venez! On est dans la salle à manger.

_______ 6. Je ne savais pas que c'était aussi difficile de choisir un bouquet de fleurs.

_______ 7. Tu es tombé amoureux?

_______ 8. Vous pouvez finir de mettre la table.

3 **Assortissez-les!** Match these images with their captions.

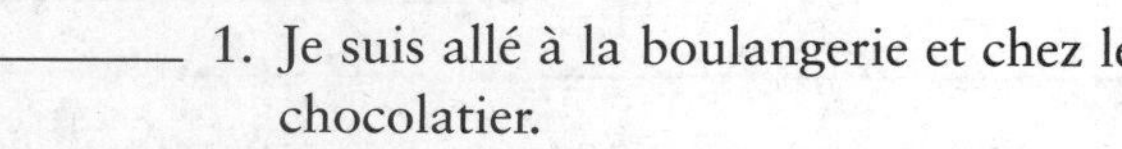

_______ 1. Je suis allé à la boulangerie et chez le chocolatier.

_______ 2. Tiens, c'est pour toi.

_______ 3. Est-ce qu'on peut faire quelque chose pour t'aider?

_______ 4. Je vous sers autre chose? Une deuxième tranche de tarte aux pommes peut-être?

_______ 5. À Sandrine, le chef de cuisine le plus génial!

_______ 6. Moi, je veux bien!

a.

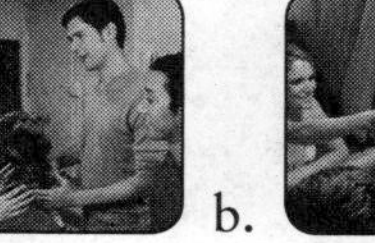

b.

c.

d.

e.

f.

Video Manual: *Roman-photo*

4 **Qu'est-ce qui s'est passé?** In what order do these events occur in the video?

_______ a. On prend du poulet aux champignons.
_______ b. On met la table.
_______ c. David cherche un cadeau pour Sandrine.
_______ d. Rachid et David arrivent chez Sandrine.
_______ e. Rachid rencontre David en ville.

Après la vidéo

5 **Descriptions** Indicate which person each statement describes.

_______ 1. Il/Elle aide dans la cuisine.
a. Rachid b. David c. Stéphane d. Sandrine e. Valérie f. Amina

_______ 2. Il/Elle donne des chocolats à Sandrine.
a. Rachid b. David c. Stéphane d. Sandrine e. Valérie f. Amina

_______ 3. Il/Elle donne des fleurs à Sandrine.
a. Rachid b. David c. Stéphane d. Sandrine e. Valérie f. Amina

_______ 4. Il/Elle met le sel et le poivre sur la table.
a. Rachid b. David c. Stéphane d. Sandrine e. Valérie f. Amina

_______ 5. Il/Elle met les verres sur la table.
a. Rachid b. David c. Stéphane d. Sandrine e. Valérie f. Amina

_______ 6. Il/Elle est au régime.
a. Rachid b. David c. Stéphane d. Sandrine e. Valérie f. Amina

6 **Expliquez** Answer these questions in French.

1. Pourquoi est-ce que David ne choisit pas les roses comme cadeau pour Sandrine?

____

____

2. Pourquoi est-ce que David ne choisit pas les chrysanthèmes comme cadeau pour Sandrine?

____

____

3. Pourquoi est-ce que David ne choisit pas le vin comme cadeau pour Sandrine?

____

____

7 **À vous!** Imagine that you have been invited to a French friend's home for dinner. What will you bring as a gift for your host or hostess? Explain your choice in French.

____

____

____

____

____

____

Nom ____________________ Date ____________________

Unité 10, Leçon A

Roman-photo

DRÔLE DE SURPRISE

Avant de regarder

1 **Examinez le titre** Look at the title of the video module. Based on the title and the video still below, what do you think the surprise might be?

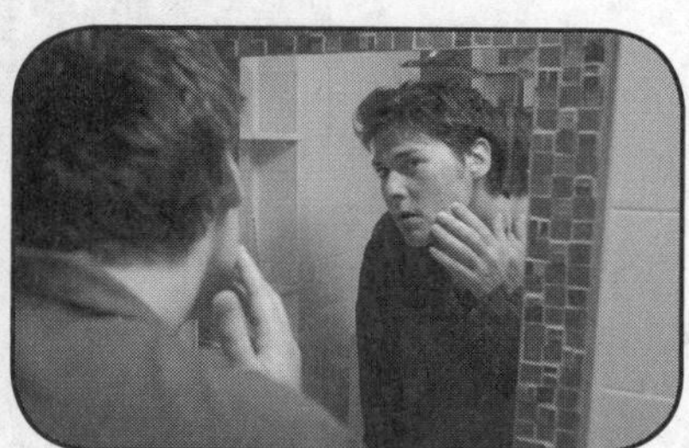

____

____

____

____

____

____

2 **On fait sa toilette** With what objects do you associate these activities? Use each object only once.

_____ 1. se brosser les dents
_____ 2. se brosser les cheveux
_____ 3. se laver
_____ 4. se raser
_____ 5. se sécher
_____ 6. se laver les cheveux
_____ 7. se lever
_____ 8. s'habiller
_____ 9. se maquiller
_____ 10. se regarder

a. les vêtements
b. le shampooing
c. le réveil
d. la serviette de bain
e. le miroir
f. la brosse
g. le maquillage
h. le dentifrice
i. le savon
j. le rasoir

En regardant la vidéo

3 **Qui...?** Indicate which character says each of these lines. Write **D** for David or **R** for Rachid.

_____ 1. On doit partir dans moins de vingt minutes.
_____ 2. Tu veux bien me passer ma brosse à dents?
_____ 3. Ce n'est pas facile d'être beau.
_____ 4. Euh, j'ai un petit problème.
_____ 5. Est-ce que tu as mal à la gorge?
_____ 6. Lis le journal si tu t'ennuies.

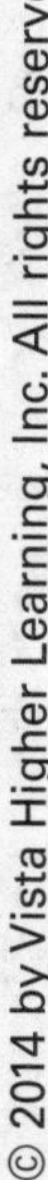

Nom ________________ Date ________________

4 **Les activités** Place check marks beside the activities David and Rachid mention.

❑ 1. se brosser les cheveux
❑ 2. se brosser les dents
❑ 3. se coiffer
❑ 4. se coucher
❑ 5. se déshabiller
❑ 6. s'endormir
❑ 7. s'intéresser
❑ 8. se laver
❑ 9. se lever
❑ 10. se maquiller
❑ 11. prendre une douche
❑ 12. se raser
❑ 13. se regarder
❑ 14. se réveiller
❑ 15. se sécher

5 **Une vraie star!** For items 1–7, fill in the missing letters in each word. Unscramble the letters in the boxes to find the answer to item 8. One letter will not be used.

1. Je finis de me brosser les d __ __ __ ☐.
2. Attends, je ne trouve pas le p __ ☐ __ __ __.
3. Tu n'as pas encore pris ta d __ __ __ __ ☐?
4. P ☐ __ __ __ __ __ __, cher ami.
5. Est-ce que tu as mal à la g __ __ ☐ __?
6. Je vais examiner tes y__ __ ☐.
7. Téléphone au médecin pour prendre un r__ __ __ __ __ -☐ __ __ __.
8. David a un problème sur le ______________.

Après la vidéo

6 **Vrai ou faux?** Indicate whether these statements are vrai or faux.

	Vrai	Faux
1. Rachid doit aller à son cours d'histoire.	❍	❍
2. Rachid a besoin de se raser.	❍	❍
3. David se maquille.	❍	❍
4. David a mal au ventre.	❍	❍
5. David n'a pas fini sa toilette.	❍	❍
6. On s'est réveillé à l'heure aujourd'hui.	❍	❍
7. Rachid trompe (*tricks*) David.	❍	❍
8. David va téléphoner à la pharmacie.	❍	❍

7 **À vous!** Describe your morning routine by completing these sentences with the verbs below.

se brosser	se coucher	se laver	se maquiller	se raser
se coiffer	s'habiller	se lever	prendre une douche	se réveiller

1. D'abord, je ______________________________.
2. Puis, je ______________________________.
3. Ensuite, je ______________________________.
4. Après ça, je ______________________________.
5. Finalement, je ______________________________.

Video Manual: *Roman-photo*

Nom ______________________ Date ______________________

Unité 10, Leçon B

Roman-photo

L'ACCIDENT

Avant de regarder

1 **Aïe!** In this episode, Rachid has an accident and has to go to the doctor's office. What words and expressions do you expect to hear?

____

____

____

____

____

____

En regardant la vidéo

2 **Qui...?** Indicate which character says each of these lines. Write **A** for Amina, **B** for Dr. Beaumarchais, D for David, **R** for Rachid, or **St** for Stéphane.

_______ 1. Tu t'es blessé? Où est-ce que tu as mal?
_______ 2. Essaie de te relever.
_______ 3. Alors, expliquez-moi ce qui s'est passé.
_______ 4. Vous pouvez tourner le pied à droite?
_______ 5. Tu peux toujours jouer au foot?
_______ 6. Je vais guérir rapidement et retrouver la forme.
_______ 7. Qu'est-ce qui t'est arrivé?
_______ 8. Bon, on va mettre de la glace sur ta cheville.
_______ 9. Tu fais le clown ou quoi?
_______ 10. C'est juste une allergie.

3 **Qu'est-ce qu'ils disent?** Match these photos with their captions.

1. 
2. 
3. 
4. 
5. 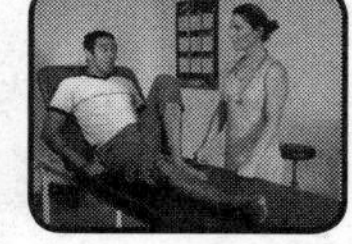

_______ a. Et où est-ce que vous avez mal?
_______ b. Tiens, donne-moi la main.
_______ c. On m'a fait une piqûre.
_______ d. Rends-moi la télécommande!
_______ e. On m'a donné des médicaments.

Video Manual: *Roman-photo*

Nom _______________ Date _______________

4 **Rachid et David** Who do these symptoms and treatments pertain to?

	Rachid	David
1. Il faut mettre de la glace sur une partie de son corps.	❍	❍
2. Il a une réaction allergique.	❍	❍
3. Il avait besoin d'aide pour aller aux urgences.	❍	❍
4. Il doit passer par la pharmacie.	❍	❍
5. Il a pris des pilules.	❍	❍
6. Il doit éviter le soleil.	❍	❍
7. Il ne peut pas jouer au foot pendant une semaine.	❍	❍
8. Il doit rester à la maison quelques jours.	❍	❍

5 **Complétez** Listen to the doctor's recommendations to Rachid, and complete this paragraph with the missing words you hear.

Alors, voilà ce que vous allez faire: mettre de la (1) _______________, vous (2) _______________ et ça veut dire, pas de foot pendant une (3) _______________ au moins et prendre des (4) _______________ contre la (5) _______________. Je vous prépare une (6) _______________ tout de suite.

Après la vidéo

6 **Vrai ou faux?** Indicate whether these statements are vrai or faux.

	Vrai	Faux
1. Rachid ne peut pas se relever tout seul.	❍	❍
2. Rachid a mal au genou.	❍	❍
3. Rachid s'est cassé la jambe.	❍	❍
4. Rachid s'est foulé la cheville.	❍	❍
5. David est allé aux urgences.	❍	❍
6. David a la grippe.	❍	❍

7 **À vous!** When was the last time you or someone you know had an accident playing sports? Describe the incident. What happened? How was the person hurt? What did he or she do about it?

____

____

____

____

____

____

____

____

____

Nom ______________________ Date ______________________

Unité 11, Leçon A

Roman-photo

C'EST QUI, CYBERHOMME?

Avant de regarder

1 **Qu'est-ce qui se passe?** Look at the photo and guess what might happen in this video module. What words and expressions do you expect to hear in an episode about technology and electronics?

____

____

____

____

____

2 **La technologie** With what do you associate these activities? More than one answer may apply.

un baladeur CD	un fax	un lecteur de DVD	un poste de télévision
un caméscope	un fichier	un logiciel	un téléphone
un CD	une imprimante	un magnétophone	un site web
une chaîne stéréo	un jeu vidéo	un magnétoscope	

1. enregistrer ______________________
2. surfer ______________________
3. sauvegarder ______________________
4. sonner ______________________
5. imprimer ______________________
6. télécharger ______________________
7. écouter ______________________
8. graver ______________________
9. regarder ______________________
10. jouer ______________________

En regardant la vidéo

3 **Les appareils électroniques** Watch the conversation between David and Rachid in their apartment, and place a check mark next to the electronic products mentioned or alluded to.

❑ 1. un caméscope
❑ 2. une télévision
❑ 3. une imprimante
❑ 4. un jeu vidéo
❑ 5. un magnétoscope
❑ 6. un baladeur
❑ 7. une chaîne stéréo
❑ 8. un magnétophone

Video Manual: *Roman-photo*

Nom ______________________ Date ______________________

Après la vidéo

4 **Au café** Watch the scene in the café and complete the conversation with the missing words.

AMINA Oh, il est super gentil, écoute: chère Technofemme, je ne sais pas comment te dire combien j'adore lire tes messages. On (1) ____________ si bien et on a beaucoup de choses en commun. J'ai l'impression que toi et moi, on peut tout (2) ____________.

SANDRINE Il est adorable, ton Cyberhomme! Continue! Est-ce qu'il veut te rencontrer en personne?

VALÉRIE Qui vas-tu rencontrer, Amina? Qui est ce Cyberhomme?

SANDRINE Amina l'a connu sur Internet. Ils (3) ____________ depuis longtemps déjà, n'est-ce pas, Amina?

AMINA Oui, mais comme je te l'ai déjà dit, je ne sais pas si c'est une bonne idée de (4) ____________ en personne. S'écrire des e-mails, c'est une chose; (5) ____________ rendez-vous, ça peut être dangereux.

5 **Qui...?** Indicate which character says each of these lines. Write **A** for Amina, **D** for David, **R** for Rachid, **S** for Sandrine, or **V** for Valérie.

_______ 1. Je dis que je ne peux pas me concentrer!
_______ 2. Tu as un autre e-mail de Cyberhomme?
_______ 3. Et voilà! J'ai fini ma dissert.
_______ 4. Mais il est si charmant et tellement romantique.
_______ 5. On ne sait jamais.
_______ 6. Il a effacé les quatre derniers paragraphes!
_______ 7. Peut-être qu'elle peut retrouver la dernière version de ton fichier.
_______ 8. Il faut sauvegarder au moins toutes les cinq minutes.

6 **Expliquez** What is happening in this photo? Describe the events leading up to this moment.

____

____

____

____

____

7 **À vous!** Name three technology products and explain how you use them.

1. ____

____

2. ____

____

3. ____

____

Video Manual: *Roman-photo*

Unité 11, Leçon B

LA PANNE

Roman-photo

Avant de regarder

1 **Qu'est-ce qui se passe?** Look at the video still. What is Rachid doing? Consider the title and the photo, and guess what will happen in this episode.

____

____

____

____

____

____

____

____

En regardant la vidéo

2 **La voiture** Place check marks next to the car-related terms mentioned in this episode.

- ❑ 1. l'huile
- ❑ 2. les pneus
- ❑ 3. les freins
- ❑ 4. la ceinture
- ❑ 5. le capot
- ❑ 6. le voyant
- ❑ 7. le pare-brise
- ❑ 8. la station-service
- ❑ 9. les phares
- ❑ 10. le rétroviseur

3 **Qui...?** Indicate which character says each of these lines. Write **A** for Amina, **G** for the **garagiste, R** for Rachid, **S** for Sandrine, or **V** for Valérie.

_______ 1. Elle est belle, votre voiture!

_______ 2. Je suis un peu pressé en fait.

_______ 3. Une vraie petite histoire d'amour, comme dans les films!

_______ 4. Elle doit être amoureuse.

_______ 5. Arrête de dire des bêtises.

_______ 6. Tiens, c'est pour toi.

_______ 7. Je peux vous aider?

_______ 8. À quelle heure est notre réservation?

4 **Mettez-les en ordre!** Number these events in the order in which they occur.

_______ a. Un voyant est allumé.
_______ b. Rachid a un pneu crevé.
_______ c. Rachid achète de l'essence.
_______ d. Rachid retourne à la station-service.
_______ e. Le garagiste vérifie l'huile.

Après la vidéo

5 **Vrai ou faux?** Indicate whether these statements are **vrai** or **faux**.

	Vrai	Faux
1. À la station-service, le garagiste vérifie la pression des pneus pour Rachid.	❍	❍
2. La voiture de Rachid est de 2005.	❍	❍
3. Rachid offre des fleurs à Amina.	❍	❍
4. À la station-service, Rachid nettoie son pare-brise.	❍	❍
5. Rachid et Amina ont un accident de voiture.	❍	❍
6. Rachid va deux fois à la station-service.	❍	❍
7. Amina est fâchée avec Rachid.	❍	❍
8. Rachid s'énerve.	❍	❍

6 **Que c'est romantique!** What happens in this episode that tells you that the relationship between Rachid and Amina has changed? Name at least three things they say or do.

7 **À vous!** Describe a time when you had car trouble. What happened? What did you do?

Nom ______________________ Date ______________________

Unité 12, Leçon A

ON FAIT DES COURSES

Roman-photo

Avant de regarder

1 **Qu'est-ce qui se passe?** Read the title, look at the photo, and guess what might happen in this video module. What words and expressions do you expect to hear?

____

____

____

____

____

En regardant la vidéo

2 **En ville** Place check marks next to the places mentioned in this video module.

- ❑ 1. un bureau de poste
- ❑ 2. une banque
- ❑ 3. un cybercafé
- ❑ 4. une bijouterie
- ❑ 5. une laverie
- ❑ 6. une brasserie
- ❑ 7. une papeterie
- ❑ 8. un salon de beauté
- ❑ 9. un marchand de journaux
- ❑ 10. une boutique
- ❑ 11. un parc
- ❑ 12. un commissariat de police

3 **Complétez** Watch the first two segments as Amina and Rachid run errands, and complete these sentences according to what the characters say. Not all words in the list will be used.

banque	billets	chèque	liquide	salade
bijouterie	boutique	courses	poste	tranches

1. Bonjour, Madame, quatre ______________ de pâté et de la ______________ de carottes pour deux personnes, s'il vous plaît.
2. Ah désolée, Monsieur, nous n'acceptons que les paiements en ______________ ou par ______________.
3. Je dois aller à la ______________ pour acheter des timbres et envoyer quelques cartes postales, et puis je voudrais aller à la ______________.
4. J'ai quelques ______________ à faire plus tard cet après-midi.
5. Et après ça, je dois passer à la ______________.

Video Manual: *Roman-photo*

Nom ______________________ Date ______________________

4 **Mettez-les en ordre!** Number these events in the order in which they occur.

_______ a. Les quatre amis se rencontrent.
_______ b. Sandrine invite Rachid et Amina à aller dans une brasserie.
_______ c. Rachid commande des provisions pour un pique-nique.
_______ d. Rachid emprunte de l'argent à Amina.
_______ e. David et Sandrine cherchent un distributeur automatique.
_______ f. David invite Sandrine à aller dans une brasserie.
_______ g. Rachid découvre qu'il n'a pas de liquide.
_______ h. Amina et Rachid arrivent au distributeur automatique.

Après la vidéo

5 **Vrai ou faux?** Indicate whether these statements are vrai or faux.

	Vrai	Faux
1. La banque est fermée.	❍	❍
2. Sandrine n'aime pas la cuisine alsacienne.	❍	❍
3. La charcuterie accepte les cartes de crédit.	❍	❍
4. Amina veut acheter des cartes postales.	❍	❍
5. Les quatre amis vont aller dans une brasserie ensemble.	❍	❍
6. Aujourd'hui, c'est samedi.	❍	❍

6 **Expliquez** Read the caption and explain what is happening in this photo.

—Alors! On n'a plus besoin de chercher un Cyberhomme?
—Pour le moment, je ne cherche personne.

7 **À vous!** Describe a day in which you ran several errands. Tell where you went and what you did at each place. Mention at least four different places.

1. ____

2. ____

3. ____

4. ____

Video Manual: *Roman-photo*

Nom ______________________ Date ______________________

Unité 12, Leçon B

Roman-photo

CHERCHER SON CHEMIN

Avant de regarder

1 **Qu'est-ce qui se passe?** Read the title, look at the photo, and guess what might happen in this video module.

____
____
____
____
____

2 **Qu'est-ce que c'est?** Check the appropriate column to classify these words as directions (indications) or places (endroits).

	indication	endroit		indication	endroit
1. fontaine	______	______	6. rue	______	______
2. traverser	______	______	7. tourner	______	______
3. suivre	______	______	8. feu rouge	______	______
4. descendre	______	______	9. continuer	______	______
5. angle	______	______	10. boulevard	______	______

En regardant la vidéo

3 **Complétez** Watch the scene with the tourist in the café, and complete the conversation with the missing words.

à côté de	droite	gauche	tout droit
continuez	en face de	loin	traversez
descendez	feu rouge	tournez	se trouve

TOURISTE Excusez-moi, est-ce que vous savez où (1) ______________ le bureau de poste, s'il vous plaît?

RACHID Oui, ce n'est pas (2) ______________ d'ici. Vous (3) ______________ la rue, juste là, ensuite vous (4) ______________ jusqu'au (5) ______________ et vous (6) ______________ (7) à ______________.

DAVID Non! À (8) ______________!

RACHID Non, à gauche! Puis, vous continuez (9) ______________, vous (10) ______________ le cours Mirabeau et c'est juste là, (11) ______________ la fontaine de la Rotonde (12) ______________ la gare.

Video Manual: *Roman-photo*

Nom ______________________ Date ______________________

4 **Mettez-les en ordre!** Number these people in the order in which they give the tourist directions.

_______ a. Stéphane _______ b. le marchand de journaux _______ c. Rachid _______ d. David

Who finally gives good directions? ______________________

Après la vidéo

5 **Qu'est-ce qui se passe?** Match these images with their captions.

1. _______

4. _______

2. _______

5. _______

3. _______

6. _______

a. Qu'est-ce que vous allez faire le week-end prochain?
b. Voici cinq, six, sept euros qui font dix.
c. Oui, je l'adore!
d. Euh merci, je...je vais le trouver tout seul.
e. Bonjour, je peux vous aider?
f. Excusez-moi, où est le bureau de poste, s'il vous plaît?

6 **Vrai ou faux?** Indicate whether these statements are **vrai** or **faux**.

	Vrai	Faux
1. Sandrine chante très mal.	❍	❍
2. M. Hulot ne sait pas où se trouve le bureau de poste.	❍	❍
3. Le touriste va au café parce qu'il a soif.	❍	❍
4. Amina aime bien Pauline Ester.	❍	❍
5. Le bureau de poste est derrière une grande fontaine.	❍	❍

7 **Comment est-ce qu'on va...?** Give directions from your home to these places.

1. Pour aller de chez moi au parc, ... ______________________
____
____

2. Pour aller de chez moi à la banque, ... ______________________
____
____

3. Pour aller de chez moi au supermarché, ... ______________________
____
____

Nom ______________________ Date ______________________

Unité 13, Leçon A

UNE IDÉE DE GÉNIE

Roman-photo

Avant de regarder

1 **Qu'est-ce qui se passe?** Read the title and look at the photo. What do you think might happen in this video module?

____
____
____
____
____

En regardant la vidéo

2 **Qui...?** Indicate which character says each of these lines. Write **A** for Amina, **D** for David, **R** for Rachid, **S** for Sandrine, or **V** for Valérie.

_______ 1. Elle ne vient ni aujourd'hui, ni demain, ni la semaine prochaine.

_______ 2. Il faut que je vous parle de cet article sur la pollution.

_______ 3. Oh, David, la barbe.

_______ 4. Je n'ai pas vraiment envie de parler de ça.

_______ 5. Pensons à quelque chose pour améliorer la situation.

_______ 6. Si on allait au mont Sainte-Victoire ce week-end?

_______ 7. J'adore dessiner en plein air.

_______ 8. En effet, je crois que c'est une excellente idée!

3 **Identifiez-les!** Match these images with their captions.

1. ______________

3. ______________

2. ______________

4. ______________

a. Plus celui-ci.

b. Tu peux aller recycler ces bouteilles en verre?

c. Il faut que nous passions le reste de mon séjour de bonne humeur, hein?

d. Vous avez lu le journal ce matin?

Video Manual: *Roman-photo*

Nom ______________________ Date ______________________

4 **Complétez** Watch Amina and Rachid convince their friends to go on a hike, and complete the conversation with the missing words.

air	campagne	fera	reposer
besoin	devez	pollution	venir

AMINA Allez! Ça nous (1) ____________ du bien! Adieu (2) ____________ de la ville. À nous, l' (3) ____________ pur de la (4) ____________! Qu'en penses-tu Sandrine?

SANDRINE Bon, d'accord.

AMINA Super! Et vous, Madame Forestier? Vous et Stéphane avez (5) ____________ de vous (6) ____________ aussi, vous (7) ____________ absolument (8) ____________ avec nous!

Après la vidéo

5 **Vrai ou faux?** Indicate whether these statements are **vrai** or **faux**.

	Vrai	Faux
1. Michèle est en vacances.	❍	❍
2. David rentre aux États-Unis dans trois semaines.	❍	❍
3. Le concert de Sandrine est dans une semaine.	❍	❍
4. David adore dessiner en plein air.	❍	❍
5. Sandrine ne va pas aller à la montagne Sainte-Victoire.	❍	❍
6. Valérie et Stéphane vont aussi y aller.	❍	❍

6 **Expliquez!** Answer these questions in French according to what you saw in the video.

1. Pourquoi est-ce que Sandrine est de mauvaise humeur?

____

2. Pourquoi est-ce que Valérie est de mauvaise humeur?

____

3. De quoi parle l'article que David a lu?

____

4. Pourquoi est-ce que Rachid propose d'aller à la montagne Sainte-Victoire?

____

7 **À vous!** In this episode, Valérie has Stéphane recycle some bottles. What can you do to preserve the environment in which you live?

____

____

____

____

____

Video Manual: *Roman-photo*

Nom ______________________ Date ______________________

Unité 13, Leçon B

LA RANDONNÉE

Roman-photo

Avant de regarder

1

Qu'est-ce qui se passe? Look at the photo. In this episode, the characters go to **la montagne** Sainte-Victoire. What words and expressions do you expect to hear them say?

____

____

____

____

____

En regardant la vidéo

2

Qui...? Indicate which character says each of these lines. Write **A** for Amina, **D** for David, **R** for Rachid, **S** for Sandrine, **St** for Stéphane, or **V** for Valérie.

_______ 1. Regardez ce ciel bleu, le vert de cette vallée.
_______ 2. Nous sommes venus ici pour passer un bon moment ensemble.
_______ 3. C'est romantique ici, n'est-ce pas?
_______ 4. Tiens, et si on essayait de trouver des serpents?
_______ 5. Avant de commencer notre randonnée, je propose qu'on visite la Maison Sainte-Victoire.
_______ 6. Ne t'inquiète pas, ma chérie.

3

Mettez-les en ordre! Number these events in the order in which they occur.

_______ a. David dessine.
_______ b. Le groupe visite la Maison Sainte-Victoire.
_______ c. Le groupe fait un pique-nique.
_______ d. Rachid et Amina s'embrassent.
_______ e. Le groupe fait une randonnée.

4

Complétez Watch the video segment in which the guide talks about **la montagne Sainte-Victoire.** Complete these sentences with words from the list. Some words may be repeated.

forêt	incendie	préservation	sauvetage
gestion	montagne	prévention	sentier
habitats	musée	protégé	

1. La Maison Sainte-Victoire a été construite après l'_______________ de 1989.
2. Oui, celui qui a détruit une très grande partie de la _______________.
3. Maintenant, il y a un _______________, un _______________ de découvertes dans le jardin et la montagne est un espace _______________.
4. Et bien, nous nous occupons de la _______________ de la _______________ et de la _______________.
5. Notre mission est la _______________ de la nature, le _______________ des _______________ naturels et la _______________ des incendies.

Video Manual: *Roman-photo*

Nom ____________________ Date ____________________

5 **Choisissez** Choose the correct completions for these sentences according to what you hear in the video.

1. Il est essentiel qu'on laisse cet endroit __________!
   a. pur b. écologique c. propre
2. J'allais mettre ça à __________ plus tard.
   a. l'environnement b. la poubelle c. la pollution
3. Cette __________ est tellement belle!
   a. montagne b. vallée c. fleur
4. Merci, elle est très belle, __________.
   a. cette fleur b. cette forêt c. ce dessin
5. Tu es plus belle que toutes les fleurs de la __________ réunies!
   a. nature b. vallée c. montagne

Après la vidéo

6 **Vrai ou faux?** Indicate whether these statements are **vrai** or **faux**.

	Vrai	Faux
1. Cézanne dessinait souvent à la montagne Sainte-Victoire.	❍	❍
2. C'est la première fois que David vient à la montagne.	❍	❍
3. Amina a peur des serpents.	❍	❍
4. Sandrine aime bien le fromage.	❍	❍
5. David fait un portrait de Sandrine.	❍	❍
6. Stéphane suit Amina et Rachid.	❍	❍

7 **À vous!** Describe a time when you visited a state park or other type of nature preserve. What did you see and do? What rules did you have to follow there?

____

____

____

____

____

____

____

____

____

____

____

____

____

Nom ______________________ Date ______________________

Unité 1, Leçon A

SALUT!

Flash culture

Avant de regarder

1 **Les salutations** In this video, you're going to learn about French greetings and introductions. In preparation for watching the video, make a list of things you do…

1. when you say hello:
____
____
2. when you say good-bye:
____
____
3. when you are introduced to a person your age:
____
____
4. when you meet a friend's parents for the first time:
____
____

En regardant la vidéo

2 **Dans quel ordre?** Number these images as they appear on-screen.

_______ a. two young men shaking hands
_______ b. two older family members kissing on cheeks
_______ c. two couples saying good-bye to each other
_______ d. two women shaking hands
_______ e. four friends (three young men and one young woman) meet
_______ f. a young man introducing a young woman to two friends
_______ g. a wide shot of two girls kissing on the cheek
_______ h. a woman and a small child kissing on the cheek

3 **Les rapports** Classify these people as friends, family, or acquaintances according to the video.

1. ______________________

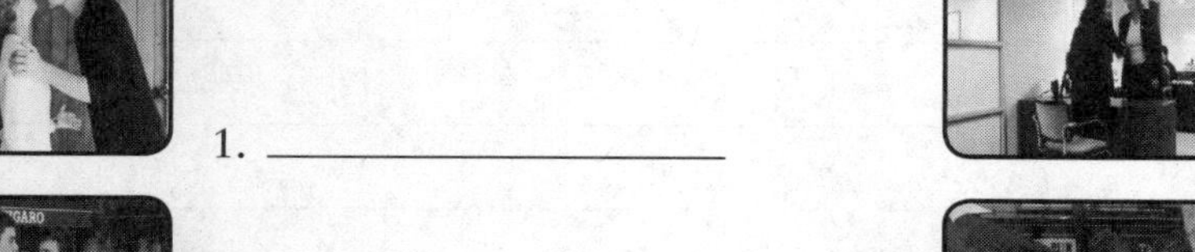

2. ______________________

3. ______________________

4. ______________________

Après la vidéo

4 **Vrai ou faux?** Indicate whether these statements are **vrai** or **faux**.

	Vrai	Faux
1. When female friends greet one another, they usually kiss on the cheek.	❍	❍
2. When male friends greet one another, they usually shake hands.	❍	❍
3. When mutual friends are introduced for the first time, they always shake hands instead of kiss on the cheek.	❍	❍
4. When formal acquaintances greet one another, they usually shake hands.	❍	❍
5. Women usually just shake hands when they say good-bye.	❍	❍
6. Handshaking is not very common in France.	❍	❍

5 **À vous!** Imagine that you are in France. In English, write what you should do in each of these situations according to French custom.

1. A classmate introduces you to his father.

 ____

2. You greet a girl you met in one of your classes.

 ____

3. You are introduced to a friend's girlfriend.

 ____

4. You arrive for a job interview and meet your potential new boss.

 ____

6 **Vive la différence!** In English, compare greetings and introductions in France and where you live. In what ways are they similar? How do they differ?

____

____

____

____

____

____

____

____

____

Nom ______________________ Date ______________________

Unité 2, Leçon A

À LA FAC

Flash culture

Avant de regarder

1

À l'université française In this video, you will learn about college campuses and classes in France. Make a list of French words related to university life, including places on campus and academic subjects.

____________	____________	____________
____________	____________	____________
____________	____________	____________
____________	____________	____________
____________	____________	____________

2

Qu'est-ce que c'est? Check the appropriate column to classify each word as a place on campus (**un endroit**) or a class (**un cours**).

	endroit	cours
1. la librairie	❍	❍
2. la physique	❍	❍
3. le resto U	❍	❍
4. les lettres	❍	❍
5. la bibliothèque	❍	❍
6. la salle de classe	❍	❍
7. le gymnase	❍	❍
8. la faculté de droit	❍	❍
9. les mathématiques	❍	❍
10. l'histoire	❍	❍
11. la chimie	❍	❍
12. la philosophie	❍	❍

En regardant la vidéo

3

Mettez-les en ordre! Number these places around campus in the order in which they are mentioned in the video.

_______ a. la faculté de droit

_______ b. la salle d'études

_______ c. la faculté des lettres

_______ d. le resto U

_______ e. la salle de cours

_______ f. le point de rencontre des étudiants

_______ g. la bibliothèque

Nom ______________________ Date ______________________

4 **Choisissez** Watch as Benjamin interviews several students about their classes, and place check marks next to the classes the students mention.

- ❑ 1. biologie
- ❑ 2. anglais
- ❑ 3. français
- ❑ 4. sciences politiques
- ❑ 5. histoire-géo
- ❑ 6. maths
- ❑ 7. informatique
- ❑ 8. physique
- ❑ 9. philosophie
- ❑ 10. psychologie

5 **Qu'est-ce qu'ils disent?** Match these images with their captions.

1. 

2. ______________

3. ______________

4. ______________

5. ______________

6. ______________

a. Bof, ça va.
b. C'est ici qu'ils passent le temps entre les cours.
c. Oui, mais c'est très difficile.
d. C'est un cours d'histoire.
e. Maintenant, nous sommes au resto U.
f. Chut! Nous sommes maintenant dans la bibliothèque.

Après la vidéo

6 **À mon université** List five different places around your campus. Then describe what you usually do at each one.

____

____

____

____

____

____

____

____

Nom ______________________ Date ______________________

Unité 3, Leçon A

LA FAMILLE ET LES COPAINS

Flash culture

Avant de regarder

1 **Vocabulaire supplémentaire** Look over these words and expressions before you watch the video; you will hear them in this segment.

la petite	*the little girl*	donner à manger	*to feed*
là-bas	*over there*	Vous pensez que… ?	*Do you think that… ?*
Tiens!	*Oh!*	Eh, regardez!	*Hey, look!*

2 **La famille et les copains** In this video, you will hear descriptions of people and find out about their relationships with others. In preparation, circle the statements that best describe you.

1. Je suis un homme. / Je suis une femme.
2. J'ai 18 ans. / J'ai moins de (*less than*) 18 ans. / J'ai plus de (*more than*) 18 ans.
3. Je suis célibataire. / Je suis fiancé(e). / Je suis marié(e).
4. J'ai un petit ami. / J'ai une petite amie. / Je n'ai pas de petit(e) ami(e).
5. J'ai un chat. / J'ai un chien. / J'ai un oiseau. / J'ai un poisson. / Je n'ai pas d'animaux.
6. J'ai un frère. / Je n'ai pas de frère. / J'ai une sœur. / Je n'ai pas de sœur.

3 **Les catégories** Check the appropriate column to classify these words as **une personne** or **un adjectif**.

	personne	adjectif		personne	adjectif
1. petit	________	________	**7. jeune**	________	________
2. fils	________	________	**8. célibataire**	________	________
3. marié	________	________	**9. ami**	________	________
4. copain	________	________	**10. gentil**	________	________
5. enfant	________	________	**11. fille**	________	________
6. garçon	________	________	**12. sportif**	________	________

Nom _______________ Date _______________

En regardant la vidéo

4 **Indiquez** Indicate which of these people or animals are mentioned in the video.

- ❑ 1. père
- ❑ 2. mère
- ❑ 3. fille
- ❑ 4. fils
- ❑ 5. femme
- ❑ 6. mari
- ❑ 7. neveu
- ❑ 8. nièce
- ❑ 9. grand-père
- ❑ 10. homme
- ❑ 11. couple
- ❑ 12. chien
- ❑ 13. chat
- ❑ 14. oiseau
- ❑ 15. poisson

5 **Complétez** Complete these sentences according to what you see and hear in the video.

1. La petite, elle a _______________ ou _______________ ans, je crois.
2. Les garçons là-bas, ce sont des _______________. Ils ont beaucoup d'énergie.
3. Et cette jeune femme, vous pensez qu'elle est _______________ ou _______________?
4. Un jeune couple. Que c'est _______________!
5. Eh, regardez! Une femme avec son _______________.
6. C'est mon _______________.

Après la vidéo

6 **À vous!** How would you describe your family and friends? Think of three friends, family members, and/or pets, and complete the descriptions of each. Include a photo or a drawing.

1. 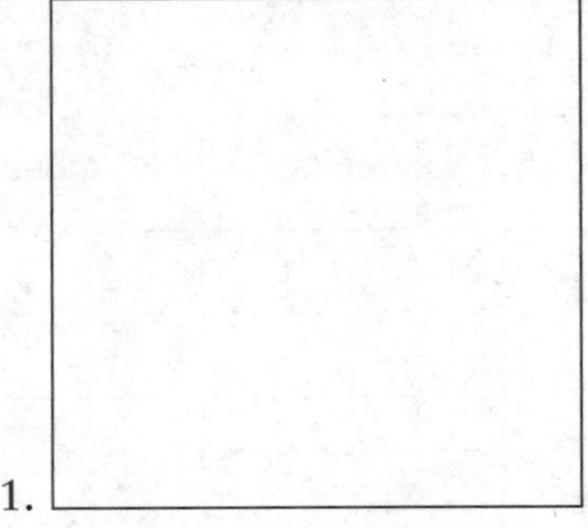
2. 
3. 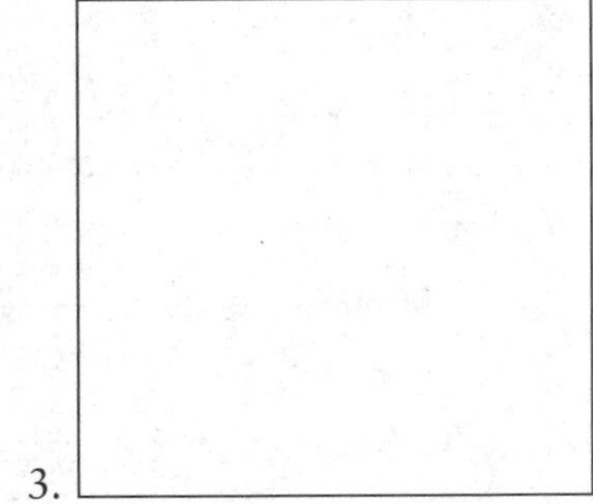

1. Il/Elle s'appelle _______________.
   C'est mon/ma _______________.
   Il/Elle est _______________ et _______________.
2. Il/Elle s'appelle _______________.
   C'est mon/ma _______________.
   Il/Elle est _______________ et _______________.
3. Il/Elle s'appelle _______________.
   C'est mon/ma _______________.
   Il/Elle est _______________ et _______________.

Nom ______________________ Date ______________________

Unité 4, Leçon B

AU CAFÉ

Flash culture

Avant de regarder

1 **Vocabulaire supplémentaire** Look over these words and expressions before you watch the video.

un coca	*soft drink*
un croque-monsieur	*toasted ham and cheese sandwich*
un hot-dog	*hot dog*
une glace au chocolat	*chocolate ice cream*

2 **Qu'est-ce qu'on prend?** In this video, you are going to learn about cafés in France. Make a list of five beverages and five food items a French café might serve.

À boire	À manger
______________	______________
______________	______________
______________	______________
______________	______________
______________	______________

3 **Qu'est-ce que c'est?** Check the appropriate column to classify these words as a beverage (boisson) or food (nourriture).

	boisson	nourriture		boisson	nourriture
1. fromage	______	______	**7. frites**	______	______
2. éclair	______	______	**8. eau minérale**	______	______
3. jus de pomme	______	______	**9. glace au chocolat**	______	______
4. croissant	______	______	**10. croque-monsieur**	______	______
5. limonade	______	______	**11. baguette**	______	______
6. café au lait	______	______	**12. jambon**	______	______

En regardant la vidéo

4 **Qu'est-ce qu'il y a?** Check off the six foods listed below that are mentioned in the video.

- ❑ 1. des frites
- ❑ 2. un hot-dog
- ❑ 3. une soupe
- ❑ 4. une baguette
- ❑ 5. un croissant
- ❑ 6. un croque-monsieur
- ❑ 7. une eau minérale
- ❑ 8. un sandwich au jambon
- ❑ 9. des éclairs
- ❑ 10. un pain de campagne
- ❑ 11. une glace au chocolat
- ❑ 12. un fromage

5 **Les boissons** What beverages are pictured below?

1. __________

2. __________

3. __________

4. __________

5. __________

a. un café au lait
b. une limonade
c. un coca
d. un chocolat
e. un café
f. un thé

Après la vidéo

6 **Au café** Imagine you are at a café in Aix-en-Provence. Write a brief conversation in which you and a friend each order something to eat and something to drink. You should each order different things. Include what the server says, too.

Nom ______________________ Date ______________________

Unité 5, Leçon A

LES LOISIRS

Flash culture

Avant de regarder

1

Quels sont vos loisirs préférés? In this video, you will learn about leisure-time activities in France. Make a list of six things you like to do in your spare time. Then make a list of six things you don't like to do in your spare time.

J'aime...	Je n'aime pas...
______________	______________
______________	______________
______________	______________
______________	______________
______________	______________
______________	______________

2

Mes loisirs Circle all of the statements that describe you.

1. J'aime jouer aux cartes / aux échecs.
2. Je joue du piano / de la guitare.
3. J'aime / Je n'aime pas le sport.
4. Je fais de la gym / de l'aérobic / de la danse.
5. Je joue au football / au basket / au baseball.

En regardant la vidéo

3

Mettez-les en ordre! In what order does Csilla mention these activities?

_______ a. On joue au basket.
_______ b. On joue à la pétanque.
_______ c. On joue au football.
_______ d. On joue au tennis.
_______ e. On court.
_______ f. On fait du jogging.
_______ g. On fait de la musique.
_______ h. On fait de la gym.
_______ i. On fait de l'aérobic.
_______ j. On fait de la danse.

Nom ____________________ Date ____________________

4 **Écoutez** Write down five activities you see being performed indoors (**à l'intérieur**) and five you see being performed outdoors (**en plein air**). Include activities you see but Csilla doesn't mention.

À l'intérieur	En plein air

Après la vidéo

5 **Qu'est-ce que c'est?** Define these terms in English, based on what you saw and heard in the video.

1. la maison des jeunes et de la culture

2. la pétanque

6 **Les activités** How are sports and leisure activities in France different from those practiced in the United States? In what ways are they similar?

Nom ______________________ Date ______________________

Unité 6, Leçon A

Flash culture

LES FÊTES

Avant de regarder

1 **Vocabulaire supplémentaire** Look over these words and expressions before you watch the video.

carnaval	*carnival*	magnifique	*magnificent*
célèbre	*famous*	Noël	*Christmas*
chevaux	*horses*	Pâques	*Easter*
le jour de l'an	*New Year's Day*	partout	*everywhere*
la fête nationale	*national holiday*	presque toutes	*almost all*
incroyable	*incredible*		

2 **Vos fêtes préférées** In this video, you will learn about French holidays and festivals. In preparation, answer these questions about two of your favorite holidays or festivals.

Quelles sont vos fêtes préférées? Comment est-ce que vous célébrez ces fêtes chez vous?

1. fête: ______________________

   traditions: ______________________

   ____

   ____

   ____

   ____

2. fête: ______________________

   traditions: ______________________

   ____

   ____

   ____

   ____

En regardant la vidéo

3 **Dans quel ordre?** Number these items as they appear on-screen.

_______ a. des chevaux

_______ b. des danseuses

_______ c. des enfants

_______ d. des légumes

_______ e. des musiciens qui jouent

Nom ______________________ Date ______________________

4 **Les fêtes** What holiday or festival does each image represent?

1. ______

2. ______ 

3. ______ 

4. ______ 

5. ______ 

6. ______ 

a. le jour de l'an
b. la fête nationale
c. Noël
d. la fête de la musique
e. Pâques
f. le festival de théâtre d'Avignon

5 **Répondez** Complete these sentences with words from the list according to what Benjamin says.

décembre	juillet	premier
janvier	juin	printemps

1. Le premier ______________, c'est le jour de l'an.
2. Au ______________, on célèbre Pâques.
3. Le quatorze ______________, c'est la fête nationale.
4. Le vingt-cinq ______________, c'est Noël.
5. Au mois de ______________, on célèbre la fête de la musique.

Après la vidéo

6 **Vrai ou faux?** Indicate whether these statements are **vrai** or **faux**.

	Vrai	Faux
1. On célèbre la fête de la musique seulement à Paris.	❍	❍
2. Il y a beaucoup de fêtes en France.	❍	❍
3. Le festival d'Avignon est un festival de danse.	❍	❍
4. Le festival de théâtre est à Nice.	❍	❍
5. Chaque année, Aix-en-Provence organise un carnaval.	❍	❍

7 **À vous!** Imagine that you just visited France during one of the holidays mentioned in the video. Write a short letter to a friend telling him or her about what you saw and did.

____

____

____

____

____

Nom ______________________ Date ______________________

Unité 7, Leçon A

LES VACANCES

Flash culture

Avant de regarder

1 **Qu'est-ce que vous aimez faire?** In this video, you will learn about vacations in France. Make a list of six things you like to do while on vacation. Then make a list of six things you don't like to do on vacation.

Quand je suis en vacances, j'aime...	Quand je suis en vacances, je n'aime pas...

2 **Mes vacances** Circle all of the statements that describe you.

1. J'aime voyager en avion / en train / en voiture.
2. En vacances, j'aime aller dans un hôtel / un camping / une auberge de jeunesse.
3. J'aime visiter les musées / acheter des souvenirs / manger au restaurant.
4. Dans un café, j'aime manger / prendre un verre / regarder les gens qui passent.
5. J'aime bien bronzer à la plage / rouler en voiture / skier.

En regardant la vidéo

3 **Identifiez-les!** Match these images with their captions.

1. ________

2. ________

3. ________

4. ________

5. ________

6. ________

7. ________

8. ________

a. On fait un tour en bateau.
b. Ça, c'est la gare.
c. C'est un camping.
d. Voici la plage de Cassis.
e. C'est un hôtel de luxe.
f. Voici un café.
g. On achète des souvenirs.
h. C'est un hôtel modeste.

4 **Mettez-les en ordre!** In what order does Csilla mention these means of transportation?

_______ a. le train
_______ b. l'autobus
_______ c. l'avion
_______ d. le taxi
_______ e. la voiture
_______ f. le car

5 **Répondez** Complete these sentences with words from the list according to what Csilla says in the video. Not all words will be used.

activités	autobus	car	manger	taxi
argent	avion	gares	région	TGV
auberges de jeunesse	bateau	gens	routière	verre

1. Pour arriver en Provence, il y a l'____________ ou un train spécial que les Français appellent le ____________.
2. C'est une des deux ____________ d'Aix-en-Provence où il y a des trains réguliers pour visiter la ____________.
3. À la gare ____________, on prend le ____________ pour aller d'une ville à l'autre.
4. En ville, il y a l'____________ ou le ____________.
5. Si vous n'avez pas beaucoup d'____________, il y a toujours des ____________.
6. Il est très agréable de ____________ dans les cafés ou de prendre un ____________ à la terrasse d'un café ou d'un restaurant et de regarder les ____________ passer.

Après la vidéo

6 **En vacances** Imagine that you are on vacation in Provence. Write a postcard to a friend or relative describing your trip. Say where you've been and how you got there. Mention at least four different things you've seen or done.

Nom ______________________ Date ______________________

Unité 8, Leçon A

CHEZ NOUS

Flash culture

Avant de regarder

1 **Les habitations** In this video, you are going to learn about housing in France. List as many different types of places to live as you can in French.

____

____

____

____

____

____

____

2 **Chez moi** Complete these statements about your own home. Remember to use the correct article with each noun. Use words from the list or any other words you know.

appartement	garage	sous-sol
balcon	jardin	studio
cave	maison	terrasse
escalier	résidence universitaire	

1. J'habite dans ______________.
2. Chez moi, il y a ______________ et ______________.
3. Il n'y a pas ______________ chez moi.
4. À l'extérieur, il y a ______________.
5. Avant, j'habitais dans ______________.
6. Il y avait ______________ et ______________.
7. Il n'y avait pas ______________.
8. À l'extérieur, il y avait ______________.

En regardant la vidéo

3 **Mettez-les en ordre!** In what order does Benjamin mention these items?

_____ a. un balcon

_____ b. une terrasse

_____ c. un sous-sol

_____ d. un garage

_____ e. un jardin

Nom ______________________ Date ______________________

4 **Chez soi** Match these images with their captions.

1. 
2. 
3. 
4. 

5. 

_______ a. des maisons individuelles

_______ b. des appartements

_______ c. des HLM

_______ d. de grands immeubles

_______ e. des résidences pour les étudiants

5 **Complétez** Watch the video and complete the paragraphs below according to what Benjamin says.

1. Nous sommes dans la ______________ d'Aix-en-Provence. C'est un ______________ très pittoresque avec ses boutiques, ses restaurants et ses ______________. Laissez-moi vous montrer différents types de ______________.
2. Nous sommes maintenant dans la ______________ où on trouve des ______________ de toutes sortes. Par exemple, cette maison est assez ______________.

Après la vidéo

6 **La maison de mes rêves** Describe your dream home. Tell where it is and what type of residence it is. Then describe its features in detail.

____

____

____

____

____

____

____

____

Nom ______________________ Date ______________________

Unité 9, Leçon A

LA NOURRITURE

Flash culture

Avant de regarder

1 **Qu'est-ce qu'on achète?** In this video, you are going to learn about the way that some French people do their shopping: at an open-air market. Make a list of five things you think you could buy there and five things you think you couldn't.

On peut acheter...	On ne peut pas acheter...

2 **La nourriture** You will see and hear descriptions of fruits, vegetables, and other foods at a French market. In preparation, circle the statements that best describe your tastes.

1. J'aime / Je n'aime pas les légumes.
2. J'aime / Je n'aime pas les fruits.
3. J'aime mieux les saucisses / le jambon.
4. Je mange peu de / assez de / beaucoup de fromage.
5. J'aime / Je n'aime pas les fruits de mer.
6. J'aime / Je n'aime pas le poisson.
7. Je mange peu de / assez de / beaucoup de pain.
8. Je mange peu de / assez de / beaucoup de légumes.

En regardant la vidéo

3 **Qu'est-ce qu'il y a?** Check off the eleven items that you see in the video.

- ❑ 1. des bananes
- ❑ 2. des carottes
- ❑ 3. des champignons
- ❑ 4. des fleurs
- ❑ 5. du fromage
- ❑ 6. des fruits de mer
- ❑ 7. du jambon
- ❑ 8. des melons
- ❑ 9. des oignons
- ❑ 10. du pain
- ❑ 11. des pâtes
- ❑ 12. des poivrons verts
- ❑ 13. des poulets
- ❑ 14. des saucisses
- ❑ 15. des tomates

Nom ______________________ Date ______________________

4 **Répondez** Complete these sentences with words from the list according to what Csilla says in the video.

délicieuses	légumes	pique-nique
fleurs	marché	place
fromages	pain	tomates

1. Ici, c'est la ____________ Richelme.
2. Tous les matins, il y a un ____________ aux fruits et légumes.
3. Il y a toutes sortes de ____________ ici.
4. Ces ____________ sentent tellement bon.
5. Ces fraises ont l'air ____________.
6. Sur les marchés, on vend des ____________. Moi, j'adore.
7. Je vais acheter deux ou trois petites choses pour préparer un ____________.
8. Et bien sûr, n'oublions pas le ____________.

Après la vidéo

5 **Au marché** Imagine you just went shopping at the market in Aix. Write a brief paragraph about your experience. Remember to use the **imparfait** to describe the scene and the **passé composé** to tell what you bought and what you did.

Nom ______________________ Date ______________________

Unité 10, Leçon B

LA SANTÉ

Flash culture

Avant de regarder

1

À la pharmacie In this video, you are going to learn about pharmacies in France. In French, make a list of items you might buy in a pharmacy.

____

____

____

____

____

2

La santé et l'hygiène Complete these statements about health and personal hygiene with the words listed.

aspirine	gorge	pharmacie
dentifrice	médicaments	rasoir
douche	miroir	shampooing

1. Quand on se maquille, on se regarde dans le ______________.
2. Quand on a mal à la tête, on prend souvent de l' ______________.
3. On se déshabille avant de prendre une ______________.
4. Quand on a la grippe, le docteur examine la ______________.
5. Quand le médecin donne une ordonnance, on va à la ______________.
6. Si on a des allergies, on prend quelquefois des ______________.

En regardant la vidéo

3

Complétez Watch these video segments and complete the paragraphs below according to what Benjamin says.

1. Bonjour! Quand vous êtes (a) ______________ ou quand il vous faut des (b) ______________, il y a la (c) ______________. Pour en trouver une, cherchez la croix (d) ______________! Ici, on vend un peu de tout. Entrons!
2. Il y a d'autres endroits pour (e) ______________ bien et (f) ______________.
3. Maintenant, vous savez où trouver ce qu'il vous faut pour (g) ______________ en pleine (h) ______________. À la prochaine!

Nom ______________________ Date ______________________

4 **Les produits** Watch the segment with Benjamin in the pharmacy. Make a list of at least six items you see in the French pharmacy that you personally use.

5 **Pour la santé** What types of health-related businesses are featured in this video module?

Après la vidéo

6 **Les pharmaciens** In this video, Benjamin talks about the role of pharmacists in France. In what ways is the French system similar to that of the United States? How does it differ?

Video Manual: *Flash culture*

Unité 11, Leçon B

LA TECHNOLOGIE

Flash culture

Avant de regarder

1 **En ville** In this video, you are going to learn about driving in France. Make a list of French words you associate with cars and traffic.

____

____

____

____

____

2 **Les moyens de transport** Circle all of the statements that describe you.

1. J'ai une / Je n'ai pas de voiture.
2. J'ai une / Je n'ai pas de moto.
3. J'ai mon / Je n'ai pas de permis de conduire.
4. J'aime conduire / prendre le bus / prendre le métro.

En regardant la vidéo

3 **Identifiez-les!** Match these images with their captions.

1. ______________

2. ______________

3. ______________

4. ______________

5. ______________

6. ______________

7. ______________

8. ______________

a. un camion commercial
b. une mobylette
c. une décapotable
d. un péage
e. une moto
f. un monospace
g. une voiture de luxe
h. un feu de signalisation

4 **Répondez** Complete these sentences with words from the list, according to what Csilla says in the video. Not all words will be used.

auto-école	essence	péage	route
circulation	se garer	permis	vitesse
conduire	marcher	roule	voiture

1. En ville, il y a beaucoup de ______________________.
2. Regardez cette petite ______________________! Elle consomme très peu d'______________________.
3. On aime bien ______________________ les motos ici.
4. C'est facile pour ______________________ et on ______________________ plus vite.
5. Pour prendre le ______________________, il faut payer.
6. Pour avoir un ______________________ de conduire en France, il faut avoir au moins dix-huit ans.
7. On va à une ______________________ pour apprendre le code de la ______________________.
8. Moi, je préfère ______________________.

Après la vidéo

5 **Mettez-les en ordre!** In what order does Csilla mention these things people do at a service station?

_______ a. vérifier l'huile

_______ b. nettoyer le pare-brise

_______ c. acheter de l'essence

_______ d. vérifier la pression des pneus

6 **En ville** Answer these questions to describe your driving preferences and usual modes of transportation.

1. D'habitude, comment est-ce que vous allez à la fac?

____

____

2. Quelle sorte de voiture ou de moto avez-vous?

____

____

3. Comment est la voiture de vos rêves (*dreams*)?

____

____

____

____

____

Nom ____________________ Date ____________________

Unité 12, Leçon A

Flash culture

EN VILLE

Avant de regarder

1 **Les petits commerçants** In this video, you're going to learn about shopping in small stores in France. In preparation for watching the video, make a list in French of various types of shops and boutiques.

____________________	____________________
____________________	____________________
____________________	____________________
____________________	____________________
____________________	____________________

En regardant la vidéo

2 **Complétez** Watch as Benjamin visits a post office, and complete the conversation with the words that he says.

argent	commerces
boîte aux lettres	distributeur automatique
bureau de poste	marchand de journaux
cartes postales	timbres

Nous sommes devant le (1) ____________________. Il est fermé maintenant, mais ce n'est pas grave, j'ai déjà acheté les (2) ____________________. J'ai des (3) ____________________ à envoyer à mes amis. Voici une (4) ____________________. Bon, maintenant, je dois trouver un (5) ____________________ pour retirer de l' (6) ____________________, et puis je vais aller chez le (7) ____________________. Je vais aussi vous montrer d'autres (8) ____________________. Allons-y!

3 **Dans quel ordre?** Number these places in the order in which they are mentioned in the video.

_______ a. une laverie

_______ b. une boucherie

_______ c. une cafétéria

_______ d. un distributeur automatique

_______ e. un chocolatier

_______ f. un centre commercial

_______ g. une papeterie

_______ h. un marchand de journaux

_______ i. une bijouterie

_______ j. un salon de coiffure

_______ k. une boulangerie

_______ l. une charcuterie

Nom ______________________ Date ______________________

Après la vidéo

4 **Vrai ou faux?** Indicate whether these statements are vrai or faux.

	Vrai	Faux
1. Les hypermarchés sont très grands.	❍	❍
2. En général, les centres commerciaux se trouvent au centre-ville.	❍	❍
3. Pour acheter du jambon, on va à la boucherie.	❍	❍
4. On peut souvent acheter du papier et des livres dans le même magasin.	❍	❍
5. Normalement, on trouve une cafétéria dans un centre commercial.	❍	❍

5 **Où est-ce qu'on va pour...?** Where might you go in France to do these things?

1. envoyer une lettre ______________________
2. acheter un livre ______________________
3. se faire couper les cheveux ______________________
4. acheter du bœuf ______________________
5. laver les vêtements ______________________
6. acheter du pain ______________________
7. avoir une manucure ______________________
8. acheter un journal ______________________

6 **À vous!** In this segment, you saw many types of businesses that may be similar to or different from where you live. Which places in this video segment also exist where you live? Which do you regularly frequent? Which types of business are not as common in your area? Do you think they should be?

____

Nom ______________________ Date ______________________

Unité 13, Leçon B

L'ESPACE VERT

Flash culture

Avant de regarder

1 **Vocabulaire supplémentaire** Look over these words and expressions before you watch the video.

amateurs de ski	*skiers*	vignoble	*vineyard*
idéal	*ideal*	fabuleuses	*fabulous*
sports d'hiver	*winter sports*	cosmopolite	*cosmopolitan*
influence culturelle	*cultural influence*	le Vieux Carré	*French Quarter*
typiques	*typical*	paradis	*paradise*
construit	*built*	parlement	*parliament*
îlot	*small island*		

2 **Le monde francophone** In this video, you will see footage of various French-speaking areas around the world. In preparation, label the numbered places on the map.

1. ______________
2. ______________
3. ______________
4. ______________
5. ______________

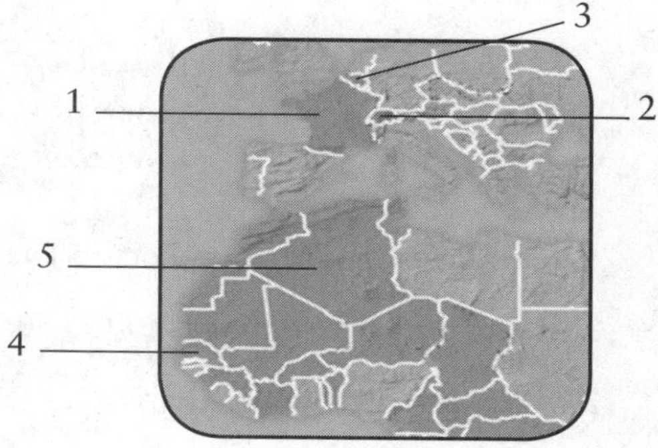

En regardant la vidéo

3 **La France** What places are pictured below?

1. ________ 2. ________ 3. ________ 4. ________

5. ________ 6. ________ 7. ________

a. un vignoble près de Bordeaux
b. le Mont-Saint-Michel
c. la Côte d'Azur
d. le château de Chenonceau
e. Notre-Dame de Paris
f. l'Alsace
g. les Alpes

4 **Complétez** Complete the captions according to what Benjamin says in the video.

1. Aujourd'hui, nous sommes près de la ____________.
2. Le Mont-Saint-Michel est construit sur un ____________ dans le ____________ de la France.
3. Dans la ____________ de la Loire, il y a le célèbre ____________ de Chenonceau et ses ____________.
4. Les ____________ de Tahiti sont ____________!
5. Ça, c'est ____________, en Algérie, en ____________ du nord.
6. Dakar est un ____________ important pour le commerce.
7. C'est la ville du parlement ____________, de la Grand- ____________ et, bien sûr, des ____________.

Après la vidéo

5 **Descriptions** What places are described below?

Bruxelles	Montréal	Papeete
Cannes	Nice	le Québec
Dakar	Notre-Dame	Tahiti

1. Cette île se trouve dans l'océan Pacifique. ____________
2. Cette province se trouve au Canada. ____________
3. C'est une cathédrale à Paris. ____________
4. Ce sont des villes de la Côte d'Azur. ____________ et ____________
5. C'est une ville cosmopolite au Québec. ____________
6. C'est la capitale de la Polynésie française. ____________
7. C'est la capitale du Sénégal. ____________
8. C'est une ville en Belgique. ____________

6 **Comparaisons** Choose two different places depicted in the video, and write a brief paragraph comparing them. In what ways are they similar? How do they differ? Write at least six sentences.

____

____

____

____

____

____